Why Politics Matters

An Introduction to Political Science
2nd Edition

政治为什么重要

（第二版）

［美］凯文·杜利（Kevin Dooley）
约瑟夫·帕滕（Joseph Patten） 著
李智 译

中国人民大学出版社
·北京·

谨以此书献给我的妻子劳伦和我们的孩子杰克和梅甘。

——凯文·杜利

谨以此书献给我的父母、维纳、尼克希尔和贾亚，并以此纪念国会议员爱德华·帕滕。

——约瑟夫·帕滕

序言　政治对你何以重要

通过这本书，我们想为大家提供一种对政治学的宽泛理解，同时，我们也想向大家敞开一个窗口，让你们发觉自己对这门学科中的哪些领域最感兴趣。为此，我们采取一种“广角镜头”（big-picture）的方式，较为均衡地观照了政治学的几大主要领域，同时着重考察了政治学的理论概念是如何在我们周遭的世界中发挥作用的。

关于本书，大家首先注意到的或许是其独特的叙事构架。下面，我们试从读者的角度来概述本书的内容：

第一部分：政治理论　在这一部分，你可以了解到古代和现代政治思想的基础理论。这是一个非常重要的出发点，因为现代政体的哲学基础就是从这里形成的。我们认为，对你来说，至关重要的是，要对最主要的政治理论家有一个总体的理解，以便更为有效地评估我们现代世界中的政府行为，并予以批判。

第二部分：政体比较　第四章考察了美国的政体，并基于前述章节的内容考察了美国的开国元勋在制定美国宪法时是如何受到古希腊和现代政治哲学家的影响的。在这一部分，你会对这些政治理论家是如何影响美国政体结构的越来越熟悉。之所以要特别强调这一部分，是因为它论及能够在全球范围内点燃民主之火的民选政府的“美国实验”。这一“美国实验”继续塑造着当今世界的政治景观。这一政体也是迄今为止我们绝大多数读者最为熟悉的政体，因而它为我们考察世界上其他政体结构给予比较的一个很好的开端。

从第五章到第七章，你会了解世界上的政治制度是如何组建起来的，它们之间有何不同，又有何相似之处，它们是如何处理普遍性的及就其自身社会而言独特的问题的。我们会比较各种民主的立法、行政和司法体系的基础、体制及所涉及的现代问题。

第三部分：国际关系　你会了解到各种不同的政治制度和文化在我们的现代国际体系中是如何互动的。一旦对政治制度及其所处的独特的地区文化有广泛的了解，我们就可以理解国与国之间为何会交战；为避免战争，我们又能做些什么；为解决全球性问题，我们还会面临何种机遇和挑战。

各个组成部分——从政治理论到美国政体和比较政治，再到国际关系——层层递进、相互建构，从而使国内知识与全球知识达到均衡。然后，你会有机会去反思先前在文本中论及的所有话题，去反思知识的完备性，从而你也就获得了透过整个政治学领域的知识棱镜去观照世界的能力。我们发现，这对学习者来说是一种符合直觉、具有亲和力的知识框架。

这个基本框架包括：（1）关注应用性和批判性思维；（2）政治学学科的古典和现代思想家的摘录；（3）新近发生的全球性大事件；（4）赋予政治学活力的鲜明阐述。正是因为我们太多地享受了向所有专业的学生教授政治学的过程，本书的撰写变成了一项充满爱意的劳作。向学生传播这些重要的政治学议题是一件很有意思的事情。我们认为，对你来说阅读本书同样会是一种令人兴奋、开阔眼界而饶有趣味的体验。

你们也许会问：我为什么要学政治学？我既不是政治学专业的，也不打算在政府部门工作，它对我来说为什么重要呢？无论我们是否察觉到，这些问题的答案其实就在我们每个人身边。在一个各国参与全球化的世界中，理解政治无疑是必要的。本书一开篇，我们就着重提出了一个观念——“政治为什么重要”。进入21世纪，伴随全球化进程的加快，你会意识到时代的挑战和危机会以一种全新的方式去观照政治信念源自何处。你可以确认世界向你敞开的机会，你也可以借机向世界施加影响。在本书末尾处纵览世界政治时，你会拥有一种强大的自信心。你会欣然接受并热情投入这场知识的对话。此外，我们还通篇考察了学理基础（理论）与政治实体的构成和互动（实践）之间的关系，从而鼓励读者以一种批判性思维评价和解释政治世界，同时把相关概念和理论运用到日常生活中去。由此，你所获得的不只是一系列案例研究的结论，而是用以分析和影响向未来敞开的政治环境所必需的方法论工具。最后，应该指出的是，我们是以一种交谈的方式来撰写本书的，会适时地向读者提出某些思考和问题。

目　　录

第二部分　政体比较

第三部分　国际关系

第一章

政治为什么重要

2013年7月12日，联合国秘书长潘基文向巴基斯坦学生马拉拉·尤素福扎伊（Malala Yousafzai）赠送《联合国宪章》。尤素福扎伊曾在上学的路上遭塔利班枪击。她因倡导女童的受教育权成为塔利班攻击的对象（STAN HONDA/AFP/GETTY IMAGES）

引言：什么是政治学

古语有云：在餐桌上千万不要同泛泛之交谈论宗教或政治。我们中的许多人都认识到：诸多的辩论统统聚焦在我们的文化差异上，最近则聚焦于刚刚颁布的《平价医疗法案》上；要不然，有党派性的观点会频繁加剧紧张关系，有可能使朋友们不欢而散，更为要紧的是，连餐后甜点都没法享用。那些在正规的宴会交谈中恪守社交礼仪的人应该善于做到这一点。政治观点上的分歧和冲突会制造紧张的社交气氛，给毫无提防的赴宴客人带来诸多的尴尬。

不过，你好幸运——你现在是在政治学的课堂上，这恰好是一个讨论此类议题的最为恰当而又令人兴奋的场所。在这里，谦恭地参与各种各样的政治评论和文化观察，会受到鼓励和奖赏。学会以一种礼貌的方式讨论政治，这要求不断地实践，脸皮还不能太薄。我们当然不要求认同某一特定的看法或观点，但我们还是有责任，至少是尽量地去领会他人的观点。我们希望能够确保：下一代公民可以理解并明确地表达我们在21世纪所面临的一些挑战，从而让这个世界变成一个既美好又安全的居所。

前方的挑战是巨大的。但乔治·华盛顿、亚伯拉罕·林肯、苏珊·安东尼、艾丽斯·保罗、甘地、马丁·路德·金、曼德拉等人曾经面临的挑战同样巨大。所有这些人都表现出为社会变革献身的精神。不过，他们中几乎所有的人都认同政治是至关重要的。事实上，认同政治的重要性或许是人类的经历所具有的最鲜明的特征之一。正如古希腊哲学家亚里士多德所言，我们首先是“政治的动物”。不同于动物世界里的其他成员，人类具备理性能力，能够借助语言把这种理性转化为行动，并在一个合法建构起来的共同体内行事。因而，虽然你有可能从未把自己或你的朋友当作政治的动物，但你确实是政治的动物。你拥有理性能力、表达思想的能力以及把思想化为行动的能力。

由此，政治及围绕政治的论争时常会成为一种充满激情的活动。这种活动可能引发人们对世事对与错的认识上的分歧。是否还出现过这样的时候，某位同学说出了你完全不认同的事情来？或者，你是否被另一个人的评论侵犯过？如果真如此，这是因为我们每个人都被我们所属的许多群体社会化了。政治学家托马斯·马格施塔特（Thomas M. Magstadt）将**政治社会化**（political socialization，个人的态度和价值观被社会塑造的过程）定义为这样一个过程：公民从自身所处的社会中获取得以支持其所处的政治制度的价值观、态度、信仰和观念[1]。换句话来说，界定我们生活的各种群体作用于我们看待世界的方式。

由于性别、种族、宗教、朋友、性取向、家庭、受教育程度和社会经济地位上的差异，不同学生极有可能以各自不同的方式来应对课堂上的政治讨论。由于从别人的经验中学习有助于明晰我们自己的信仰，上述差异在课堂内外都应当得到明示。关于这一点，托马斯·杰斐逊有最恰当的表述："（我）从不把政治、宗教、哲学的观点差异当成不交朋友的理由。"

有些政治学家考察了上述差异是如何影响我们参与政治进程的特点的，又是怎样影响我们参与政治进程的过程的。表1-1、表1-2和表1-3分别揭示了种族、性别和教育是如何影响年轻选民的投票率的。这些表说明：某些属于特定社会群体的大学生比其他大学生群体更有可能参与投票。进一步来看，表1-1显示年轻的非裔美国人比其他民族或种族的年轻选民更倾向于参与投票。大约54%的非裔美国年轻选民投票参与了2012年的总统大选，与之相对的是，只有46%的白人年轻选民、37%的拉美裔年轻选民和36%的亚裔年轻选民参与了投票。

表1-2表明：2012年，18～29岁的女性比男性更倾向于参与总统大选投票，49%的女性和42%的男性分别参与了投票。不过，表征年轻人是否倾向于投票的最为显著的指标是学历水平。表1-3显示，接受大学教育的年轻公民（55.9%的投票率）比未接受大学教育的年轻公民（28.6%的投票率）参与2012年总统大选投票的可能性要大。

表1-1　年轻选民投票：18～29岁的公民参与总统大选投票的百分比[2]　（%）

年份	白人	非裔美国人	亚裔美国人	拉美裔美国人
1992	53	42	38	38
1996	40	40	35	29
2000	41	41	32	30
2004	50	50	32	33
2008	51	60	41	40
2012	46	54	36	37

表 1-2　年轻选民投票：18～29 岁的男性和女性参与总统大选投票的百分比[3]　（%）

年份	年轻女性	年轻男性
1992	54	50
1996	43	36
2000	43	38
2004	52	46
2008	55	47
2012	49	42

表 1-3　年轻选民投票：18～29 岁接受大学教育的公民与未接受大学教育的公民参与总统大选投票的百分比[4]　（%）

年份	受过大学教育的	未受过大学教育的	投票率的差值
1992	67.2	36.4	30.8
1996	52.0	26.0	26.0
2000	51.8	26.7	25.1
2004	61.1	33.7	27.4
2008	62.1	35.9	26.2
2012	55.9	28.6	27.3

或许你本人从未考虑过所有这些或其中一些群体对你的生活所产生的影响，但一些政治学家思考了这种影响。譬如，有政治学家对此进行民意测验，并对测验结果做了分析。**民意测验**（public-opinion polls，是旨在测定不同人群对政治问题的观点、态度的一种社会调查方法）通过统计数据体现个人是如何看待特定的政治议题或问题的。而**人口数据统计**（demographics）通常是根据种族、阶级、民族、性别、收入水平、年龄、居住地、就业状况、受教育水平等方面对不同人群做出分类，同时是指对人进行分类的各种不同的方式及其结果，比方说，女性、有色人种、小工商业主、工会会员、18～24 岁且有大学学位的人、天主教徒等。它帮助政治学家确定个人所属的群体性质与个人如何看待诸多政治议题之间存在的某种关联。民意测验会询问你的年龄、种族（民族）、受教育程度和你对医疗改革、枪支控制、本土安全或总统的看法。借助对这些问题的回答，政治学家就可以判定个人的人口统计特征与其对政治的看法之间是否存在关联。

从非常抽象的方式看，你本是政治性的。本书则旨在帮助你充分认识到：政治在比考试中所涉及的或论文中所表达的（虽然出于显而易见的理由，这些方面也很重要）要深刻得多的意义上说是至关重要的。

大二学生登泽尔·弗莱明（Denzel Fleming）在签投票承诺书，当时，摇滚投票组织（Rock the Vote）在全美国进行巡回选举投票，巡回的巴士之旅抵达北卡罗来纳大学夏洛特校区。摇滚投票组织到访全国各地的大学校园，旨在鼓励青年人参与选民登记，激发他们的政治热情和政治参与意识（ANN HERMES/THE CHRISTIAN SCIENCE MONITOR/GETTY IMAGES）

作为权力研究的政治学

在 1936 年出版的著作中，政治学家哈罗德·拉斯韦尔（Harold Lasswell）曾言："政治是关于谁在何时通过什么渠道得到什么。"正是这一简洁的表述概括了本书的精髓，也大致地归纳了政治学的整个领域。政治学在很多方面都涉及对权力的研究。在本书中，你会了解到古代和现代重要的政治理论家是如何看待权力的，而当代的政治领袖又是如何行使权力的。我们可以大致地把政治权力界定为使他人去做他们本意不会去做的事情的能力。苏格拉底、柏拉图、亚里士多德及其他古代哲学家都认为，政治权力应当只在作为通达社会正义这一目标的手段时才被运用。这些思想家坚持主张政治权力应当由社会中最有智慧者和最道德的人来行使，因为领袖的首要责任在于促进社会的和谐和公共的善（公共利益）。由此，他们的思想奠定了西方文明的理论基础。他们认为，只有那些在正义的美德方面受过教育的人才应当操纵权力，因为他们更有可能把公众的利益置于自身的利益之上。

在《君主论》中，尼可罗·马基雅弗利（1469—1527）偏离了上述古希腊哲学家的观点，他断言，"权力"而非"正义"才是政治学中最重要的分析单位。他声称，为了真正领会政治的精妙含义，更为重要的是要去了解领袖是如何有效地获取并维持对广大民众的政治控制的。马基雅弗利这种政治探讨的方式强调的是，政府的首要目标是防止平民暴乱和促进国内外的安全稳定。

有关如何组建政府权力的讨论来自一些最重要的**社会契约理论家**（social contract theorists，17世纪旨在通过考察政府组建的首要条件来解释人性的思想家），如托马斯·霍布斯、约翰·洛克、让-雅克·卢梭等。这些理论家主要聚焦于政府与个人之间的权力关系。在本书的第三章中，我们集中关注社会契约理论家就以下几个方面做出的讨论：（1）一个人与他人之间一般地更倾向于合作还是竞争？（2）在政府不存在的状态下可能发生哪几类问题？（3）他们处理这些问题时所采取的政体形式。托马斯·霍布斯（1588—1679）的经典之作《利维坦》试图证明马基雅弗利关于权力而非正义是政治研究中最重要变量的论断是正确的。在此，霍布斯主张，政治权力的目的不应当被首要地用来推进善治（合乎道德的治理），而是应当被用来促进一种比较有限的目标，即防止社会骚乱和战争。霍布斯的社会契约论倡导专制主义的政体，其中，个人把政治权力全都交托给政府，以便政府能够更有效地制止平民暴乱。在表1-4中，我们列出了各种不同类型的政治制度、经济制度和支配它们的意识形态的相应界定。

表1-4 不同类型的政治制度、经济制度和政治意识形态[5]

无政府主义	一种倡导废除有组织的行政管理机构的学说。无政府主义者认为，所有的政府都是腐败和邪恶的
专制主义（集权主义）	将大量权力都给予国家从而不惜牺牲个人权利的一种政治主张
独裁政体	几乎所有的权力都集中在统治者手中的一种政体
资本主义	土地和工厂等生产资料由私人占有并为营利而进行生产和经营的一种经济制度
共产主义	资本、财产、主要产业和公共设施等经济要素都由国家操控和管理的政治制度。从这个意义上说，这些经济要素都是“公有的”
保守主义	倾向于维持现状和倡导以温和方式进行变革的一种政治主张。保守主义捍卫传统价值并倡导保护过去一切好的东西
直接民主制	人民作为一个整体直接做出决策而不是由被选举出的代表代替人民做出决策的民主形式
法西斯主义	一种民族主义的、专制主义的反共产主义运动，它于1919年由贝尼托·墨索里尼创立。法西斯主义是对伴随第一次世界大战结束而来的经济困顿和社会混乱的一种反应
女权主义	关于女性应在政治、经济和社会方面平等的理论

封建主义	一种中古时期的社会经济和政治组织形式。封建主义拥有金字塔式的社会组织结构，其顶层是国王，国王之下是各等级贵族，贵族之下是各块领地上的领主——领地是最基本的社会和经济单位
自由主义者	一个认为政府的职责在于改善社会条件和创造一个更为平等的社会的人
自由至上主义	信奉政府不该干预公民的生活，除提供警察和军队保护之外，不该干涉其他任何事务
马克思主义	是由卡尔·马克思和弗里德里希·恩格斯创立的理论，后来成为共产主义的信条。依据马克思主义，社会运转的关键在于经济，社会所有的方面都是由经济制度决定的
精英社会	一个权力由值得拥有权力的人，基于其才能、勤劳和竞争中取得的成功，而不是通过对其阶级成员身份或财富的占有来行使的社会
君主制	由女王、国王，女皇或皇帝掌管绝对或有限权力——权力通常通过继承取得——的统治形式
民族国家	通常被用来描述现代国家，但严格地说，只有当全体人民都自认为同属于一个民族时，它才是适用的
寡头制	一种由个体组成的小集团所控制、为自身利益而统治的政治制度
和平主义	认为战争不具有合法性，主张国家间的所有争议都应当和平解决
财阀政治	由一些富豪或一个富豪集团统治、控制、支配的政体
代议民主制	一种由人民选举的代理人组建立法机构的政治制度
共和制	最高权力属于选出代表来代替他们参与决策的人民的一种政体形式
社会契约制	在国家与其公民之间达成不成文协议的政治制度，双方是自愿订立社会契约的
社会主义	生产资料的生产、分配和交换基本上属于国家并代表人民的一种政治制度
恐怖主义	通过暴力和恐吓手段谋求政治目的的做法和主张
神权政治	由僧侣或神职人员掌控的国家或政府
极权主义	统治权扩展到全社会且对生活的方方面面施以控制的政治制度
功利主义	19世纪英国思想家杰里米·边沁、约翰·斯图亚特·穆勒等提出的一种政治学说，它宣称：政府的职责是增进最大多数人的最大利益

其他社会契约论者如约翰·洛克和让-雅克·卢梭等则认为，在一个民主的政治制度内权力应当更为广泛地扩大到人民当中，从而实现社会和谐。洛克（1632—1704）倡导代议制民主，在这种制度下，政府拥有有限的权力，由人民选出代表来为他们做出决策。洛克的著作对美国建国者们颇具影响力：18世纪后期，他们正在为如何更好地组建一个新政府而殚精竭虑。托马斯·杰斐逊在起草《独立宣言》时就援引洛克的思想，也就是《独立宣言》中那句最广为人知的话：“我们认为下面这些真理

是不言而喻的，人人生而平等，造物主赋予他们若干不可转让的权利，其中包括生命权、自由权和追求幸福的权利。”正是这一思想为扩展少数族裔和妇女的政治权利铺平了道路。此外，卢梭（1712—1778）则批判了代议制民主政体，他声称这些民主政体实际上为政治精英剥削、利用广大民众提供了便利。他反过来呼吁直接民主政体中普遍的政治参与——人民作为一个整体为他们自己做决策。

研究美国政治的学者从政府的行政、立法和司法三个部门来讨论政治权力。其中一个最重要的争论是美国总统是否拥有“至高无上”的权力，即行政部门是否拥有超越其他两个部门（立法和司法）的更多权力。著名的总统制研究学者理查德·诺伊施塔特（Richard Neustadt）被某些人誉为美国的马基雅弗利，因为他声称：总统必须具有超越所有人的政治技巧，要去“劝服”华盛顿政界和美国公众依照他们设计好的议程行事。

国际事务中的政治权力

全球范围内持续不断的争夺政治权力的斗争，塑造了我们今天的政治版图。2011年，反中东暴政的民众运动从突尼斯蔓延到埃及，进而又波及利比亚、叙利亚和也门，这次民众运动被称为**“阿拉伯之春”**（Arab Spring，指 2011 年兴起于中东和北非地区的亲民主的政治运动）。在此期间，该地区的民众走上街头去抗议专制政府。这场针对中东独裁者的草根抗议运动是这样引发的：在突尼斯，一位名叫布瓦吉吉（Mohammed Bouazizi）的 26 岁摆摊青年，因无力也不愿向警察行贿，警察便扔掉了他的手推车并没收了他用来称菜的秤。一气之下，他点火自焚[6]。他的这一反突尼斯政府的行动激起了民众起义。这场起义以推翻突尼斯总统本·阿里（Ben Ali）的统治而告终。在突尼斯起义的示范下，成千上万的埃及人走上街头，抗议警察粗暴的行径、政治腐败、言论自由缺失及物价飞涨。他们同样成功地推翻了埃及总统胡斯尼·穆巴拉克（Hosni Mubarek）的统治。大多数在该地区持续不断爆发的抗议活动都是由“年青的理想主义者”组织起来的，他们“受到民主的激发，通过‘脸书’来互相联络，共同憧憬一个更为宽广的世界。为此，他们激动不已”[7]。穆巴拉克的继任者穆尔西（Mohammed Morsi）——埃及首位民选领袖——后来于 2013 年 7 月 3 日被埃及军方领导人罢黜。

在国际政治领域，约瑟夫·奈（Joseph S. Nye）区分了“硬权力”和“软权力”[8]。当国家运用军事和（或）经济力量迫使其他国家改变行动时，这些国家行使的是硬权力；不过，国家也可以动用软权力对其他国家的行为施加影响。在此，国家的优势地位是通过发挥外交或文化上的劝服作用而实现的[9]。硬权力与软权力之间的互动正体现在美国对阿富汗的外交中。“基地”组织于 2001 年 9 月 11 日制造了针对美国的恐怖主义袭击后，以乔治·W. 布什总统为首的美国政府在阿富汗动用了硬权力，利用军事力量除掉了塔利班政府。然后，由美国主导起草了阿富汗新宪法，并于 2004 年 12 月成立了由哈米德·卡尔扎伊（Hamid Karzai）领导的临时过渡政府。2009 年初，奥巴马总统将驻扎在阿富汗的美军数量增加到 10 万。美国在阿富汗的外交政策也从**反恐怖主义**（counterterrorism，使用进攻性策略先发制人或预先制止未来可能发生的恐怖袭击的政策或军事战略）政策转向**反叛乱**（counterinsurgency，包括为赢得国内民心而做出的一切军事、政治、经济和人文努力的军事战略）政策。就其首要地倚赖于美国军队用武力铲除“基地”组织在阿富汗的军事行动而言，反恐怖主义政策施行的是硬权力。后来，更多的美国军队被派遣到阿富汗实施反叛乱政策，在那里，美国军队既动用了硬权力，又使用了软权力，以此来赢得阿富汗的民心。

那些主张反叛乱政策的人认为，为了有效地打击阿富汗的恐怖主义，美国有必要把软权力的方式纳入对外行动中，为阿富汗在经济和政治上的发展提供援助。由此，美国军方同阿富汗的各部族首领缔结了关系，协助他们修筑道路，帮助阿富汗制定经

这张由白宫提供的新闻照片显示：2011 年 5 月 1 日，在位于华盛顿的白宫军事情报室里，美国总统奥巴马、副总统拜登、国务卿希拉里·克林顿及国家安全团队成员在全神贯注地观看猎杀本·拉登行动的实况。其后，奥巴马向公众宣布：在巴基斯坦阿伯塔巴德地区的一座院落里，美国在美国特种部队发起的一次军事行动中击毙了本·拉登（PETE SOUZA/THE WHITE HOUSE/MCT/GETTY IMAGES）

济和政治制度。鉴于反叛乱政策需要动用太多的军队，付出的成本代价太大且也不太可能赢得民心，反叛乱政策的批评者反对这种国家建构形式。相反地，这些批评者中的许多人都赞同反恐怖主义政策，因为实现其反恐怖分子的这一有限目标并不需要太多驻外的有形军事力量存在。2011 年 5 月，美国从阿富汗调遣了载满海豹突击队员的直升机去猎杀“基地”组织的头目本·拉登，突袭了他的藏身之处——巴基斯坦西北部的一处秘密院落。不过，美国政府仍然把“基地”组织网络视为其在阿富汗乃至全球的国家安全利益的严重威胁。

作为一门学科的政治学

广义地说，**政治学**（political science）是一门旨在理解个人和政治制度之间关系的学科，与人类学、犯罪司法学、经济学、心理学和社会学相关联，是我们所知的**社会科学**（social sciences，任何一门旨在理解人类行为的学科，通常包括人类学、考古学、经济学、犯罪学、政治学和心理学等）这一学术传统的组成部分，因为它旨在考察并解释人类的行为。心理学家通过观察研究、开展实验来解释人的心灵，政治学家以同样的方式寻求解释人类与其政治制度之间的关系。

自有哲学探究起，学者们就一直在努力寻找谁该进行统治和什么样的政治制度最能给人们带来和平与安全等问题的答案。在这一过程中，政治学家开发出众多的方法来帮助他们从事研究。在下面的章节中，我们将简要地来讨论一下其中的一些方法。

政治学的研究方法

历史地看，政治学一直被划分为三大方法论传统或流派：传统主义、科学行为主义和后科学行为主义。**传统主义**（traditionalism）是一种旨在理解某种政体或政治制度是否依照它们“应该如何行事”来行事的方法论传统。它在很大程度上倚赖于**规范性**（normative，规范的方式是一切试图判定人“该如何生存”的方式。在第二章对柏拉图和亚里士多德的讨论中，我们可以更清晰地看出规范的方式）评价。换言之，传统主义者试图解答的问题是，要确定身处一定政体机构（诸如国会）内的个人是否按他们“应该如何行事”的方式去行事。譬如，一位传统主义者也许会结合历史（考察先前的参议员是怎样投票的）和哲理探究（追溯宪法就国会或开国之父说过些什么）研究美国参议员的权力，以便判定当下的议员是否是法律真实旨意的代表。传统主义者在其分析中避免使用数值或**定量分析**（quantitative analysis，一种使用数据来解释政治现象以便更好地理解政治世界的分析方法，数据一般来自调查研究或既有数据集）方法，因为他们要在分析结果中做出价值评判，而这种分析的结果在很大程度上是不可能被量化的。

科学行为主义（behavioralism，一种考察特定个人或机构的“实际”行为的思想流派。这一流派在很大程度上受数据驱动而无强烈的价值立场）考察政治过程中人的实际行为，采用一种经验的或数据的研究方式。传统主义者力图判定人在多大程度上符合组织机构或法律的规定，科学行为主义者同样试图去确定某些人何以如此行事。科学行为主义者把他们的研究聚焦于定量分析，用数据作为论据来证实其论点。从本质上说，科学行为主义者利用数理统计模型来解释各种不同的政治和社会行为。他们可能致力于更好地理解特定的**变量**（variable，社会科学研究的特征或属性。尤其是变量往往容易出现在种族、年龄、宗教倾向与选举的关系），并力求找到它们之间的**关联**（correlation）。譬如，一个人的性别、种族同他在美国众议院就有关扩大医保选项的议题进行投票的这一行为之间是否存在某种关联？为回答这一问题，科学行为主义者会考察所有的国会议员的投票记录，然后判定种族或性别是否在他对待医保的议题上发挥了作用。

政治学家所采用的最新近也最为重要的研究方法是所谓的“后科学行为主义”（post-behavioralism，寻求把传统的研究方法——尤其是价值观——与科学行为主义的研究方法结合起来的思想流派）。理解后科学行为主义的最佳方式是把它们看作对前述两大流派的一种混合。正如科学行为主义者批评传统主义者在分析中过于讲究“道德”或“价值取向”一样，后科学行为主义者则批评科学行为主义者过于讲求“科学”，在许多方面有忽视研究领域内广大公民的伦理责任之嫌。后科学行为主义者试图提醒政治学家，除从事观察实验或收集数据外，他们还应当致力于回答某些涉及公民、国家乃至整个世界的更为重要的问题。

虽然以上是对政治学家探讨研究领域所采用的某些方法的一个简介，但在进一步探讨之前就让你明了这些方法上的差异是绝对必要的。

进入政治学领域

要引领你进入一个像政治学一样广阔的研究领域或许是一种苛求。因此，我们要做的是，把这个要求分解成容易操控的几个部分。如果你把政治学看作一张大的比萨饼，甚至是一张超大型的比萨饼，那么，政治学就显得凌乱不堪且令人难以招架；但如果我们把这门学科分解成几个部分，或拆分成我们所谓的政治学的**分支**（subfields of political science，整个政治学学科内各种不同的内容处理方式。政治学的分支或分科包括政治学理论、美国政治学、比较政治学和国际关系学），并给你一个学期的时间消化吸收这一学科知识，那么，它就会变得容易掌握了。从各方面来看，这恰好就是本书编排架构的方式。我们把握整个研究领域，并把它分解成四个部分，每一部分都代表着政治学学科内的一个重要分支。由此，我们就有了关于政治学理论、美国政治学、比较政治学和国际关系学这些具体领域。

这四个部分遵循同一套逻辑架构。其中，如同地基是建造一座房子最重要的第一步，政治学理论对广阔的政治学领域来说也是如此。在我们正式进行有关医疗保健、外交或中国和印度的经济发展的讨论之前，我们有必要首先把握古代思想家如柏拉图和亚里士多德的古典哲学理论以及近代社会契约论思想家霍布斯、洛克与卢梭的理论。这些观念塑造了昨天的世界，并将继续塑造明天的世界。因此，至关重要的是，我们要从把握经典开始。

由于本书的政治学理论部分是以考察那些为现代民主思想的发展做出贡献的社会契约论思想家的理论为结尾的，我们专门辟出一个章节来论述美国政体，为的是帮助你将它同世界上其他的政体形式做深刻的比较。在“美国政体”这一章中，我们尤其关注了美国主要的制度性和行为性要素，包括体现在美国宪法、美国公民个人与群体的政治态度，以及立法、行政与司法各部门的制度安排中的美国政体的基本原则。

第三部分考察的是**比较政治学**（comparative politics，考察不同国家内不同类型的制度及相关议题的一个政治学分支。这类考察通常以地区为基础。譬如，人们可以对被称为中东的这个世界区域进行比较研究）。该部分利用了前面部分的知识，参照美国来评判其他国家的政策、程序和制度。有关政体类型的界定将包括对专制国家及与之相对的民主国家的特征的分析。在做这种比较分析时，我们将突出某些被认为是专制的或民主的国家。这将使你有机会看出其他国家是如何决策、如何阐明和界定与个人自由相关的议题、如何维持权力以及如何将权力从上届政府转移到下届政府的。

最后一部分是**国际关系学**（international relations，一个研究国家之间的互动方式及全球发展趋势对民族国家的影响的政治学领域）。这一部分建立在前面章节已经确立起来的比较政治学的区域研究方法之上。最后一部分把重点放在同国际关系理论、国际体系和国际组织及全球化的发展相关的概念上，它让你获得对国内治理与全球治理的一种均衡的理解，该部分同时也让你有机会去反观本书的所有议题，并透过整个政治学领域的知识棱镜去观照世界。

小结

总而言之，本书的撰写旨在让你对政治理论和政治实践获得一种更为深刻的理解。我们意在消除人们对研究柏拉图和亚里士多德这类思想家的畏惧，让这些思想家变得更平易近人，同时我们也希望，他们对未来的政治领袖也更具启示意义。最后，我们还力求把你的生活同整个世界之间的关联性揭示出来。

今日的世界既高度地相互联系，又充斥着竞争。由此，重要的是，你要充分地意识到你和你的同道在其中扮演的角色和发挥的作用。未来对工作岗位的竞争将取决于我们对本书中所探讨的某些议题的把握。

注释

［1］Thomas M. Magstadt, *Understanding Politics: Ideas, Institutions, and Issues*, 6th ed. (Belmont, CA: Wadsworth Publishing, 2002), 261.

［2］The Center for Information & Research on Civic Learning and Engagement (CIRCLE), "The Youth Vote in 2012," http://www.civicyouth.org/only-12-3-million-young-people-18-29-voted-for-president-obama-in-%E2%80%9812-down-from-14-

8-million-in-%E2%80%9808/? cat_id=6.

[3] Ibid.

[4] Ibid.

[5] 以下定义均引自《政治学词典》，可上网查询词典的电子版，网址为：http://www.iamericanspirit.com/politicaldictionary.html. 对女权主义的定义引自《韦氏词典》。

[6] Rania Abouzeid, "Bouazizi: The Man Who Set Himself and Tunisia on Fire," *Time*, January 21, 2011.

[7] "Islam and the Arab Revolutions." *The Economist*, April 2, 2011, 11.

[8] See Joseph S. Nye, *Soft Power: The Means to Success in World Politics*, Library of Congress, 2004.

[9] Joseph S. Nye, "The Decline of America's Soft Power," *Foreign Affairs*, May/June 2004.

第一部分

政治理论

第二章

古代政治理论

这尊柏拉图雕像伫立在位于希腊雅典的雅典学园前面（KRZYSZTOF DYDYNSKI/LONELY PLANET IMAGES/GETTY IMAGES）

引言：古代政治思想是如何影响我们今天的

古希腊被公认为西方文明的摇篮，因为在 2 500 多年前，就是在这里，数学、科学、建筑学、政治学和哲学取得了长足进步，这些进步持续地影响乃至于决定着我们今天生活的走向。正是由于古希腊取得的这些进展，美国白宫轻微地模仿了希腊的帕特农神庙；这也解释了为什么现代医生在接受“希波克拉底誓言”时被要求发誓不作恶，为何全世界的学生都要学习几何学，为何全球数十亿人会一起收听、收看奥林匹克运动会，为何几乎所有的西方社会都以某种民主政体运转。

古希腊并不是一个统一的国家，而是众多小型城市国家（city-states）的集合体，每一个城市国家都被农田环抱，其面积通常只绵延数个街区。每个这样的城市国家都被称作一个“城邦”（polis），每个城邦的居民一般都共享着相同的文化、政治、经济和宗教习俗。“政治”（politics）一词本身就是从“城邦”这一术语中衍生出来的，这一名词迄今仍被用来描述现代城市的生活，譬如“大都市”（metropolis）和“世界主义”（cosmopolitan）等。与此同时，正是城邦这种确定下来的政治结构有助于人们将三位古希腊哲学家（苏格拉底、柏拉图和亚里士多德）的作品与其所处的社会历史背景联系起来加以研究。突出这三位哲学家之所以是适当的，是因为他们的看法奠定了其他所有的西方政治思想赖以开启的理论基础。对这些古希腊思想家理论的总体理解，可以帮助我们有效地评论并参与我们今天的政治世界。

这些古希腊思想家所提出的诸多问题在今天仍然被热烈地讨论，即：生活的目的是什么？我们如何能找到幸福？我们的政治领袖应当拥有哪些技能？理想的政体形式是什么？合乎道德何以重要？这些都是苏格拉底提出的核心问题，它们贯穿了柏拉图的《理想国》和亚里士多德的《政治学》。这些经典著作之所以重要，不仅因为它们让后来人深入地了解了古代的政治生活，而且激发我们对当今政治的目的更为宽广的思考。苏格拉底、柏拉图和亚里士多德开启了对政治的理论探讨，并强调了挑选正直而称职的政治领袖的必要性。因此，为了更有效地评价我们现代的政治制度，全面地去理解他们的看法是很有益的。

伊奥尼亚学派

古代政治思想和政治学自身源自古代关于宇宙世界的哲学辩论，即：世界是以有目的、有计划、有步骤的方式运行，还是相反地处在一种永恒随机变化而缺乏目的和意义的状态之下？最早的古希腊哲学家是**伊奥尼亚学派**（Ionians，古希腊最早相信用理性而非神话来理解宇宙的哲学派别），他们在公元前 6 世纪拒绝接受体现在荷马神话中的文化观。这种文化观认为世界是由宙斯、赫拉、阿波罗及其他希腊神和女神所掌控的。相反，伊奥尼亚学派则倡导用人的理性来对当时的重要问题进行分析、推断。

这些古希腊哲学家集中关注了物质世界，讨论了我们宇宙的形式和内容。米利都的泰勒斯认为我们的世界是由水构成的，阿拉克西美尼认为宇宙是由气构成的，而赫拉克利特则从理论上说明宇宙是由火构成的[1]。公元前 5 世纪，德谟克利特发现所有的生命体都是由原子构成的，他由此对宇宙之谜做出了解答。这些早期的理论家对我们周遭的环境提出了更深刻的问题：世界的本质是什么？物质世界是以一种随机变化的永恒状态存在着还是存在着一种指导我们世界的持久生命力（an enduring life force）？

在古希腊时期，围绕上述问题出现了两场相互对抗和竞争的运动。希腊人把这两大哲学派别确认为生成论（theory of becoming）和存在论（theory of being）[2]。所有的西方政治思想都根源于这两个相互区别的哲学流派。

生成论

那些支持生成论的人认为，世界是处在随机而任意变化或生成的永恒状态之下的，它可以从物质的方面来理解。譬如，德谟克利特认为，宇宙万物都是由以完全随机和偶然的方式运动组合形成的原子构成的。生成论者并不认为，有一个先在的计划或神圣的目标在操控我们的物质世界。他们断定：我们的世界纯粹是它生成的这个样子，是随机构造出来的结果——我们世界中的物质相互碰撞而形成其他的各种物质形态，并促使这些物质形态处于相互运动之中。他们推测，我们的世界纯粹是一连串完全随机和偶然的碰撞而意外地产生的结果。生成论者宣称，最好是通过考察我们世界中可以衡量的事物来理解现实，而不是把宗教的、神学的或形而上学的解释附加到我们对物质世界的理解上。生成论者提出这样的看法：通过对物理世界更深入的科学理解，来理解我们置身的世界及我们在其中所起的作用。

存在论

与生成论相对，存在论流派的人则认为，我们周围不断变化的物质世界的背后是一种先验的（preexisting）和永恒的设计。譬如，毕达哥拉斯（Pythagoras）就设想有一种恒久的、无形的、不变的结构支撑着我们的表象世界[3]。他断言，解开所有宇宙奥秘的钥匙可以在数学公式中找到，而数学公式诠释了一种比我们的感觉确定的现实更为深刻的现实。

宇宙到底是处在随机变化的永恒状态（生成状态）之下还是作为一种永恒、深藏的现实存在于我们的表象世界（存在状态）之外？这一问题最终被纳入政治理论。譬如，毕达哥拉斯对数学原理做了纯学理的探讨，他由此推断，我们把存在于物质世界内的相同的原则灌输到了人类的灵魂当中，进而把存在论纳入政治理论[4]。通过将我们在宇宙中发现的数学概念同人类意识联系起来，我们转变了我们对自身的看法以及我们彼此共处的方式。重要的是，这些探讨既反映了古希腊理性的兴起，也反映了这样一种倾向：宁愿运用理性（推理）能力去发现客观真理，也不要倚赖庸常的方法论解释重要的问题[5]。柏拉图在其经典文本《理想国》中即运用了古希腊的理性，采用了对话的方式，这种方式将人们可能持有的错误想法暴露在公众的讨论当中。

智者派

公元前 448 年，希腊武力打败波斯，使雅典成为当时世界首要的文化聚集地。也是在这个时期，古希腊文化受到了被称为智者或诡辩者的政治思想家的强烈影响：古希腊哲学的焦点从宇宙转向个人。对于人类能否真正地把握世界的终极状态或洞悉宇宙的秘密，这些智者是持怀疑态度的［因而他们又被称为**怀疑论者**（skeptics，一般是指承认没有什么东西可以被绝对确切地加以认识的哲学家）］[6]。

智者首先关注的是围绕人类行为提出的问题。他们共同主张一种被称为“智慧”的世界观，把对人的研究而非对宇宙的研究看作最重要的分析单位[7]。普罗塔哥拉（Protagoras）说：“人是万物的尺度，是事物之所以是的尺度，也是事物之所以不是的尺度。”[8]智者派首要关注的是古希腊公民如何为人处世。

智者派教授的是修辞学和公共辩论术。他们对辩论术或者说“诡辩术”（sophistry）的强调招致了这样的批评：智者的旨趣更在于传授劝服力，而不是要去建构一套强有力的知识框架。智者派普遍认定，人类从本性上是追求权力的，因而自然地倾向于追逐自我利益。他们并不相信有普遍的真理存在，而是把诸如“正义”“真理”之类的观念看作社会习俗，而非天然的建构物（natural constructs）[9]。然而，苏格拉底和柏拉图的许多学说对智者派的人性观构成了直接的挑战。

苏格拉底

苏格拉底生于公元前 470 年。公元前 399 年，他被民主的古希腊公民大会以“毒害青少年”和“对宗教不敬（亵渎神灵）”等罪名判处死刑。从多方面看，苏格拉底的生平及其对古代西方政治思想的影响，类似于耶稣的生平及其在基督教中的影响：两个人都是优秀的导师，都威胁到了当时的政治现状，都因其教义（或学说）而受审，并因各自的信仰被不公正地处死[10]；还有一个相似的地方是，无论是苏格拉底还是耶稣，都未能将其教义（或学说）转述成书面的文字。我们从苏格拉底最伟大的学生柏拉图（柏拉图比其导师几乎小 50 岁）的著作中才获知了有关苏格拉底的情况，这就好比我们通过耶稣的虔诚信徒的著述才知晓耶稣本人一样。

在那个拥有有魅力的容貌就会受人尊重的时代（这一点和今天很相似），苏格拉底是一位在体格外形上再平凡不过的人。他双目凸起，大腹便便，头发蓬乱，不修边幅，他经常光脚走在路上，手里提着一根木棍[11]。

古希腊哲学家苏格拉底（© NICK PAVLAKIS/SHUTTERSTOCK. COM）

苏格拉底对西方文明最大的贡献之一是他把归纳法引入教学领域中。今日的美国法学院仍在采用苏格拉底的基础教学技法。苏格拉底在许多方面都是赞同智者派的。比如，认为可以从对人类行为的研究中获得比从对宇宙的研究中更多的知识。他还使用**规范性理论**（normative theory，重在考察“应该”或“应然”之事而非聚焦于实际状况，即“实然”的理论）来探讨哲学。在此，他最感兴趣的是揭示我们人类生存的目的，思考人类彼此之间若以公正、道德的方式交往，是否就能获得“善的人生”等问题。

苏格拉底指出，在应用普遍原则之前，首先必须在词语的定义上达成共识。他是一位颇具争议的导师，因为他让学生质疑当时社会主导原则背后的学理依据。比方说，学生被要求对诸如“正义”或“勇气”之类的术语进行界定。而当他们的定义达不到标准时，就会凸显他们在常识上的缺陷。他不断地向学生发问，这动摇了他们的信心，导致他们去怀疑他们视为真理的一切，包括古希腊统治阶级的社会规范及其行为动机。苏格拉底从未声称自己拥有真理，而是认为只有首先承认自己无知，才能获得新知。当然，他还是认为自己比古希腊社会中的政治领袖要更智慧，因为他至少意识到了自己的无知；而绝大多数古希腊政治人物的头脑中则持有种种并不真实且只顾谋取私利的观念[12]。

苏格拉底和智者派也都赞同人生的目标是寻找幸福。不过，就人们如何获得幸福的问题，苏格拉底与智者派之间存在深刻的分歧。智者派和苏格拉底给出的人类幸福的衡量标准都同德行（美德）概念密不可分。按照今天的说法，德行概念可以在一定程度上同卓越（excellence）概念互换使用。

智者派宣称，人类是通过在各自的活动中追求德行或美德来寻找幸福的。譬如，一个鞋匠可以通过制作出优质的鞋子找到幸福，这就好比画家可以通过画出一流的画作找到幸福，木匠可以通过建造出一座稳固而吸引人的房子找到幸福。智者派把幸福同个人擅长某项技能或在某一行业中的卓越表现关联起来。

此外，智者派是这样来教导那些享有最大特权和家境最为富有的学生的：人类的幸福是通过获取诸如“财富、荣誉和地位”[13]等那些给予大多数人快乐的事物建立起来的。他们把物质上的成功和权力的获取看作实现人类幸福的评判标准（standard fare），这一点同他们认为人类首先是自私的生物这一支配性看法相一致。智者派向人们宣讲道德相对主义，他们认为，由城邦国家制定出来的法律只不过是为了保护弱者免于强者的侵害而被起草出来的常规性规定[14]。他们教导人们，制定法律是脱离自然规律的一种非常规性安排，因为在自然规律（laws of nature）下，强者按惯例是要操控弱者的。自然规律鼓励有特权的学生动用他们的优势地位去获取更多的物质利益和政治利益，充当他们剥削被压迫者的一种主导性辩护，有鉴于此，这种对法律的批评性看法在当时特权学生当中是一种非常流行的批评。智者派认为，城邦国家的法律会约束卓越的领袖，阻碍他们人性的全面发展和获取幸福的可能性，因而是非自然的。

针对“强权即公理”这一广为流行的观点，苏格拉底及后来的柏拉图和亚里士多德都竭力反对。苏格拉底是一位独特而又极其重要的思想家，因为他是最早把德行或卓越概念同人的道德行为关联起来的人之一。在苏格拉底看来，在某一特定的活动或行业内展示出卓越性（brilliance）与在道德行为中显示出卓越性，两者有着重要的区别。对苏格拉底来说，最大的悲剧是：绝大多数的希腊人注定要过不如意的生活，因为他们对人类幸福的最高级形式——人类灵魂之培育[15]（cultivation of the human soul）——一无所知，也不感兴趣。苏格拉底认为，真正的幸福意味着对“理想（善）的生活”（good life）的追求，当人们按照基于理性的道德原则而活着时，这种“理想（善）的生活”就实现了。在苏格拉底看来，生活本身并不重要，最要紧的是过“理想（善）的生活”：

> 我要说，一个人最大的善在于，每天讨论德行，讨论你所听到的我同他人之间交谈和考察的其他事情，因为对人来说，未经审查的人生是不值得过的。[16]

苏格拉底强调培育人心的重要性而将幸福概念予以转换。虽然他不一定否定世俗的所有物，但他确实认定物质主义是幸福的一种低劣形式[17]。由于苏格拉底认为灵魂是同我们的知性相联系的，因此，他推断说，所有的人都有责任通过追求知识和真理尤其是涉及个人道德的议题来审查自己的人生。这一观点反映了一种根本的理论转变，即从物质主义转向道德反思。在苏格拉底看来，无论在任何时候追求何种层面的正义，那些增进心灵和谐和实现幸福的最高形式的关键变量都会出现。他的这一观点在柏拉图的经典文本《理想国》（*The Republic*）中得到了丰富、生动的阐述。

苏格拉底认为，个人的行为首先必须受思考过的、理性化的道德准则的指引——即便这种行为违背了国家的法律。他还认为，人应当自愿地接受违反公共法律所造成的消极后果。在他的一生中，苏格拉底从未停止向青年人教授他的哲学——即便在他因为“毒害青年”的罪名自知会受到监禁之后（他最终被判处死刑）。他公然反抗法庭要他停止教学的决议，因为他坚信自己的教导是正义的、合乎道德的，这里，他的行为实际上是**公民的不服从**（civil disobedience，拒绝服从政府的要求或命令，是一种非暴力地且通常是集体地迫使政府妥协、让步的方法）的早期形式[18]。对苏格拉底来说，一个人的道德准则代表了一种高于国家的习俗和法律的价值观。

不过，苏格拉底的遵奉主义的公民观在《柏拉图对话录》的“克里同篇”（*Crito*）中同样有所描述。监禁期间，苏格拉底的一个叫斐多的朋友来监狱看他，向他提出逃跑计划。苏格拉底却向斐多解释说，越狱逃跑是不正义的，因为他作为公民有义务接受惩罚——即便这种惩罚是过分的[19]。苏格拉底接受了对他的死刑判决，最终因饮用了一种毒芹浸泡的药酒而死，没有选择逃脱对他的不公正的判决。他的这一决断是有教益的，因为它彰显了苏格拉底这样的一种看法：做一个大的不正义（譬如，死刑）的接受者，要胜于去犯下一个哪怕是最微小的不正义。或换一种说法，它突显了苏格拉底的一种观点，即死亡要比不正义地活着更可取。

苏格拉底认为，个人只有摆脱和远离国家事务才能找到真正的幸福。他教导说，人不能同时追求“理想（善）的生活”和追求政治事业，因为他认为，成功的政治生涯必然会要求人放弃他的核心道德原则。这就是苏格拉底被认为是道德哲学家而非政治哲学家的原因。他劝告学生要避免受到政治的腐化，要回避令人炫目的公共生活中的虚假赞扬、恭维和吹捧，而应该默默地遵奉公正的道德准则。所以说，苏格拉底的学生柏拉图，才是西方第一位政治哲学家。

柏拉图

第一部被当作政治科学著作的是柏拉图的经典文本《理想国》。在《理想国》中，柏拉图以对话方式介绍了苏格拉底的学说。其结果是，有时很难去界定苏格拉底的观点在何处结束，而柏拉图本人的看法又始于何处。公元前 427 年柏拉图出生于雅典，卒于公元前 347 年，享年 81 岁。虽然有关他个人的历史人们知之甚少，但多数学者猜想他从未结过婚。他一生游历，还到过西西里岛和埃及。他深受作为他良师益友的苏格拉底的影响[20]。在围绕苏格拉底人生命运——尤其是他愿意为其哲学而赴死——而形成的悲剧情境中，柏拉图对苏格拉底的崇敬之情无限地加深。

柏拉图出身于显赫的政治世家。事实上，柏拉图的家庭成员在公元前 404 年攫取了雅典的权力，并确立了控制国家的地位，不过，一年以后其家族的统治就被民主分子推翻了。然而正是民主的政体在数年后判处了苏格拉底死刑。柏拉图也是在**伯罗奔尼撒战争**（Peloponnesian War，公元前 431—前 404 年，是雅典与斯巴达之间爆发的一场战争。其中，斯巴达得到了波斯——今天的伊朗——的援助，建立了一支庞大的舰队。该舰队于公元前 405 年在阿戈斯波塔密摧毁了雅典的海军。战争重创了雅典）期间成长起来的，这场发生在希腊城邦国家——雅典与斯巴达——之间的决定性战争，起因于斯巴达对雅典日益增长的海上势力的担忧，最终在公元前 404 年以雅典的屈辱失败而告终。

柏拉图被上述两段人生经历弄得心灰意冷、沮丧不堪。他从雅典的政治领袖置个人私利于公共利益之上的心机中幡然醒悟，把苏格拉底被处死和雅典在伯罗奔尼撒战争中惨败的事件统统归罪于民主政治中的非理性因素。

这两次人生遭遇让柏拉图对民主制和民众政治极度不信任。这也就解释了柏拉图为何避开政治生涯绕道而行，要知道，从政在当时对他那种身份的人来说恰恰是一个令人期待的选择；这也解释了他为何被激发去探索和从事在哲学中发现的、他认为是更高级的事业。柏拉图从此满怀激情、满腔热忱地去修正和扩充他的殉道之师苏格拉底的学说。

在执着于这项事业的过程中，柏拉图创建了西方第一座高等学校——“学园”，专门用来向青年知识分子宣讲苏格拉底的道德哲学遗产。然而，柏拉图刚刚渗入哲学学说就遭遇到了不幸和羞辱。当柏拉图到西西里岛劝谏专制君主狄奥尼修斯时，发生了他一生中最屈辱的一幕。这位独裁者不是虚心听从柏拉图的劝告去改革专制政体，而是对他的道德说教极不耐烦，最终把柏拉图当作奴隶卖了[21]。不过，不同于他的导师苏格拉底，柏拉图后来接受了朋友的帮助，逃脱了沦为奴隶的命运。

《理想国》

在《理想国》中，柏拉图叙述了苏格拉底有关正义的对话。这场对话发生在智者玻勒马霍斯的家中，参与对话的人包括玻勒马霍斯和他的父亲克法洛斯、著名的智者色拉叙马霍斯，以及当时其他几位有名的思想家。对话围绕正义的恰当定义而展开。克法洛斯是位富翁，他说，一个正义的人就是按时还债和总讲真话的人[22]。苏格拉底对这个定义并不满意，他质问道，如果把借来的武器归还给一个性情变得反复无常而凶暴的同伴，这是否正义？对此，克法洛斯和苏格拉底看法一致：如果你认为同伴会利用武器去达到不正义的目的，那么，把武器归还给同伴就是不正义的。双方通过交换看法指出：还债固然重要，但还是有很多这样的情境，人在其中应该承担起比还债还要更大的社会责任而可以不去偿还债务。色拉叙马霍斯这位首要的智者断言，正义总是强者一方的最大利益所在[23]。苏格拉底不断地向色拉叙马霍斯提出质询，他使色拉叙马霍斯认识到，某些领袖在决策过程中是会犯错误的。通过坚持不懈的追问，苏格拉底确认：知识是一种高于权力的价值，而强权并不总是公理，因此，这是一个观点上的重大调适[24]。

柏拉图的《理想国》的主旨是要彰显苏格拉底的论点，即：知识不仅仅是对个人私利的理解，而是被用来理解一个更大的客观真理——幸福的最高形式是通过追求正义而非私利，进而培育人的灵魂而得到的。最终，柏拉图力求确证，正义的行为原本就优越于不正义的行为，他证实这一理论的唯一方法是使那些知名的思想家相信，一个被看作不正义的正义之人确实要比一个被看作正义的不正义之人更幸福[25]。《理想国》是柏拉图确证苏格拉底理论的正确性的一种努力，该著作中的主要理论是：我们存在的目的就是通过过正义的生活来实现幸福。接下来的部分进一步解释了柏拉图的假定，即：一种正义的生存要比不正义的生存更有助于达到最高形式的人类幸福。

理想国中的幸福与人的灵魂

柏拉图推理认为，城邦（或国家）是我们在独居生活中不能有效地发挥作用时形成的一种自然的构造。他教导说，我们是社会的动物，需要通过他人的帮助来谋求生存。他还教导说，城邦是人类活动的自然延伸。为了阐明“一个被看作不正义的正义之人要比一个被看作是正义的不正义之人更幸福”的观点，柏拉图把城邦具体化为一个组织。柏拉图把理想的城邦和人的理想的灵魂视为同一类东西。由于人的灵魂太小而让人难以去审查正义，柏拉图就选择在城邦这个大的场景中辨别正义。其理论基础是，通过在理想国这一大布景中辨明正义，揭示人的灵魂深处的正义[26]。

柏拉图认为，理想的共和国（理想国）和人的灵魂分别由三个关键部分构成，即：

1. 手艺人（工匠）/ 欲望
2. 辅佐者 / 激情
3. 护卫者 / 理性

表 2－1 简要说明了柏拉图是如何把理想的共和国同人的灵魂联系起来的。

表 2－1　理想国和人的灵魂的三个组成部分

理想国	人的灵魂
手艺人——参与经济活动的公民（工商业者和农民等），接受节制的教育	欲望——由我们意愿和欲求的情感冲动引导而不考虑后果的行为
辅佐者——保卫共和国的公民（军人），接受勇敢和节制的教育	激情——由慈悲心、同情心或怜悯心的情感冲动引导的行为
护卫者——共和国的统治者（政治领袖），接受智慧、勇敢和节制的教育	理性——由知识和智力引导的行为

《理想国》把公民划分成三个职能群体，三大群体是根据其在共同体中的技能优势和劳动分工划定的，从而形成了整个社会的和谐。这三大群体是手艺人、辅佐者和

护卫者[27]。柏拉图把这三个社会群体同人的灵魂的三个部分联系起来，他认为，人的灵魂是由欲望、激情和理性组成的。他进一步推断，当护卫者（灵魂的理性部分）统治手艺人（灵魂的欲望部分）时，无论是城邦还是人的灵魂的理想形态都是和谐地运行的。

手艺人与欲望

手艺人代表着社会的劳动阶级，包括农民、店员和商人。他们的职责是从事经济活动和保证社会供给。柏拉图认为，人的基本需求，如食物和居所，必须先行得到保障，然后人才能追求更高级别的需求，如哲学和理想的生活。在经济生活中尤其是在追逐私利和利润中获得成功所必不可少的技能，并不会自动地转化为促进公共利益的特性。这就是柏拉图之所以将手艺人同人的灵魂中的欲望部分联系在一起的原因。欲望驱使我们满足基本的意愿而不去考虑我们行为的后果。柏拉图认为，我们的欲望连同手艺人，需要由更高级别的冲动来制衡。因此，手艺人应当接受自我克制或节制的教育，避免他们从经济生活中提升个人的地位而介入政治生活。

辅佐者与激情

辅佐者的首要职责是，执行国家的法律并保卫国家免受外敌入侵（充当军人的角色）。辅佐者接受关于勇敢和节制的教育。他们要求接受更为高级、复杂的训练，是因为他们为确保城邦（国家）得到英勇的守卫而需要接受勇敢的教育；同时，他们也需要接受节制的教育，避免他们产生统治国家的企图。柏拉图断言，正如看门狗既要勇敢地去攻击侵入者，又要节制而不至于咬伤主人；辅佐者同样既需要有勇敢的气概以坚定地保护国土，又需要保持节制而不至于倒戈相向，将武器对准自己的国民[28]。柏拉图将辅佐者与人的灵魂的激情部分联系起来。在柏拉图看来，激情是灵魂中的一种积极的能量，以制衡源于我们的渴求和欲望的消极的能量。从激情中生发出的同情、怜悯或慈悲等情感，被用来制衡我们基本的欲望。

护卫者与理性

护卫者代表着统治阶级。为确保不懈地去追求公共利益和正义，他们需要接受强化训练。护卫者必须“智慧、勇敢和节制”。护卫者需要接受最高级别的教育培训。唯有那些在数学、辩论术、军务和哲学等方面表现卓越的人才被允许统治共和国[29]。记住这一点很重要，那就是：柏拉图认为，有一条客观、永恒的真理（存在论）奠定了我们物质世界的基础。他进一步认为，只有那些拥有完满知识的人才应当统治共和国，这是因为，完满的知识是充分而透彻地理解正义及其所有维度所必需的条件。柏拉图的这种划分或许类似于古印度的种姓制度，在这种制度下，社会被划分为四个等级群体：第一级婆罗门（僧侣和学者），第二级刹帝利（统治贵族和武士），第三级吠舍（工商业者）和第四级首陀罗（体力劳动者和仆人）。

柏拉图的理型论（theory of forms）

在柏拉图看来，只有那些对正义有着完全理解的人才应当领导共和国，因为只有他们才真正懂得追求公共的善（公共利益）。他对此的依据或理由，由他那种通常遭到误解、有时还显得神秘的观念做出了很好的解释，而他的理型论勾勒出了这一观念。柏拉图的理型论揭示了他的二重世界观，它区分了现象界（譬如，我们可见的事物）与理念界（譬如，超越我们感性经验的事物）。

在柏拉图看来，现象界不是永恒的，而是流变的（处于生成状态）；理念界则包含一种超越我们物质世界的更为持久的终极目的（处于存在状态）。由于含有神秘、超验的因素，柏拉图的理型论很难被人把握。他推断，现象界中的每一个事物在理念界中都有一种理想的类型，即事物"应当如此存在"的一种方式。唯有那些达到"至善"——被柏拉图定义为拥有关于现象界和理念界中每个事物的完满知识——的人（包括妇女），才有资格统治共和国，因为只有他们才能有望置社会的公共利益于个人的私利之上。正如我们从前面所获知的，柏拉图将护卫者类比为人的灵魂中的理性部分。完满的知识有助于滋养心灵，心灵一旦被赋予知识，它就会支配我们的基本欲望，从而使共和国在培育人的灵魂的过程中营造出幸福与和谐来。

在柏拉图看来，我们中的绝大多数人在现象界中所看到的事物实际上都是它们的理想类型的不完满显现[30]。因此，当我们观照屋子里的一把椅子时，我们实际上是在观照"椅子"（一般意义上）的理想类型的一种不完满显现。在柏拉图看来，我们现象界中的每一个事物都有一种完满的类型，因此，存在着一种所谓"完满椅子"的事物。在柏拉图看来，在理念界中同样存在着每一个事物的理想类型，诸如正义或正义性的概念。但是，当我们在感性世界中体验到一种正义的变体时，我们实际上是在体验正义性或正义的理想类型的一种不完满的显现。此处的关键点是，柏拉图采用理型论来揭示一种更宽广的信念，即：存在着一种诸如客观而终极的真理或我们应当如此存在的方式之类的事物。唯有那些达到“至善”的人才应当统治我们的社会，因为只有这些被拣选出来的少数人才拥有对正义的理想类型的完全理解。后来，柏拉图的理型论遭遇了他的学生亚里士多德的挑战并被其修正。

洞穴隐喻

在其著名的《洞穴隐喻》一书中，柏拉图的理型论得到了进一步的阐发。该隐喻通过揭示某些判断（或看法）形式比其他判断形式更有价值，凸显了哲学统治的必要性。借助苏格拉底和格劳孔在《理想国》第七卷中的对话，柏拉图让我们去想象：从孩童时代就“住在地下洞穴里的人”，他们的“腿脚和脖子被链条拴住而不能动弹”，他们一辈子都在一刻不停地盯着穴壁的背后。然后，柏拉图请我们进一步想象：在他们的身后有一团火，有人“举着各种各样的木制和石制的器皿及动物塑像”，但由于他们被链条拴住了，他们只能把这些东西间接地看成此些物投射到穴壁上的影子。倘若他们终其一生都处在这种环境下，他们最终就会把一个木制的猫的影子看成一只真猫。柏拉图把这一层次的认知称作“想象的”认知，他认为，这构成了人类理解的最低形式。现在假设：他们摆脱了链条的束缚，获得了自由，从而能够转身直接去看事物。这代表了一种更高级别的理解形式，柏拉图把它称为“信念”。再设想：他们被拉出洞穴并被置于闪耀的阳光之下，此时，他们就会拥有最高级的理解形式，柏拉图称之为“知识”。在柏拉图看来，洞穴代表现象界，太阳则象征着“至善”或对现象界和理念界中的每个事物的完满理解[31]。该隐喻有助于揭示柏拉图何以认为唯有那些具有最高级的知识形式的人才能统治共和国。绝大多数的公民之所以没有资格统治，是因为他们中的大多数人从未走出过洞穴。大多数人把影子混同为真实的存在，或者错误地把意见（opinion）当真理加以接受。在柏拉图看来，意见是真理的对立面，它只是代表了漫长而艰辛的求知道路上的一个起始点。

在“至善”的状态下护卫者不可能去做一件不正义的事情。在柏拉图看来，人们参与不正义的活动，不是因为他们本来就是不正义的，而是因为他们首先就对其行为何以是不正义的缺乏充分的理解。毕竟，社会中几乎每个人都居住在洞穴里，都把影子混同为真相。但护卫者是不可能去参与自私的或不正义的行为的，因为他们拥有对正义的完满理解。譬如，如果一个人对涉及犯下强暴罪的不正义性拥有完全的知识，那么，这个人是不可能去犯这种罪的。那些拥有这种知识的人很快就会奉献出他们自己的人生，而不会干出这样一种极坏的事情。这一原则被护卫者所证实和强化，因为他们很快就会奉献出他们的人生，而不会去参与任何形式的不正义之事。

理想国中幸福的层级与人的灵魂

那么，柏拉图是如何确证一个被看作不正义的正义之人会比一个被看作正义的不正义之人更加幸福呢？在《理想国》的最后章节中，柏拉图提供了关键论证，在这一节中，他把国家的幸福演变同人的灵魂联系起来。

柏拉图写道，由于现象界中所有的事物处在永恒流变的状态之中，《理想国》所描述的理想的**贵族政体**（aristocracy，权力被赋予极少数人——由那些被认为最有资格的人所组成——的一种政体）终究会走向衰落。正义的共和国的衰落起因于领袖选举程序，在这种程序下，未来的领袖不再追求正义，转而看重财富和荣誉这些较为低级的价值。国家最初将从贵族统治转向由武士统治的共和国——被称为**荣誉至上政体**（timocracy，以爱护荣誉为统治原则的一种政体），在这种政体下，社会把财富和荣誉看得比正义价值还重要。然后，由于占统治地位的武士的子女长大后把经济发展和私有财产占有置于勇敢和荣誉之上，**寡头政体**（oligarchy，由一个小群体对大众施加控制的一种政体）随之被当寡头政治家那些被宠坏的后代持续看重占有财富和享乐，缺乏一定的劳动纪律和工作伦理凝聚自身时，共和国就会进一步走向解体。此时，这个群体会要求独立、自由地去追求平凡的快乐[32]。为此，他们会建立一套把自主和自由看得比经济繁荣和工作伦理更重要的民主政体。由于政治秩序的衰落，行为准则会逐渐松弛下来。

柏拉图揭示了必需的欲望与不必需的欲望之间的差异，从而对各种类型的欲望做出了区分。譬如，对食物和饮料的适度消费代表了一种必需的欲望，因为它们所提供的营养使人的生存成为可能；与之相对的是不必需的欲望，诸如消费垃圾食品的欲望，如果我们拒绝屈从于卑劣欲望，不必需的欲望是可以被铲除的。民主政体在柏拉图理想国幸福层级中排名倒数第二，因为它鼓励人们追逐所有的欲望（无论是必需的还是不必需的）。因此，柏拉图认为民主制建立在一个错误的前提之上，即所有的意见都是平等有效的。柏拉图把民主制看作一种低等的制度，因为它是由大众来统治的。在柏拉图看来，大众都居住在“洞穴”里，他们习惯性地把自己的意见（影子）混同为真理（真实的存在）。正是这种制度要求由无知的多数人统治有知识的少数人。

表 2－2 勾勒了柏拉图对政治制度的排序，即从他最推崇的政体到他最不看重的政体。

表 2－2　理想国与人的灵魂中幸福的层级

政体类型	核心理念
哲学王/贵族政体	正义和知识
荣誉至上政体	勇敢
寡头政体	工作伦理和财富
民主政体	追逐欲望（必需的或不必需的欲望）的自由
僭主或暴君政体	追逐欲望（合法却不必需的欲望和不合法又不必需的欲望）的自由

在柏拉图看来，民主政体终究会瓦解，转变为僭主政体，而僭主政体是一种最低形式的政体。民主制度下贫困的大多数人会将自己的困苦归咎于他人的富裕，为此，他们会选出一个领袖来压制富有者。而且，这位领袖会逐渐对富人连同穷人都施行暴政，会集中和加强政权内部的所有政治权力，整个共和国将处于**僭主**（tyrant，不受法律或宪法约束的独裁统治者，又称暴君）肆意的奴役之下。僭主是正义的最低级形式的代表，因为他所追逐的不仅有合法而不必需的欲望，而且有不合法且不必需的欲望。僭主会不诉诸理性，而将那些只有在噩梦中出现的欲望付诸实现，如犯下十恶不赦的谋杀罪或与他的父母一方发生性关系。僭主灵魂中的欲望部分支配了它的激情和理性部分，加速僭主政体走向衰败和疯狂。虽然残暴的专制君主和柏拉图的护卫者都是把他们的主观判断加诸身体的主宰关系之上，但他们的不同之处是，护卫者是受正义的完满知识支配，而暴君（僭主）则是受卑劣的意愿、冲动和欲望支配的。正是这种区分使柏拉图确立了苏格拉底学说的正确性，即：一个被看作不正义的正义之人要比一个被看作正义的不正义之人更幸福。柏拉图断言，僭主的不道德行为源于他通过寻求拥护者的爱来填补心灵空虚的欲望。但柏拉图认定，僭主对拥护者爱的追求并不会带来幸福，因为爱给予的只是有限的快乐，无法取代通过认识和追求正义而获得的无限的快乐。僭主的挫败感不断累积，在对诸事的败坏之中达到了极点[33]。僭主以自我为中心地活着，加之不加约束地满足所有欲求和意愿的权力欲，最终把自身引向丧心病狂的地步。当民众竟然为僭主有增无减的无情欢呼时，他的这种精神错乱还会

加剧。柏拉图把僭主描述成一个孤独、贪得无厌的家伙，这种描述不禁让人想起阿道夫·希特勒和萨达姆·侯赛因，以及其他莫名昭著的僭主形象。僭主的这幅“肖像”被用来当作一个证据，证明一个被看作不正义的正义之人（苏格拉底）要比一个被看作正义的不正义之人（僭主）更幸福。

《理想国》不仅是历史上第一部政治学著作，而且是西方文明中最值得关注、最具影响力的一个文本。在《理想国》中，柏拉图第一个提出了这样假定：政府及其领袖负有特别的责任去促进一个有道德和正义的社会。当然，这并不意味着《理想国》就是毫无瑕疵的。其中最广受批判的部分涉及柏拉图以手艺人、辅佐者和护卫者之间的绝对区分构建共和国的看法。如果不允许手艺人担任领导职务，他们怎么会赞成和睦、融洽地为共和国做贡献呢？柏拉图用他富有争议的“金属神话”（myth of the metals）的解释来回答这个问题[34]：人类是神通过赋予其灵魂以不等量的金属而造出来的。那些注定要统治人的人会有黄金混合在其灵魂里，那些注定要做辅佐者的人会有白银混合在其灵魂里，那些注定要做手艺人的人则会有铜混合在其灵魂里。金属在这三类人中的分配不是世袭的，因而有这样的可能：那些灵魂中天生含铜的人（手艺人）可以生育出灵魂中天生含金的人（护卫者）。由此，手艺人和辅佐者很有可能接受他们人生中的社会地位，而不会去冒犯神灵，因为他们担心他们的不当行为会毁掉拥有一个将来成为护卫者的孩子或后代的机会。可见，《理想国》最终被一个“高贵的谎言”（a noble lie）确定下来，这个谎言自然很难同《理想国》文本中首要推崇的德行（真理和正义）调和起来。具有讽刺意味的是，在对柏拉图理论的最尖锐的挑战中，有些来自他最有名的学生亚里士多德，后者被许多人视为西方文明史上最伟大的思想家。

亚里士多德

亚里士多德是柏拉图最具天赋、最杰出的学生，他生活在公元前 384 年至公元前 322 年间。亚里士多德在 17 岁那年成为柏拉图的学生，此后一直在他的教导之下，直到柏拉图去世（近 20 年后）。此后 12 年间，他多方游历，甚至还给亚历山大大帝（马其顿国王腓力二世的儿子）当过私人教师。

在这幅油画中，柏拉图（左）在和他最有名的学生亚里士多德（右）讨论。柏拉图的一只手指向天空，代表了他的超验的政治观，亚里士多德的手势则代表了他对政治相对务实的态度。油画取名为《雅典学园》，是意大利艺术家拉斐尔最杰出的作品。拉斐尔在1510年前后在梵蒂冈创作出这幅作品，当时，米开朗琪罗在西斯廷教堂创作（RAPHAEL/THE BRIDGEMAN ART LIBRARY/GETTY IMAGES）

亚里士多德返回雅典后创办了他自己的吕克昂学园，该学园旨在囊括一套完整的学术研究门类。他超越了某些和柏拉图相关的重要学说，进而提出有关人性、追求人的幸福、个人的和公共的伦理、田园诗般的领导特性以及各种政治制度的相对优势等诸多原创性的观点。

柏拉图的唯心主义理论（观念论或理念论）有时需要把超验性引入形而上学领域。不同于柏拉图，亚里士多德对那个时代的主要问题采取的是一种更加务实的、经验的而且是科学的态度。这或许是因为受到了他的父亲尼各马可的影响。尼各马可曾出任过马其顿国王阿敏塔斯三世的首席御医。亚里士多德看重科学知识，从他父亲那里继承了一种对自然科学的禀赋，他在生物学、医学和物理学方面卓有成就[35]。

同时，亚里士多德也高度借用了与柏拉图相关的政治哲学，尤其是依据客观真理和将政治学与伦理学融合起来的必要性等原则来借用。柏拉图把人的灵魂划分为三个部分（理性、激情和欲望），亚里士多德则类似地把灵魂区分为高级的理性部分与低级的非理性部分，前者受理性支配，后者受我们的欲望和意愿支配。亚里士多德还认同柏拉图的是，只有当理性统治了我们的欲望和意愿时，人的灵魂才能获得幸福。亚里士多德与柏拉图最大的分歧在于他们研究政治的方式和方法。亚里士多德采用的是一种更务实也更为系统的方式。

自然状态

亚里士多德对政治学的最重要的贡献是他的著作《政治学》（*Politics*）。该书可以同他的另一经典文本《尼各马可伦理学》（*Nicomachean Ethics*）参照阅读，后者的书名据说是以他的父亲或儿子的名字来命名的，因为他们都叫尼各马可。这些文本所确立起来的理性的严谨性，在数个世纪后，促使古罗马政治家西塞罗将它们称为“黄金之河”（a river of gold）。亚里士多德还认同柏拉图，认为城邦（国家）是人类发展的一种自然的产物，由此推断，人首先是一个“政治的动物”[36]。他从理论上说明人类共同体的三种不同形式，它们自然地演进为更为复杂的政治安排。它们是：

1. 家庭单位
2. 村庄
3. 城邦（国家）

在亚里士多德看来，人类所拥有的最神圣的力量是两个人走到一起并创造出一个新人的能力。生儿育女和组建家庭的自然意愿对应于第一种共同体形式，即家庭单位。但由于家庭单位不能自给自足，就要求各个家庭组织起来整合为复杂的、被称为村庄的共同体。村庄能够提供更多的效能，因为拥有不同技能的家庭可以专职于某项职业，从而有利于所有家庭的改善。当各个家庭各自专注于不同的职业如农耕或木工，从而建立起一个各家庭在其中可以交换物品和服务的交易共同体时，更多的功效就产生出来了。然而，村庄自身也不是自给自足的。由于每个村庄在面对外来攻击时都很脆弱，它们很自然地联合起来，建立起一个更复杂的、被称为城邦的共同体。城邦为经济系统带来更大的效能，它提供了社会所必需的基本的组织结构，从而更熟练地阻击和抵抗外来侵略。城邦之所以实现了自给自足，是因为人的基本需求在其中得到了满足，这有助于促进人们对“理想（善）生活”的追求[37]。

亚里士多德进一步将三种共同体的演进进程做了类比。家庭代表了最低级的共同体形式，是人类发展的萌芽阶段；村庄是一种更高级的共同体形式，它是人类发展的童年阶段；城邦是最高级的共同体形式，被类比为人类发展的成年阶段。

表 2-3 揭示了亚里士多德是如何把人类的发展同政治的发展联系起来的。

表 2-3 亚里士多德的人类共同体及其发展阶段

家庭	村庄	城邦
萌芽阶段	童年阶段	成年阶段

亚里士多德的形式说（theory of forms）与幸福

在理型论中，柏拉图提出了一种看待世界的双重态度。他推断，当个人获得关于现象界和理念界中每个事物的完满知识（善）时，人的最高形式的幸福就实现了。亚里士多德的《政治学》则挑战了柏拉图关于幸福可以单独存在于求知（追求知识）中的论断。他摆脱了柏拉图的神秘主义态度，提出了一套更为实际的追求幸福的方案。不同于柏拉图，亚里士多德没有把形式说引向超验的维度，而是引入了一种自然主义的视角。他设想，所有的生命形式都内含着一种理想的命运或一个先在的目的。他不是以一种超验的方式来看待形式，而是专注于形式的具体发展，专注于它们从生物学的意义上由潜在性（可能性）转化为现实性的过程[38]。他的形式说从理论上说明了所有的生物都有一种先在的设计或一种本应如此的、理想的存在形式。在亚里士多德看来，当我们通过实现我们预存的目的而将我们的潜在性转化为现实即实现出来时，我们就获得了幸福。正如一颗细小的橡树果实有可能长成一棵参天大树，人类同样有一种理想的命运或先在的目的。如果说柏拉图渴望诉诸超验世界来追求伦理和正义，那么亚里士多德则是在人类自身的生存状态中寻求伦理和正义。他重新审视柏拉图的“善”的理念，开启我们对人类生存的“目的”的探究。他认为，“善”或所有美好事物所指向的目标是人类的幸福。

然而，是什么促成了人类的幸福呢？在柏拉图、亚里士多德看来，幸福的关键在于那种将人从其他动物中区分开来的特性——理性力（推理力）。理性力是人类所独有的，人通过推理力能够超越生物的或本能的存在。虽然其他的社会性动物也存在于自然界中，如蜜蜂和蚂蚁等，但唯独人类拥有以哲学抽象的方法进行思考的能力。这促使亚里士多德得出：当我们运用我们的推理力追求德行（卓越）时，我们就找到了达到目的的手段[39]。当然，这很像柏拉图得出的结论：当我们的理性支配了我们的欲望并把我们引向正义的生存时，我们就获得了幸福。这其中关键性的区别是，亚里士多德的《政治学》质疑了柏拉图关于幸福只存在于对知识的追求中的论断。

在亚里士多德看来，仅仅是知识的获得并不能让我们走多远。为了获得最高形式的幸福，那些拥有知识的人必须继续走下一步，通过政治活动将理性落实到行动当中[40]。沉浸、专注于政治活动代表最高形式的幸福，因为城邦共同体为人的理性提供了最高级的平台。与之相对，家庭共同体则代表了最低形式的幸福，因为家庭生活基本上体现的是一种生物学和本能性的生存，它脱离了抽象的哲学思考。在家庭共同体内，我们从事生育活动，寻找食物和其他生活必需品，以一种与自然界中其他生物极其类似的生存方式活动。而当我们充分置身于政治活动时，最高形式的幸福就会出现，因为正是在城邦这一共同体内，我们的思维被提升到理性的最高形式上。在理性层面，人们的讨论最为抽象，所做出的决策也最为重大。可见，美德与知识并不像柏拉图所认定的那样是同一的，相反，美德需要将知识与政治活动结合起来。这一点至关重要，因为它突显了两位理论家各自所看重的领袖选举程序后面所蕴含的差异所在。

不同于柏拉图的哲学王（哲学王在获得完满的知识后就不愿担任领袖），亚里士多德认为，领袖需要拥有统治所必需的政治技能，还要将政治的推理能力同政治技能相结合，从而使社会发生积极的改变。亚里士多德的《政治学》告诉我们，辩论的能力是一种具有最高价值的政治技能，因为正是通过辩论，我们才能将理性付诸行动。理性与辩论分别代表了“政治硬币”的两面。辩论也是我们获知“真理”的公共手段。

亚里士多德认为，德行处在两个极端之间的居中位置，而辩论的本性就是暴露两个极端的立场，从而让我们分辨出适度的德行并从中找到幸福。譬如，勇敢这一美德概念处在懦怯与鲁莽之间[41]。勇敢要求具有一种将恰当的领悟水平和不同风险类型结合起来的能力。最后的一大要点是，亚里士多德认为，领袖应当既拥有知晓何者为正确的智慧，同时又具有能够将这种智慧转化为行动的政治技能，以推进城邦全体人民的正义。在亚里士多德看来，追问谁应当领导城邦，就好比追问谁应当在一支卓越的合唱队里唱女高音——的确，领导这个角色在城邦中发挥的作用最大。

混合政体理论

亚里士多德与柏拉图，还有一个重要的区别，即亚里士多德的混合政体理论。该理论极大地影响了众多美国的开国元勋。

亚里士多德的混合政体理论与柏拉图的政体理论是有分歧的，亚里士多德并没有像柏拉图那样热烈地倡导某一种政治制度而反对另一种政治制度。相反，他断言，所有的政治制度既可能是优越的，也可能是可怕的，都取决于那些掌控政治制度的人所追求的终极价值。根据统治国家的领导者的数量及其所追求的终极价值，亚里士多德将所有的政治制度做了分类（见表 2－4）。他概括、确定了六种政治制度（政体），并根据领导者的“意图”对每一种政治制度的价值进行了评估：

1. 君主制：由一个人所领导的政治制度。如果君主追求正义，那么它就是一种好的政体。

2. 在君主制政体中，如果君主变成一位暴君（僭主），只顾谋取私利而罔顾正义，那么，这样的政治制度就会堕落了。

3. 贵族制：由少数人所掌控的政治制度。如果这些领导者追求正义，那么它就可能是一种好的政体。

4. 然而，如果贵族制退化为寡头制，几位富有的领导者追逐经济私利而非公共利益，那么，贵族政体也可能堕落成一种更坏的政体。

5. 城邦制：由多数人掌管政治体系的一种政体，如果这些领导者追求正义，它可能是极好的。

6. 但它也可能转变成为一种民主制，即多数人追逐他们的私利，而对少数派行不义之事。

表 2－4 亚里士多德的混合政体理论

政体类型	正义的政体——领袖追求正义	败坏的政体——领袖追逐私利
一个人统治	君主制	暴君（僭主）制
少数人统治	贵族制	寡头制
多数人统治	城邦制	民主制

亚里士多德也是最早考察经济对政治的决定程度的理论家之一。亚里士多德最关心的是民主制有可能导致贫困的多数人报复富有的少数人。正因为如此，亚里士多德认定，为了平衡富人与穷人的利益，民主制需要一个强大的中产阶级[42]。在此，我们应当明确的一点是在亚里士多德看来，美德即存在于两个极端之间。这是一个了不起的高度进步的概念，它在 21 世纪依然启发着有关治国术的讨论。关键在于直到今天，

亚里士多德理论仍然与现实息息相关。

小结

相比柏拉图寻求共和国最理想政体形式的理论，亚里士多德从业已存在的现实条件中寻找最可能好的政体。苏格拉底、柏拉图和亚里士多德的主要贡献是他们冷静地探求政治与伦理的融合。他们通过匡正政治的目的塑造了整个西方文明。在柏拉图和亚里士多德看来，政治是一种更高级的职业，从事政治的领导者有特殊的责任去增进公共利益（而非私利），从而为公众服务。在第四章中，我们将看到这种政治观如何被众多美国制宪会议的代表共享，并因此建构了政府的三个部门。

虽然美国的缔造者们直接受到了英国政体的影响，但同亚里士多德的混合政体理论相关的诸多要点也融入美国宪法。这些缔造者从亚里士多德那里学到，不能将目光集中在某一种政体上，而应当把不同政体的优点融合到一种政体中。美国的政体最终包含了总统（一个人统治）、最高法院（少数人统治）和国会（多数人统治）等多种政体要素。然而同样巧妙的是，这些缔造者并没有将“民主”这一术语嵌入美国宪法中，而是将政体表述成“共和”，这显然遵从了柏拉图和亚里士多德的一种信念：只有那些受到正义德行启蒙的人才应当领导整个社会。这些开国元勋终究创建了代议制民主政体，它由一位总统（最初是由总统选举团直接任命，参见第六章）、一个法官团队（由总统任命，由参议院批准通过，参见第七章）和一个参议院（最初是由其成员代表的州立法机构任命，参见第五章）组成。众议院成员都是由公民选举产生的联邦官员，这部分地是对古希腊政体的呼应，即民主制有可能败坏为暴民统治，因为大多数公民并没有被教导要将公共利益置于其各自狭隘的私人利益之上。合众国的缔造者们非常有意识地努力去建构美国政体，以确保那些被认为有智慧的人能够去制衡大多数人的自私和冲动。在第四章关于詹姆斯·麦迪逊《联邦党人文集》第十篇的考察中，我们对多数人的暴政予以探讨，该文集被大众普遍誉为美国对政治理论的最大贡献。在第五章中，我们通过对美国的政治制度、欧洲的民主制及全球其他政体形式的比较，揭示了古希腊的政体观是如何相同地影响了欧洲议会制政体的设计和主旨的。但首先，在下一章即第三章，我们将探讨尼可罗·马基雅弗利和托马斯·霍布斯是如何倡导非民主的政体形式的。他们都断言，“权力”而非“正义”才是政治学中最关键的分析单位。

注释

［1］John H. Hallowell and Jene M. Porter, *Political Philosophy: The Search for Humanity and Order* (New York: Prentice Hall, 1997), 1.

［2］Brian R. Nelson, *Western Political Thought: From Socrates to the Age of Ideology* (New York: Prentice Hall, 1996), 6.

［3］Nelson, 6.

［4］更充分的讨论参见：Dominic J. O'Meara's *Pythagoras Revived: Mathematics and Philosophy in Late Antiquity* (Oxford, UK: Clarendon Press Oxford, 1990).

［5］See Michael Frede and Gisela Striker's *Rationality in Greek Thought* (Oxford, UK: Clarendon Press, 1996).

［6］Herbert Ernest Cushman, *A Beginner's History of Philosophy* (Orlando, FL: Houghton Mifflin, 1910), 65-69.

［7］Robert S. Brumbaugh, *The Philosophers of Greece* (Library of Congress, 1964).

［8］A. H. Armstrong, *An Introduction to Ancient Philosophy* (Boston: Beacon Press, 1959).

［9］Hallowell and Porter, 5.

［10］Nelson, 9.

［11］See http://Plato. stanford. edu/entries/Socrates/

［12］George Klosko, *History of Political Theory: An Introduction* (New York: Harcourt Brace, 1994), 32.

［13］Nelson, 10.

［14］See George Novack's *The Origins of Materialism* (Boca Raton, FL: Merit Publishers, 1979), 186-187.

［15］Nelson, 14.

［16］G. M. A. Grube, *Plato. Apology. In the Trial and Death of Socrates*

(Cambridge, MA: Hackett Publishing, 1975).

[17] Klosko, 41.

[18] Daryl H. Rice, *A Guide to Plato's Republic* (Oxford: Oxford University Press, 1998), 14.

[19] Steven M. Cahn, *Exploring Philosophy: An Introductory Anthology* (Oxford: Oxford University Press, 2000), 373.

[20] See Alain De Botton's introduction in *The Essential Plato* (New York: Quality Paperback Book Club, 1999).

[21] Nelson, 24.

[22] See Francis MacDonald Cornfold, Chapter 1, "Cephalus: Justice as Honesty in Word and Deed" in *The Republic of Plato* (Oxford: Oxford University Press, 1966).

[23] Cornfold, Chapter 3, "Thrasymarchus: Justice as the interest of the Stronger."

[24] Ibid.

[25] 更充分的讨论参见：Daryl Rice, *A Guide to Plato's Republic*, 97-100.

[26] *Plato's Republic*, Book II (434d-435a) in Grube's translation of Plato's *Republic*.

[27] *Plato's Republic*, Book II (558d-559c, 373d-e, 370a-b, 374a-c, 394e, 423 c-d, 433a, 443b, 453b) in Grube's translation of Plato's *Republic*.

[28] *Plato's Republic*, Book II and Book III (376-412b) in Grube's translation of Plato's *Republic*.

[29] Ibid.

[30] *Plato's Republic*, Book V (475e-480a, and 596a) in Grube's translation of Plato's *Republic*.

[31] *Plato's Republic*, Book VII (514a-517c) in Grube's translation of Plato's *Republic*.

[32] *Plato's Republic*, Book VIII (547e-548c, 555b-557c, 563-564a, 558a) in Grube's translation of Plato's *Republic*.

[33] *Plato's Republic*, Book IX (575a-580c) in G. M. A. Grube's translation of

Plato's *Republic*.

［34］ *Plato's Republic*, Book III (413b–415b) in G. M. A. Grube's translation of Plato's *Republic*.

［35］ C. D. C. Reeve's introduction found in *Aristotle*: *Politics* (Cambridge, MA: Hackett Publishing, 1998).

［36］ *Aristotle's Politics*, Chapter I (1253a – 718) in Reeve's translation of Aristotle's *Politics*.

［37］ *Aristotle's Politics*, Chapter I (1252a24–1253a38) in T. A. Sinclair's translation of Aristotle's *Politics* (New York: Penguin Books, 1992).

［38］ See Marjorie Grene's *A Portrait of Aristotle* (Chicago: University of Chicago Press, 1963), 211–226.

［39］ *Aristotle's Politics*: Chapter I (1253a9 – 10) in Reeve's translation of Aristotle's *Politics*.

［40］ Nelson, 54.

［41］ See *Aristotle's Rhetoric*, Chapter 1, http: www. publiciastate. edu/～honeyl/rhetoric/index. html.

［42］ Klosko, 126–127.

第三章

现代政治理论

2011年6月3日，在美国有线电视新闻网（CNN）在洛杉矶的办公大楼前举行的反叙利亚政权的示威中，一名叫纳伊达·阿尔·海拉特（Nahida Al Khairat）的女子举着抗议的牌子，牌子上写着“叙裔美国人为自由的叙利亚而斗争”（KEVORK DJANSEZIAN/GETTY IMAGES NEWS/GETTY IMAGES）

引言：现代政治思想的起源

前面一章回顾了早期的政治思想，着重阐明了涉及古代主要政治理论家的某些最重要的学说。这些古代思想家的政治理论采用的是规范性方法，他们首要的兴趣在于个人伦理道德和理想政体形式的研究。规范性的理论家思索社会中的是非对错，通常会去探究我们“应当”如何行事，以符合理想的公共行为准则。在上一章，我们从柏拉图的《理想国》中获知，领袖在掌权之前就应当获得完满的知识，因为那些拥有智慧的人最有可能倡导正义和公共利益。但你也许会问：期望领袖获得——哪怕是有可能获得——完满的知识，这现实吗？如何把这种理念转化为今日的政治现实？如果我们想要评估那些领袖及其政府的行政效果并力求对其加以改善，那么，我们去理解他们到底是如何行事的，这难道不是很重要吗？现代政治理论家面临着时代的挑战，这种挑战以政治研究的方法论的转型为标志，它从规范性方法转向经验性方法，他们中的某些人还思考着同样的古典问题。但是，那些倡导经验性方法的人对政治“应当”如何不太感兴趣，而更关心政治实际上是如何实行的。

在本章中，我们将考察经验性方法是如何脱离规范性传统的。经验性方法断定：对权力的理解要比对正义的理解更为重要，因为前者更有助于解释政治。为此，本章将着重考察马基雅弗利的《君王论》、霍布斯的《利维坦》、洛克的《政府论》以及其他关涉现代政治思想的经典著作。

马基雅弗利呼唤强大的君主，但同时又警告说，不审慎地行使行政权力有可能导致政治上的不稳定和平民暴乱。他断言，在对政治的理解中，权力而非正义才是最重要的变量，由此，他成为最早从古希腊传统中脱离出来的人之一。托马斯·霍布斯、约翰·洛克、让-雅克·卢梭是三位主要的社会契约理论家，他们的集体工作充当了21世纪专制政体形式和民主政体形式的哲学基础。

霍布斯采用了一种科学的方法试图去证实马基雅弗利的论断，即权力是政治学中关键性的分析单位。以自由主义之父著称的洛克挑战了霍布斯的社会契约论，他主张个人自由和（权力）非常有限的政府形式。卢梭的社会契约论倡导一种更为直接的民主。正是他们的著述最终启发了随后诸如古典自由主义、**传统保守主义**（traditional conservatism，是有关政府不应力求去改变社会，而只应当去对社会中业已发生的变化做出反应的政治信念。保守主义认为，政府应当在维护传统的和宗教的价值观方面发挥作用，社会变革应当以渐进的方式进行。埃德蒙·伯克通常被认为是保守主义之父）、现代自由主义［modern liberalism，认为"多数人统治"的制度和"平等"的制度都存在潜在的问题，它强调了民主制异化成"多数人的暴政"的趋势。托克维尔（1805—1859）和约翰·斯图亚特·穆勒（1806—1873）是两位主要的现代自由主义思想家］、马克思主义、女权主义和**环境保护主义**［environmentalism，一场旨在阻止我们的自然资源进一步恶化的社会和政治运动。环境保护主义者首先认为，在制定公共政策时，所有的生命体包括非人的生命体理应受到认真的考虑。这场运动对美国《清洁空气法案》(1970)、《洁净水法案》(1972)、《濒危物种法案》(1973)，及其他一系列主要政策的通过发挥了重大作用］等意识形态。

尼可罗·马基雅弗利

一尊矗立在乌菲齐柱廊内的马基雅弗利雕像俯瞰整个佛罗伦萨（© WJAREK/SHUTTERSTOCK.COM）

马基雅弗利（1469—1527）出生在意大利的佛罗伦萨。除了猜测他在佛罗伦萨大学上过学外，关于马基雅弗利早年的情况人们知之甚少[1]。有关他生平的公共记录始于他在1498年被任命为佛罗伦萨的第二大法官。马基雅弗利的人生发展于佛罗伦萨民主政体，该政权开创于1494年法兰西国王查理八世推翻美第奇家族统治之后。不过，当1512年美第奇家族重掌佛罗伦萨政权时，他的命运出现了一个逆转[2]：因被怀疑私通法国人并密谋反对美第奇家族，马基雅弗利遭到拷打，还被临时监禁过。

为了从佛罗伦萨政权中重新谋取一个显要职位（这种努力事后证明失败了），马基雅弗利竭力讨好美第奇家族，他把他最著名的文学著作《君主论》（*The Prince*）敬献给洛伦佐·德·美第奇（Lorenzo de' Medici，又被称为"伟大的洛伦佐"）。我们或许应该庆幸美第奇家族并不信任马基雅弗利来为其独裁政权效劳，因为这恰好让他有时间撰写他的那部最精深的作品《论提图斯·李维〈罗马史〉前十卷》（*The Discourse on the First Ten Books of Titus Livius*，1521）。不同于《论提图斯·李维〈罗马史〉前十卷》对共和政体的精妙含义所做的广泛而深入的分析，《君主论》直截了当、一针见血地论述了行政领导权，这使得它成为西方文明史上最受争议又广为传阅的文本之一。我们可以确信，21世纪的大多数领袖和政治顾问都读过马基雅弗利在500年前就提出的这些政治忠告，并深受其影响。

马基雅弗利生活在欧洲文艺复兴时期——这是一个激发欧洲文化复兴的时代，从14世纪晚期一直延续到17世纪；这也是一个连接中世纪与现代世界的时代。文艺复兴带来了一种新的知识观，它改造了欧洲的文化、经济和政治生活。正是在这个时期欧洲的政治制度从**封建制**（feudal system，在中世纪欧洲兴起的一种经济制度、政治制度和社会组织制度，它建立在封建领主对封臣及土地的所有权关系之上）转向**民族国家制**（nation-state system，由共享政治和文化传统的人民共同居住的主权国家所代表的制度）。存在于欧洲的封建制形式是一种非常复杂的制度安排，它包括众多在很大程度上受天主教会的权威控制的城镇和封邑。马丁·路德于1517年所领导的新教改革既削弱了天主教会的权威，也弱化了欧洲的封建制。伴随着1648年《威斯特伐利亚条约》的签订，封建制最终被民族国家制所取代。该条约的签订终结了欧洲"三十年战争"。民族国家制被定义为一块块拥有独立主权的领土组合而成的主体，各领土上的人民效忠于各自所承认的政府。对此，在第八章有详尽的讨论。在现代国际体系中，迄今为止存在195个被联合国承认的民族国家。

极为重要的是，要理解充当马基雅弗利《君主论》写作的政治背景。从封建制走向民族国家制并不是一个和平过渡的过程。现今作为民族国家的意大利在15世纪曾被分裂成5个独立的城市国家，包括佛罗伦萨、那不勒斯、威尼斯、米兰和梵蒂冈。这5个城市国家卷入一系列的军事冲突中，从而破坏了整个意大利的统一。马基雅弗利认为，为了同西班牙、英国、法国及其他主要的欧洲强国展开竞争，对意大利来说，把这5个城市国家合为一体是很必要的[3]。马基雅弗利是一个政治**现实主义**（realism，在国际关系学中强调促进国家利益和军事安全。现实主义主张，国家存在于一种无政府的国际政治体系内；由于倾向于不信任国际组织，它同时认为，国家必须随时准备进行军事上的自我防御）者，他是最早将政治学研究同宗教和伦理观分离开来的理论家之一。这部分地是因为马基雅弗利认为，天主教会太软弱，它不能带来意大利的统一。《君主论》的首要目的是，为统治的美第奇家族提供其统治所需的关于如何攫取并维护政治权力的分析。把意大利的5个城市国家统一起来，需要有一个执政坚强有力而又娴熟的君主，他能够拆除与民族国家体制相关的各种外交地雷。

《君主论》一开篇，马基雅弗利就解释了他采用经验性方法研究政治学的理由所在。马基雅弗利对柏拉图在《理想国》中关于理想国家的描述进行了毫不掩饰的抨击，他声称，他的思想在《论提图斯·李维〈罗马史〉前十卷》中又有所发展，在该书中，他倡导一种共和政体形式。

油画《交谈中的恺撒·博尔吉亚与尼可罗·马基雅弗利》。有人猜测马基雅弗利是以恺撒为领袖原型创作出《君主论》的。博尔吉亚（1475—1507）是教皇亚历山大六世的儿子，被广泛地认为是一位才华横溢而又残酷无情的军事统帅（LIBRARY OF CONGRESS，PRINTS AND PHOTOGRAPHS DIVISION［LC-USZ62-100795］）

马基雅弗利被认为是一位现代政治思想家，因为他是最早声称**权力**（power，劝服他人做其自身原本不愿做的事情的能力。马基雅弗利主张权力可以通过使用暴力或制造威胁或者通过授礼行为来获得）而非正义乃政治学中的核心分析单元的人之一[4]。他教导君主要以新的方式来思考政治，放弃那些蒙蔽领导者、无视有效领导之道的道德和伦理观。领导者必须讲求逻辑，一心一意地采取种种会增进其权力的策略。《君主论》就是一份直截了当的文本，它提供了有关如何获取并维护政治权力而不在意是非善恶的实用的各种建议。马基雅弗利运用的是“工具理性”，它强调找到实现特定政治目标的最有效的手段[5]。

像狮子和狐狸一样的君主

马基雅弗利的真正独特之处在于，他把他关于人性的理论运用到尔虞我诈的政治领域。不同于古代天主教哲学家圣奥古斯丁，马基雅弗利并不把自私自利和追逐权力的行为看成是有罪的或邪恶的，并认为那只不过是人的本性而已。在他看来，人们追求权力和追逐私利，和地球绕着太阳转一样，是无罪的[6]。新的经验型君主必须意识到，人们只有认为追随他是他们的最大利益所在，他们才会这么做。因此，为了防止谋反，君主必须牢牢抓住权力，同时，他必须清楚明了每一项决策可能产生的后果。为此，他最好能够采取动物世界中的成员所具有的某些最佳特性。马基雅弗利建议说，一个成功的君主在领导国家时，应该像狮子一样凶猛，像狐狸一样狡猾。他应该同时拥有这两种动物的特性，因为狮子不能单独保护自己避免掉入猎人的陷阱，而狐狸不能单独保护自己免受狼的袭击。而同时拥有狮子的勇猛和狐狸的狡诈的君主则能够通过使用暴力、威胁或礼物来控制被统治者。君主要行使权力，就必须对最好在何时通过动用暴力、制造威胁或给予礼物来强化其政治权力有一种天然的意识：

> 你必须懂得两种斗争方法：其一是法律；其二是暴力。第一种方法是属于人的，第二种方法是属于野兽的。但由于第一种方法往往是不充分的，人们必须诉诸第二种方法。由此，对君主来说，有必要懂得如何同时使用野兽和人的方法……一位君主应当既做狐狸又做狮子，因为光是狮子不能保护自己免遭陷阱，而光是狐狸不能保护自己免遭狼的伤害。可见，有必要成为一只狐狸来发现陷

阱，同时成为一只狮子来吓跑恶狼。那些仅仅依赖于狮子的人是不懂得这一点的。[7]

像狮子一样的君主

马基雅弗利把权力定义为控制大众的能力，他暗示，君主可以随意动用一系列选择来调控民众的心理和情绪。在《君主论》中，马基雅弗利的最大贡献或许是他提供了有关治国的各种特定的指导原则，这些原则历来一直受到君主们的赞赏或诟病。在马基雅弗利看来，做一个君主就不能过于拘谨，因为他必须时刻准备着在必要时动用压倒一切的力量去抵御外来侵略和镇压国内暴乱。君主应当把军事顾问和私人顾问既看作是一种政治权力资源，又看作是对政治权力的一种威胁，因此，他必须知道何时安抚他们又何时抛弃他们，以此来维护其政治控制权[8]。为了确保忠诚，他还应当操控具有可塑性的臣民，在某些极端情形下应当消灭那些显得难以驾驭的政治挑战者。

在马基雅弗利看来，暴力是君主用来巩固政治权力的另一种工具。就其并没有倡导为了自己而去做坏事而言，马基雅弗利不是不道德的，毋宁说，他是不（不涉及）道德的，因为他主张把道德从整个政治因素中抽掉。在很大程度上，马基雅弗利的著述因助推了反基督教信仰而遭到天主教会的查禁，也因此，普鲁士领袖腓特烈大帝于1739年称他为“罪犯、怪兽和人道主义的敌人”[9]。这同时也说明了为何“马基雅弗利主义”这一术语在今天被当作一个贬义词，用来描述一个不值得信任的人、一个往往会为了达到个人目的而不惜篡改规则和背弃承诺的人。

马基雅弗利敦促君主遵从经验事实，利用理性的力量来判断使用暴力是否终究会强化政治权力。在马基雅弗利有关暴力经济学的理论中，他劝导说，暴力只应当在必要时使用，因为不恰当地动用暴力有可能削弱君主的权力[10]。相反，暴力如果被明智而审慎地动用，就有可能避免更大规模的叛乱及由此导致的更多的伤亡。在此，他援引了恺撒·博尔吉亚的例子，恺撒于1502年发动的残酷的军事战役有效地平息了叛乱，给意大利罗马涅地区带来了政治上的稳定：

可见，为了让其臣民团结起来并保持忠诚，君主必须不在乎遭受为人残暴的指责。因为有不少例子表明，相比于那些过于温柔而放任暴乱爆发并由此而引发杀戮和抢夺的人，他其实更为仁慈，因为后面这些行为通常会伤害到整个群体，而君主实施的杀戮则只会伤害到个体。[11]

马基雅弗利还援引了迦太基军事统帅汉尼拔（Hannibal）的例子，因其残暴的恶名，他在公元前 200 年曾成功地扶养了一支庞大的跨国军队，并维持了很长时间。

像狮子一样的君主应当时刻准备着投入战斗，这是因为“当君主想奢侈享受比想战争还多时，他们必然会丧失掉自己的国家”[12]。他不应该让心思游离于战争之外，而应当如饥似渴地阅读历史，研究“卓越的人”是如何在战争中行事的，同时要“考察他们成败的原因，从而追慕前者（成功）而避免后者（失败）”[13]。除了保持军队纪律严明，君主还应该“不断参与狩猎活动，从而让身体适应困苦，同时认识国民的本性”[14]。

对君主来说，被爱戴好还是被敬畏好

在马基雅弗利的理想世界里，君主最好是既被爱戴又被敬畏。不过，他坚持认为，如果这做不到，那么对君主来说，与其被爱戴，不如被敬畏。这同古罗马政治家西塞罗的观点正好相反。西塞罗认为君主被爱戴更好。马基雅弗利则声称，君主被敬畏更好，因为君主更能够控制那些敬畏他的人而不是那些爱戴他的人。而这又是因为，“人们是按自己的自由意志去爱戴的，是按君主的意志去敬畏的……一位明智的君主必须依赖于其自身支配下的东西，而不是他人控制之下的东西”[15]。在马基雅弗利看来，敬畏是一种强烈而持久的情感，而爱戴这种情感则是变化无常的——今天在，明天或许就不在了。不过在此，君主必须走一个精准的路线——被民众所敬畏，但同时又不被他们所憎恨。君主应当避免被憎恨，因为很难去操控那些处在这种非理性状态下的人。在此，要记住的是，马基雅弗利的人性理论认为，人从根本上是受私利所驱动的。因而，君主应当避免被憎恨，是因为处在这种情感状态下的人会做出不可预料的行为来。

他们很难被控制，是因为他们本然的理性力被报复性的情感所取代，这种情感驱使他们以背离自身私利的方式去行事。当人们被憎恨的情绪所蒙蔽时，他们更有可能投身于轻率的暴力行动当中，而对这种行为他们事后又感到后悔。处在憎恨状态下的人们有时甚至甘愿冒生命危险去推翻统治者。“当人们被安排妥当了，君主就不用为遭人谋反而操心；但如果他们是敌对的，对君主心怀憎恨，那么，君主就必须吓唬所有的事和所有的人。”我们总结了马基雅弗利关于如何获取和维护政治权力的建议，参见表 3－1[16]。

表 3－1 马基雅弗利关于如何最大限度地维护政治权力的几点建议

1	君主应当既像狮子一样凶猛，又像狐狸一样狡猾
2	对君主来说，最好是既被敬畏又被爱戴；其中，被敬畏要胜过被爱戴
3	君主应当避免被憎恨，因为很难去掌控那些处在这种情感状态下的民众
4	君主应当及早并尽快地给予民众一切必要的打击，施人恩惠之事则可细水长流地进行
5	君主应当果断和强势
6	君主应当将宗教信仰融入国家，而实际上并不信教
7	君主应当显得可信赖，但在必要时又要敢于背弃承诺

像狐狸一样的君主：如何避免被憎恨

那么，君主如何才能令人敬畏而又不激起憎恨？马基雅弗利指示君主：只要“有正当的理由”，使用暴力就要行事果断而粗暴，就应该“夺走他人的生命”，因为人们“只因小小的伤害去报复，却不为重大的伤害而去复仇”。他进而告诫君主不要“夺走他人的财产，因为人们哪怕忘掉亡父之痛（也忘不了财产的损失）”[17]。

英明的君主应当尽早在其任期内施予人一切必要的苦痛，且应当是猛烈的一击，而不应一点一滴、细水长流地施加。正如缓慢地撕掉贴在伤口上的护创胶布要比快速撕掉它更难以忍受，因此，君主向臣民施加必要的伤痛时，用力越迅猛越好。如果令人不快的行为做得恰当，受伤害的对方反而会来尊重和敬畏君主，而那些免受伤害的人则会因被豁免而对君主充满感激之情。反之，如果君主以一种迟缓而长久的方式施加伤痛，人们会变得极不耐烦，倒会憎恨起君主来。与之相对，君主应当以反复权衡的、审慎的方式播撒恩惠，从而更好地掌控公众的情绪。他特别指示：“伤痛应当快刀斩乱麻式地施加，而恩惠应当细水长流地给予”[18]。

领袖必须坚决果断

最令马基雅弗利关注的是，为何某些领袖成功了，而另一些采取同样政策的领袖却失败了。在马基雅弗利看来，把成功的领袖同无能的领袖区分开来的是其领导的风格。君主必须具有的最重要的特征之一就是自信。他告诫说，显得“举止轻浮、优柔寡断、柔弱不堪”的领袖会让民众瞧不起。相反，君主在领导国家时应当显示出“庄重、强健和果敢”的气象来[19]。马基雅弗利还劝诫君主不要把重要的权力授予下属，要挑选优秀的部长大臣，而不要被谄媚阿谀者所包围。

领袖必须显得很虔诚，但实际上并不信教

由于马基雅弗利通常是批评罗马教廷的，所以有些人一开始会惊讶于他要把宗教融入国家的主张。在马基雅弗利看来，信教的好处不在精神层面，而在国家的政治领域。他认为，信奉宗教是帮助君主实施国家编纂的法律的一项基本手段。正是在此处，马基雅弗利区分了统治中的“权力”与“权威”概念。我们早先讨论过马基雅弗利把权力定义为控制被统治者的能力。对被人爱戴或被人敬畏的君主来说，会因为人们害怕挑战他所产生的后果而使得他更能有效地行使权力。忠顺于宗教则不同，因为虔诚的宗教信徒是出于深信道德上的正当性而服从他们所认为的上帝的权威[20]。他解释说：“如果只是倚赖于人的力量，任何制度都不会稳固或持久。历史与理性一同显示，所有重大的制度的根基都不在这个世界之内……尤其是，主权只有获得宗教认可，才能拥有力量、完整性和稳固性。”由此，内在于国家宗教之中的权威应当是有助于夯实君主的权力的。如果无处不在的上帝在监视和审判人们的行为，那么，他们就更有可能服从国家的法律。同样地，当君主的权力同国家宗教的权威紧密结合在一起而使得公民难以辨别这两者时，政治权力就会大为加强。如果不顺从国家的法律可以被类比于不服从上帝设定的规则，那么，君主就更易于操控平民百姓了。而且，国家的宗教所给予的权威还会降低君主使用暴力来强制公众服从的必要性，同时也会减少国内叛乱发生的可能性。

君主必须保持体面

为了维护政治权力，对君主来说，绝对必要的是要维护一定的习俗和传统。事实上，在某些场合，对君主来说，显得具有某些品质要比实际上具有这些品质更为重要。马基雅弗利关于公众的感觉很快就会凝结为政治现实的看法是极其超前的，这一看法实际上同今天候选人从媒体顾问那里所获得的那类建议很相似。由于君主的权力得到了宗教权威的支持，对公众来说，重要的是相信君主同他们在同一个圣坛前敬神。在2008年美国总统竞选期间，这曾成为一个议题。当时，政敌们对奥巴马作为基督徒的证据提出质疑，他们或是把他在芝加哥教堂的牧师描述成一个宗教极端分子，或是突出放大他父亲是穆斯林这一先天因素。奥巴马通过强调自己恪守的主流基督教价值观，他的竞选运动最终克服了这些政治不合作的障碍。2012年，共和党候选人米特·罗梅尼（实际上是摩门教教徒）同样强调自己信奉基督教价值观，在总统竞选时他的某些教义遭到了质疑。事实上，他的竞选正体现了马基雅弗利给君主的建

议，那就是：要始终显得“诚实、人道、真挚”以及“虔诚”，且从不容许自己以任何其他方式被他人所描述。

倡导君主要虔诚的看法固然重要，但更为重要的或许是要提醒君主实际上并不用信教。君主必须始终是合乎逻辑和遵从经验的，他的决策不能受到宗教的影响。除了要显得很虔诚，君主还应当装得可以信赖。在此，马基雅弗利重申，装得可以信赖要比实际上可以信赖更为重要。只要是符合其政治利益，君主就必须准备背弃诺言。他教导说：“对精明的统治者来说，如果恪守诚信不符合其利益，就不应当恪守诚信。因为使他遵守承诺的理由不再存在。”[21]最后，马基雅弗利还是告诫说，虽然装出慷慨的样子是可取的，但领导者在花费国家资金时还是吝啬行事为好。那些专注于装出慷慨样子的领导者不久就会遭到公众的憎恨，因为君主这样做就只得“向人民课以重税”，并“用尽一切可能的手段”来聚敛财富。由此可见，对君主来说，从长远的角度看，不去担心背负吝啬的恶名是更为可取的。

因为其对权力（而非公共利益）的非道德聚焦，马基雅弗利的《君主论》被某些人看作是对政治的一种伤风败俗的、赤裸裸的考察。柏拉图和亚里士多德强调领导者为增进国家的和谐，有必要既讲道德又有才能，与之相对，马基雅弗利则教导领导者去做增进个人权力所必需的一切事情。有些马基雅弗利的批评者更进一步断言，《君主论》所提出的建议更像是一位政治顾问所做的工作，而非政治理论家的作为，因为它对有抱负的领袖何以获取并维护政治权力给出的建议太具体了。不过，马基雅弗利的辩护者则认为，必须从《君主论》写作的动荡的时代背景来看待它，它在当时发出了一种警示：为了维护共和国，专制的权力有时是必需的[22]。亚伯拉罕·林肯也提出过类似的理由。在美国内战期间为其暂缓执行人身保护令（释放被拘禁者并调查拘禁原因令）的决定辩护时，他曾声称，美国宪法不应当因此而被看作一种自杀式合约。当前，《君主论》如同它在500年前被撰写时那样饱受争议而又发人深思。

托马斯·霍布斯

100年后，托马斯·霍布斯（1588—1679）深入钻研政治的科学研究方法，其深入的程度要远远超过马基雅弗利。在其开创性的著作《利维坦》（*Leviathan*）中，霍布斯试图从经验上去检验马基雅弗利关于权力而非正义是政治学的最重要变量的论断。为此，他力求提供了当时西方文明中关于人性和政治的最科学的分析。本部分探讨了霍布斯是如何在以下方面采用科学的方法的：（1）他对客观真理的拒斥；（2）他的消极的人性观；（3）他的**社会契约论**（social contract theory，同霍布斯、洛克和卢梭最紧密相关的一系列理论，它们关涉的是国家之间和个人之间最恰当的关系。社会契约理论家们通常会提出对人性的看法、对无政府状态下出现的问题的看法以及对一种最适合解决这些问题的政体的建议）。

霍布斯曾说“恐惧同我是一对双生儿”，因为当得知西班牙的无敌舰队（the Spanish Armade）在英国海岸线上就可以看到之后，他的母亲早产生下了他[23]。正是在他出生的1588年，英国女王伊丽莎白为西班牙国王腓力二世派遣的100多艘军舰组成的舰队安排了航线。在英国反相对激进的清教徒的内战期间，霍布斯支持保皇党人，清教徒则赞同议会制政体。在1688年的光荣革命中清教徒最终取得了胜利，确立了英国议会凌驾于英国君主之上的权力至上性。但霍布斯受到科学革命的影响要更大一些，当时，科学革命席卷了整个欧洲[24]。

霍布斯赞成哲学家弗兰西斯·培根（1561—1626）的观点，他认为，只有通过科学的方法我们才能把我们的头脑从固化于每个社会而被广为接受的神话（神或偶像）中解放出来。培根认为，我们应当抛弃旧的思维方式，采用新的科学的方法来认识我们的世界。霍布斯反对柏拉图的规范性方法，而对伽利略及科学的求知方法推崇备至。“政治科学”这一术语本身就源于我们实际上是可以科学地研究政治的一种信念。

伽利略（1564—1642）是最早断言我们可以通过数学原理来认识物理世界——就如同我们可以通过研究机器各部件的功能来认识现代机械一样——的科学家之一[25]。霍布斯在一块手表的内在运作原理同我们认识人性和政治的能力之间进行了类比。通过经验研究，伽利略确立了哥白尼那种饱受争议的理论的正确性，即太阳（而非地球）才是我们银河系的中心。后来，伽利略在宗教法庭上被指控为异教徒。由于他削弱了当时错误地认为地球是我们太阳系的中心这一教会的教义，他的后半生遭到了软禁。当时，教会据理反对科学的方法，因为它认为，上帝至高无上的权力是超越于人类的理解力的。如同多年前伽利略利用科学去证明哥白尼的理论的正确性，霍布斯则致力于运用科学研究方法来证明马基雅弗利的权力理论的正确性[26]。

霍布斯与希腊人之争：是否存在客观真理

图为霍布斯的著作《利维坦》的封面。该书出版于 1651 年。在《利维坦》中，霍布斯主张强大的君权及其必要性，以避免社会陷入内战和屠杀当中。该书为君主强力行动提供了理论依据（THE ART ARCHIVE/BRITISH LIBRARY）

古希腊人认为，政府的首要目的是增进社会和谐。在希腊人看来，政治权力只是促进正义目的的一种手段。而在霍布斯那里，政治权力不是被看作促进社会正义的手段，而是避免混乱和战争这一更为有限的目的的手段。如同马基雅弗利，霍布斯否定了普遍而客观的真理的存在，从而从古希腊的传统中摆脱出来。霍布斯是一位唯名论者，唯名论这一概念始于 12 世纪的法国哲学家彼得 · 阿贝拉德（Peter Abelard）。他并不相信有一种永恒的客观真理存在于我们的表象世界背后，相反，他认为，人类在私利和语言推理的过滤之下建构了“真理”这一观念。唯名论者认为，语言之所以必要，部分地是因为它有助于我们理解世界，而宇宙的复杂性远远超过了我们的推理能力的限度。霍布斯认为，我们只能通过私利和语言的界限间接认识真理。从唯名论者的角度看，人们在形体上既无吸引力，也不难看，他们只是显出某种样子而已。不存在美的普遍而客观的标准，因为好看与否是由文化观念来决定的，而文化观念随时间的变化而变化。同样，在霍布斯看来，人类的行为没有客观的好与坏之分，它只是人类的行为而已。使我们把某个行为说成是善的而把另一个行为说成是恶的东西，无非是该行为在多大程度上增进我们的私利。我们往往给增益我们私利的行为贴上善的标签，而给违背我们私利的行为贴上恶的标签。或者说，正如霍布斯所指出的："何谓人欲求或意愿的对象，何者对他而言被称为善的；何谓人憎恶的对象，何者对他而言就被称为恶的。"[27]由此，在霍布斯看来，没有对正义的所谓真正客观的真理，有的只是通过我们的私利和语言的限度而为我们所编造的真理。

霍布斯的人性观

霍布斯还对柏拉图关于人性和统治目的的假设提出了挑战。在上一章，我们考察了柏拉图的一个论点，即正义的行为天然地优越于不正义的行为。《理想国》则试图确立起苏格拉底以下看法的正确性，即关于被认为不正义的正义之人要比被认为正义的不正义之人更幸福。为此，他在《理想国》的结尾处提出了关于共和国中幸福的层级与人的灵魂的理论。在此，柏拉图认为，当护卫者达到"至善"（或完满的知识）时，就有了最高形式的幸福，因为正是在这种状态下我们的理性居于我们的欲求和欲望之上，引导我们走向正义。在柏拉图看来，最坏的政体形式是僭主（暴君）制，因为僭主（或暴君）会追逐他们的欲求和欲望，而不去追求公共利益。

从两者都赞同人性被区分为我们心智的理性部分和我们欲望的自私冲动部分这种意义上来说，柏拉图与霍布斯的理论是一致的。他们的分歧之于，柏拉图断言，幸福在我们的心智被磨炼成能够支配我们的欲望时就可最大限度地获得；而在霍布斯看来，我们的心智是不可能支配我们的自然欲望的。为此，他以物理学家研究我们自然世界的方式考察了人性。科学家证实，宇宙中的大多数事物都可以通过深入了解物质和运动而得到最佳的解释。现代科学研究运动着的物质是如何碰撞其他的物质形态并引发一系列偶发事件的连锁反应，它由此来观察物理世界。霍布斯从科学中吸取这种观点来解释人类的行为。鉴于血液循环和呼吸模式的"有机运动"就存在于人体的物质当中。同样地，通过研究控制身体运动的"自主运动"（也就是心理）和我们言说的方式，人类的行为可以得到最好的解释[28]。因此，在霍布斯看来，研究政治首先要求深入理解人的心理。人类的行为可以通过考察视觉、听觉、触觉、味觉和嗅觉如何同心智进行互动而予以最好的理解[29]。霍布斯断言，人类拥有自然的“欲望”（譬如饿和渴）和自然的“反感”，它们解释了人们的行为方式。霍布斯认为，所有的人类行为首要地受人们对快乐的自然追逐和对痛苦的自然反感所驱使，就此而论，他是不同于柏拉图的。

霍布斯推断我们的心智相对于我们的自然欲望是扮演第二位的角色的，它只是有助于决断何者是令我们感到快乐或痛苦的东西。正是基于这种研究结果，霍布斯宣称他能够证实马基雅弗利的论断——权力是政治学研究中最重要的变量。

人性与我们对权力的欲望

如果人类所有的行为都受我们趋乐避苦的本性所驱使，那又会怎样呢？这如何有助于我们对人性和政治学研究做出概括？毕竟，对一个人来说是令人快乐的东西，对另一个人来说有可能是令人痛苦的，反之亦然。正是基于对人类行为的上述解释，霍布斯能够断定所有的人都拥有对权力的自然欲望。虽然令一个人快乐的东西确实有可能让另一个人感到痛苦，但霍布斯还是认为，我们所有的人必然都拥有对权力的自然渴望，因为正是靠拥有权力我们才能追逐我们认为令人快乐的东西。这并不意味着我们所有的人都会暗地里希望成为美国的总统。别忘了，是由我们的心智来判定我们对快乐和痛苦的感受。即便是那些选择追逐人生中简单快乐——譬如园艺或与家人一起度过一段时光——的人也要求有一定量的权力来追逐这些快乐。

对霍布斯来说，首要的问题是，满足人在自然状态下的欲望给予的只是暂时的快乐，这就导致了一场持续不断的斗争来确保快乐维持到未来。他声称：“人的欲望的目标不只是享受一次或一时，而是要确保他未来的欲望得到持久的实现。由此，所有人的自愿的行为或意向往往不仅仅是获得而且要确保一种满意的生活。”[30]在霍布斯看来，正是由于这种对权力的自然欲望，人们才会不可避免地在自然状态下相互发生冲突。由于自然界中资源的供给有限，“当两个人欲求同一事物而又不能同时享用（分享）时，争执就会发生，由此，他们彼此成为敌人”[31]。对此，他进一步断言，在自然状态下，“我们发现三大争执的原因”：其一是竞争；其二是分歧；其三是荣誉。在第一种情形下，人们为了占有财富而残酷地竞争；在第二种情形下，冲突会因恐惧感和不安全感而发生；在第三种情形下，斗争会因我们渴求增进个人的声誉而产生。

自然状态下的人们生活在持续不断的战争状态和恐惧状态中，“每个人都可能去谋杀任何其他人”。由此，霍布斯的自然状态观同约翰·洛克关于社会由看不见的自然法所引导和构建的论断是直接对立的。由于霍布斯是透过物质和运动的科学透镜来看世界的，那么，诸如自然法（将在下面的章节予以详尽阐述）之类的概念就充当了对真实的人类困境的一种假想性解决。霍布斯总结道，我们生存在未经建构而难以控制、也未预先约定的环境之下（也就是，政府出现之前的人类生活），这种生存状态“孤独、贫困、污秽、粗野而短暂”。整个社会不可避免地陷入“一切人反对一切人”的全面战争当中，其中，“不存在所谓对与错、正义与非正义等观念”[32]。

霍布斯的社会契约论

上述讨论不是要去表明：霍布斯认为我们生来就是邪恶的、堕落的。他的人性观并没有反映基督教的原罪教义，后者则声称人生而有罪，因为亚当和夏娃偷吃了伊甸园中的禁果。此外，他也并不赞同一个人可以用他人的痛苦来取乐的观点，即“任何人都会毫无目的地拿别人所遭受的巨大伤害来取乐这一说法我不认同”[33]。相反，他认为，鉴于政府缺席，人们在互有约定的状态下是完全理性地行事的。从某些方面看，他的观点类似于加勒特·哈丁（Garrett Hardin）所描述的“公地悲剧”效应（1968）。哈丁认为，在一种缺乏规范，不受控制和约束的环境下，当需求大到超过有限的资源供给时，资源必然会走向枯竭。由于对资源的激烈竞争，出于担心自己把信任寄托于不可信任的人身上会产生灾难性的后果，人们是不可能去信任他人的[34]。在此，霍布斯或许受到了马基雅弗利的影响，马基雅弗利曾忠告君主：当背弃诺言最符合自身利益时就有必要背弃诺言：“如果人们都是善的，那么规诫就不是一个好规诫；但如果他们都是恶的，对你不忠诚，你就没有义务对他们忠诚。”[35]因此，虽然霍布斯认为我们首先是受私利驱使的，但他同时也承认我们实际上是脆弱的动物，我们必须倚赖于有缺陷的逻辑，对他人的自私行为也极为敏感。

霍布斯被认为是第一位社会契约论者，因为他提议了一种特殊的政体形式，它最适合去解决那些同他的前契约状态观相关的问题。社会契约论者相应地分析了三项不同的政治理论要素：（1）对人性的看法；（2）对政府缺席情况下出现的问题的看法；（3）对最能解决上述问题的政体形式的建议[36]。

由于前契约状态下的条件令人憎恶，人们自愿摆脱这种状态，去寻求一个更为安全的环境，而这个安全的环境要由霍布斯所称的政府或共同体来提供。在霍布斯看来，当所有相关的人都愿意将一切权力交托给一个由某个人或某群人所组成的权威的管理机构时，这个共同体就构建起来了。为此，这个共同体的所有成员要做出如下的保证："只要你将你的自我管理权委托给这个人或这群人，我就将我的这种权利授权给他（或他们）。同时，我以同样的方式认可他的所有行为。"[37]在霍布斯看来，共同体的成员应当将近乎所有的权利都交托给一个统治者或一个统治的群体，以换取个人的安全。后来在《利维坦》中，霍布斯宣称：他确信一个统治的群体更有可能被那些更关注于追逐个人财富而非公共事务的人所充斥，出于这样的看法，他倾向于选择个体的君主。与美国的联邦制（将在后文中详细讨论）相对的是，霍布斯主张单一制政体形式，在这种政体下，作为最高统治者的君主负责制定、执行和解释法律。对霍布斯的共同体的最有争议的方面是，君主凌驾于法律之上，他不向任何人负责。霍布斯断言，人们会愿意将几乎所有的权利都交托给君主，因为要不就是在前契约状态下那样活着，前契约状态迟早会导致内战和自相残杀。在霍布斯看来，政府的目的并不是像古希腊人所声称的那样促进正义，而是提供安全保障。霍布斯所倡导的政治理论充当了君主专制政府和独裁政府存在的理论依据。在表 3-2 中，我们对托马斯·霍布斯的社会契约论和约翰·洛克与卢梭的社会契约论做了一个简要的比较。

表 3-2 霍布斯、洛克与卢梭：三大社会契约论者[38]

关于自然和政府的观念	托马斯·霍布斯（1588—1679）	约翰·洛克（1632—1704）	让-雅克·卢梭（1712—1778）
人性	人有一种天生的权力欲望	人在本性上是乐于合作和自卫的	人生来就是善的，他首先是受对痛苦天然反感驱使。人是高贵的野蛮人
自然状态	自然状态下的生存是孤独、贫困、污秽、粗野和短暂的。自然状态是一种持续不断的战争状态，每个人都可能去谋杀任何其他人	自然状态在很大程度上是协作型的，它受自然法的引导	自然状态天然的是一个和平相处的处所，在其中，人们一直过着简朴的生活，直到私有财产的出现才使他们走向堕落
社会契约论	人们应当将所有的权利都交托给君主以避免内战和屠杀的发生	倾向于有限的代议制民主，认为政府只应当提供自然状态下不能提供的事情，以促进人们对生命和自由的权利，并保护私有财产	倾向于直接民主制

约翰·洛克

霍布斯认为人性是自私的，进而呼吁建立一个独裁政府以使整个社会避免陷入混乱和内战之中。约翰·洛克在其1690年名为《政府论》的经典著作中直接挑战了这种看法。洛克是一位英国政治哲学家，他既影响了1688年英国的光荣革命，同时又受到了光荣革命的影响。虽然这场政变被认为是一次“不流血”的革命，但它成功地赶跑了英国国王詹姆斯二世，使他流亡到法国，由此，正式结束了英国君主的统治。国王詹姆斯二世是一位极端型的人物，他通过使用暴力削弱了议会的法律，并试图使英国改信天主教。1689年，英国议会把空缺的王位授予威廉王子和他的妻子玛丽。但是这种王权是在英国新颁布的《权利法案》所规定的条件下授予的，《权利法案》剥夺了君主相当大的财政权和军权。未经英国议会的许可，英国君主在和平时期不再被授权拨款或招募军队。从此，英国进入了一个新的、议会制政体时代。

正是在这个时代背景下洛克开创了一个新的、以**古典自由主义**［Classical Liberalism，倡导有限政府，并主张在整个政治、社会和经济层面赋予个人更大的自由。约翰·洛克（1632—1704）和亚当·斯密（1732—1790）通常被认为是两位最主要的古典自由主义者。这场思想运动启发了法国大革命、美国革命及资本主义经济制度］为旗号的思想潮流。古典自由主义认为人性天生就具有道德原则，有精神上的天赋，能够自治（自我管理）。正是它比其他任何一条政治信条都要更大地影响了在美国革命中美国人反抗英国人的斗争。古典自由主体强调个人自由、自然权利和个人隐私的重要性及有限民主政府的必要性。

洛克把前契约状态描绘为一个原始社会，在其中，人人都是自由、自主而理性的动物，他们首先受本性驱使去获取私有财产[39]。在起草《独立宣言》时，托马斯·杰斐逊大量地引用了洛克的思想。洛克认为人们与其生活在暴君的统治之下，不如揭竿而起推翻暴虐的政府，他的这一教诲赋予独立战争期间美国爱国者以勇气。洛克理论的生命力是持久的，影响极其深远，今天世界上有将近64%（也就是122个国家）的政府都是在民主制的某种形式下运行的[40]。下面这一部分比较了洛克与霍布斯在人性、前契约状态等方面所持的立场和观点以及各自的社会契约论。

洛克的肖像由内勒（Godfrey Kneller）爵士于1697年所画。洛克的理论启发了美国《独立宣言》的撰写，也启发了美国革命。在绘制这幅肖像画期间，洛克在很大程度上已经脱离了公共生活，而选择与他的密友为伴，悄然度过余生。（LEBRECHT MUSIC AND ARTS PHOTO LIBRARY/ALAMY）

洛克与人性

霍布斯的人性观同洛克的人性观的差异有时被简单地表述为：霍布斯认为人本性上是恶的，而洛克则认为我们人的本性天然是善的。但正如前面的部分所指出的，霍布斯并不认为人本性上是邪恶的，洛克也并不认为我们本性上是有德性的。虽然洛克信奉上帝，霍布斯则几乎不信，但洛克并不把人看作是一生下来就置身于具有先在是非对错观的世界内的神圣的存在者。相反，在书名为《人类理解论》的著作中，他支持"白板说"（blank slate），该学说宣称，我们不带有任何先入之见来到这个世界。在此，他拒斥笛卡儿的"天赋原则说"，该学说断言，我们生来就具有关于上帝存在的先天知识。而在洛克看来，我们的是非规则是我们通过我们的五种感官和反思能力中获得的知识那里发展来的。根据洛克的说法，要不是先前接受过教育或是能将我们的经验转化为知识而获得原则，我们是不可能持有任何原则的。

如同霍布斯，洛克是一位经验论者，他赞成以科学的方法从事人性和政治研究。霍布斯和洛克还一致认为，人性被分为我们心智的理性部分和我们欲望的自私冲动。

但洛克与霍布斯在人性问题上的分歧在于，他们对知性的重要性或理性所强调的重点不同。在前文中，我们考察了霍布斯的一个论断，即：权力是我们趋乐避苦之必需，因此，所有人都具有一种天然的权力欲望。霍布斯还断言，人的行为在很大程度上受我们的自然欲望所驱使，我们本性上的理性的一面只是用来判定我们对快乐和痛苦的理解。虽然洛克从未指名道姓地提到过霍布斯，但他确实对霍布斯认为人性主要受我们的欲望和意愿所驱使的论断提出了挑战。相反，他认为，我们本性中的理性方面能够支配我们的欲望。洛克提议说，我们的推理能力是从“外在经验”中获得的，由此，我们从感官中接收到的信息被转化为知识。霍布斯也认为，我们的行为是受我们如何解释从我们的感官传输到大脑中的信息影响。但不同于霍布斯的是，洛克同时强调了第二种类型的知识，它来自我们的“内在经验”，这第二类知识显示了我们的推理能力是如何通过反思的力量而得以强化的。这种反思力是人类所独有的，它使我们能够处理关于未来行为的潜在后果的、复杂而抽象的思想。洛克认为，我们的人性在很大程度上是平和的和乐于合作的，因为我们天然的推理能力把我们引向这个方向。正是通过这种理性的力量，我们会认识到，“没有人可以去伤害另一个人，包括他的生命、自由和财产”[41]。可见，相比于霍布斯认为我们的行为受我们的欲望驱使，洛克则认为，我们的行为在很大程度上受我们的推理能力支配。

自然状态下的财产权

洛克政治哲学中的首要原则是“对自主个体的完整性的基本尊重”原则[42]。在《政府论（下篇）》中，洛克从与霍布斯所描述的观点相反的角度，描述了自然状态和社会契约状态。洛克认为，我们生而自由，本然地存在于“自由状态”之下[43]。在这种完美的自由状态下，我们会天然地拥有私有财产。在洛克看来，拥有私有财产被认为是上帝赋予人的最重要的自然权利之一。他断言，由于“人有其自身的特性……我们可以说，他身体的生产和他双手的劳动，本来就是他自己的”。那么，在洛克看来，只有那些“勤劳而有理性”的人才理应从其劳动成果中获益，这是一个纯粹公正性的问题[44]。他还声称，那些不勤劳却又企图从他人劳动中获益的人侵犯了生产性社会成员的自然权利。重要的资本主义思想家亚当·斯密将这种观点融入他的“看不见之手”的理论中。该理论强调指出，当经济活动受供需关系这只“看不见的手”所引导，而非受政府制定的规则所操控时，经济运行会更为有效。洛克的财产观同时还建立在他的这样一种信念之上，即个人自由带来个人“选择自己生活方向”的权利[45]。霍布斯认为对财产的争夺会不可避免地导致混乱和暴力，洛克则坚持认为，人的理性表达出来的自然法会提供必要的组织机构来保证和平的生存状态。

这并不是要刻意表明洛克持有这样的看法，即我们的推理能力可以确保每个处于前契约状态下的人总是会以一种自卫而与人协作的方式来行动。还是会存在某些脱离社会规范而从事不文明活动的人。但洛克认为，由于我们在本性上是具有发达推理能力的社会性动物，我们很自然地会制定出规则来惩罚那些违反这些规则的人。我们会意识到，自由必须与负责任的行为相匹配以确保个人行为的自由不会侵害他人。在洛克看来，自然状态得益于一个繁荣而功能完备的公民社会的存在。他进一步提出，虽然我们拥有私有财产权，但我们并不一定就有权聚敛私有财产，以至于我们在“利用私有财产给生活带来益处之后还没能花完它”。由此可见，我们在自然状态下的自然条件并不是霍布斯所提出的那种“一切人反对一切人的战争”状态，而是洛克所描述的“一种和平、善意、互助和保守的状态”。

洛克的社会契约

于是，一个显而易见的问题出现了：倘若自然状态下的生活果真像洛克试图让我们相信的那般安宁，那我们为何还要脱离它而去过一种政府统治下的新生活？为何要离开这种天然而美妙的生存状态呢？对此，洛克回应称，虽然人们享受自然状态下自由的好处，但这种自由极易“侵犯他人”。借助我们理性的力量，我们逐渐意识到，自然状态所赠予的东西最好通过组建一个政府来确保其原始状态不变而得到保护。确立一个共同体的首要理由是确保私有财产得到保护。政府的目的就是维护我们的自然权利并提供自然状态无法为我们提供的东西。洛克认为，每一项自然权利都有一种须由政府来执行、实施的自然法与之对应。如果我们有一项对财产的自然权利，就必须有一种相应的自然法来匹配，它告诉我们抢夺别人的财产是不合法的。洛克的社会契约论规定了一种非常有限度的代议制政府，它旨在保护私人财产和维护自然法。

霍布斯在其社会契约论中主张，为避免内战和自相残杀，必须有一个全能的最高统治者（君主）。由于个人的自由只不过是被用来获取更多权力的，因此，人们必须将几乎所有的自由都交托给这位最高统治者，以换取一种和平的生存状态。在此，洛克推翻了霍布斯的论证，他断言，专制政府下的生存只会制造而不会避免暴力的发生，因为人们会不可避免地起来造反，反抗这种不自然的压迫状况。洛克的社会契约要求一个权力受限制的政府来履行两项基本职能。政府的第一个作用是通过法律来保护公民的所有物并使这些法律与自然法结盟。政府的第二个目的是惩罚那些违犯这些法律的人。正是出于上述理由，对洛克来说，首要的事务是确立一个政府的立法机构来制定和颁布正义的法律。此外，还应当创建一个执行机构来帮助实施这些法律。最后，必须设立一个公正的仲裁者来公正地判决被告有罪还是无辜。洛克同时还提议，如果政府违反社会契约，人们有权起来造反。就此而言，洛克的社会契约是相当激进的。他的这一看法当然有助于激励美国的殖民地开拓者在美国独立战争期间拿起武器来反对大英帝国。

小结

本章考察了同许多重要的现代政治理论家都相关联的主要理论。这些现代政治思想家不同于上一章所聚焦的早期政治思想家，现代思想家采用经验的方法来考察政治。马基雅弗利的《君主论》、托马斯·霍布斯的《利维坦》、约翰·洛克的《政府论(下篇)》是西方文明史上三部最重要的政治文献。马基雅弗利最先脱离早期理论家的前提假设，他强调“权力”而非“正义”才是理解政治的最重要的变量。托马斯·霍布斯试图证实马基雅弗利的权力和政治理论，阐明了君主和独裁政府存在的哲学依据。约翰·洛克对霍布斯的社会契约论提出了挑战，他声称，容许人们尽可能地保持原初自然状态的有限政府是最好的政体形式。这位思想家还为民主政体的发展和个人权利的扩张奠定了理论基础。在下一章，我们将考察约翰·洛克的社会契约论是如何影响美国的开国元勋和美国政府的创建的。此外，我们还将考察美国民主是如何演进的以及非裔美国人和妇女的政治权利扩大的进程。

注释

[1] See the Stanford Encyclopedia of Philosophy at http://plato. stanford. edu/

entries/machiavelli/.

[2] Ibid.

[3] Steven M. DeLue, *Political Thinking, Political Theory, and Civil Society* (Boston: Allyn and Bacon, 1997), 97.

[4] Brian R. Nelson, *Western Political Thought: From Socrates to the Age of Ideology* (New York: Prentice Hall, 1996), 140.

[5] George Klosko, *History of Political Theory: An Introduction* (New York: Harcourt Brace, 1995), 7.

[6] Nelson, 142.

[7] Niccoló Machiavelli, "The Prince: In What Ways Princes Must Keep Faith," in Ebenstein's *Introduction to Political Thinkers*, 155.

[8] Nelson, 144.

[9] Sheldon Wolin, *Politics and Vision* (Princeton: Princeton University Press, 1960), chapter 7.

[10] Niccoló Machiavelli, *The Prince* (New York: Random House, originally published 1513), chapter 18.

[11] Ibid.

[12] Ibid., "Constant Readiness for War."

[13] Ibid.

[14] Ibid.

[15] Ibid., "Princes Must Avoid Being Despised or Hated."

[16] Ibid., "Cruelty and Clemency: Is it Better to Be Loved or Feared?"

[17] Machiavelli, chapter 8.

[18] Machiavelli, chapter 20.

[19] Peter Brown, "Strong and Wrong vs. Weak and Right," http://www.realclear politics.com/articles/2007/01/strong and wrongvs weakandright.

[20] Machiavelli, chapter 18.

[21] William H. Honan, "Three Hobbes Essays Renew Debate over Machiavelli," *New York Times*, December 20, 1995.

[22] Nelson, 161.

[23] Ibid. , 162.

[24] Stephen Hawking, "Galileo and the Birth of Modern Science," *Invention & Technology* (Spring 2009).

[25] Nelson, 163.

[26] See Thomas Hobbes, *Leviathan*: *The State of Nature* (Chapter Vl, "Of the Interior Beginnings of Voluntary Motions, Commonly Called the Passions; and the Speeches By Which They Are Expressed"), 初版于 1651 年发行。

[27] Ibid.

[28] See Thomas Hobbes entry, Stanford Encyclopedia of Philosophy, http://plato. stanford. edu/entries/hobbes/.

[29] Hobbes, *Leviathan*, chapter 11.

[30] Ibid.

[31] Ibid.

[32] Klosko, 43.

[33] Klosko, 46.

[34] Machiavelli, chapter 18.

[35] Klosko, 43.

[36] Hobbes, *Leviathan*.

[37] Ebenstein, *Introduction to Political Thinkers*, 189.

[38] Mitchell Gerber, *Sources*: *Notable Selections in American Government* (Guilford, CT: Dushkin Publishing, 1996), 3.

[39] Reported by Freedom House in *The Economist* on November 16, 2006.

[40] John Locke's "Two Treatises of Government, The State of Nature," in Ebenstein, 196.

[41] See Seneca Falls Convention (July 19-20) at http://www. npg. si. edu/col/seneca/senfalls1/htm.

[42] Klosko, 98.

[43] Steven M. DeLue, *Political Thinking*, *Political Theory*, *and Civil Society*

(Boston：Allyn and Bacon，1997)，128.

[44] DeLue，129.

[45] David McLellan，*Karl Marx：Selected Writings* (Oxford，UK：Oxford University Press，2000)，239.

第二部分

政体比较

第四章

美国政体

有人说，美国宪法是美国最伟大的一项输出。该宪法于 1787 年 9 月 17 日在费城制宪会议上通过，它是当今世界上现存最早的一部联邦宪法（STEVE MCALISTER/PHOTOGRAPHER’S CHOLCE/GETTY IMAGES）

引言：美国民主的起源

在本章，基于前述内容，我们来考察美国的开国元勋，即宪法的制定者在设计美国政体时是如何受到古希腊和现代政治理论家的影响的。本章将对美国政体予以着重探讨，因为正是指向代议制政府的“美国实验”，才在全世界点燃了民主的火焰。从美国制宪会议中吸取的教训至今还在不断地塑造着人类社会的政治景观。制宪会议所争论的理念的威力激发了我们的国际体系从独裁政体向民主政体的转化。

我们还认为，如果你能利用你自己所处的政体，将其作为一个有益的参照点，那么，你就会从一个有利得多的立场上来比较和理解其他的民主政体和非民主政体。在同世界上其他的政体形式进行比较之前，首要的是要了解你自己的政体。

美国民主诞生于 1787 年费城制宪会议。但多少有些吊诡的是，“民主”这一术语本身并没有被吸纳到美国宪法中。这是因为“民主”在 18 世纪后期是一个被人误解的词，它让当年的制宪者联想起的是暴民统治和政治无政府主义的情景。美国的政体被称为**共和制**（republic，一种权力被赋予民众、由民众选举代表代行决策的政体），为的是免遭直接民主所受到的持续不断的攻击。我们从第二章获知，柏拉图将各种民主制看作是低级的政体形式，因为它们是基于所有人的看法都平等有效这一前提而确立起来的。一种基于多数人统治的政治制度被认为是不明智的，因为任何群体中普通人往往要多于开明的思想者。柏拉图断言，由于大多数公民对正义等美德缺乏必要的教养，多数人必然会将个人的欲望置于国家利益之上。

有鉴于此，许多制宪会议的代表认为，如果多数人将他们的意志强加于不愿接纳该意志的少数人，那么，这个新政府就有可能瓦解。还有人论证，一种建立在多数人统治之上的政治制度会堕落成“暴民统治”，在这种制度下，自私的群体必然会起来斗争去支配无组织的利益集团。托马斯·杰斐逊更加明确地指出了这一点，他说，“民主无非是暴民统治，51%的人可能会剥夺其余 49%的人的权利”[1]。美国的制宪者们对这种**多数人的暴政**（tyranny of the majority，这是对民主政体的一种首要的批评，在这种制度下，属于政治多数派的人会侵犯属于政治少数派的人的权利）的关切和应对方式，将在本章关于詹姆斯·麦迪逊的《联邦党人文集》第十篇的评论中给予集中探讨，该文献被认为是美国人对人类政治理论的最大贡献。然而，迄今为止，全世界 195 个国家中有将近 123 个国家都是某种形式的民选政府，这使得人们很难去想象，要是没有民主政体，我们现代社会会是什么样子。对此，前英国首相温斯顿·丘吉尔有过最精辟的论述，他说："除了人类尝试过的所有其他政体之外，民主是最坏的政体形式。"（Democracy is the worst form of government，except all others that have been tried）[2]

《邦联条例》：失败的实验

制宪会议期间的美国政体形式反映在《邦联条例》（Articles of Confederation，1781—1787）中。正如我们在第三章讨论过的，制宪者们深受约翰·洛克的《政府论》的影响，该论著呼吁建立一种极其有限的政体形式。总的说来，制宪者们共同持有洛克的乐观主义人性观。他们中的大多数都认为，人天然地是合作的，而在本性上是自卫的，人首先并不是霍布斯所描述的那种追逐权力的动物。正如在上一章所强调的，洛克认为，独裁政府是行不通的，因为它们制造了压迫性的生存境况，而这种境况远离了我们意欲在自然状态下生存的方式。他断言，暴政下的生存会将我们带离自然的协作状态，走向非自然的冲突和暴力状态。洛克认为有限政府才是可取的，因为它们更接近于政府创建之前（也就是前契约状态）即在自然状态下我们的生存方式。

正是部分地出于这一看法，美国的第一个政体创建得极其虚弱。《邦联条例》缺乏对政府行政部门和司法部门的规定。该条例把大部分权力都授予了最初的 13 个州政府。由于全国性的政府无权征税，它没能在反英独立战争期间（1775—1783）为美国军队运送所需的补给，也因此而饱受诟病。没多久，问题便凸显出来：《邦联条例》没有为美国提供一种行得通的政体形式。

一些州的代表并没有很严肃地对待《邦联条例》，许多代表只是断断续续地、零散地参加了会议。托马斯·杰斐逊在 1784 年写给詹姆斯·麦迪逊的一封信中表达了他对此事的挫败感：

> 我们根本就组建不起议会。有 8 个州在城市，其中 6 个州每州只有 2 名代

表，且这 2 名成员各自为政，因此我们达不到法定出席议会人数，我们每个星期开会的时间都不超过 3 天。依我看，警告被一个接着一个地发送给这些州，但一点用也没有。今天我们还送出一个警告。要是警告无效，我们还不如全退休算了。[3]

《邦联条例》不能提出一项可强制执行的对英和平协定，不能创造具有任何实际价值的货币，也不能确立理由充分的、内政或外交上的公共政策。对《邦联条例》最终的两次致命性打击发生在 1786 年的秋季，一次是令人失望的**安纳波利斯会议**（Annapolis Convention，1786 年召集北部各州讨论贸易议题的一次州际会议。会议总体上被认为是失败的，因为 13 个州只有 5 个州派了代表参会），另一次是谢斯起义（Shays's Rebellion，在马萨诸塞州爆发、由独立战争英雄丹尼尔·谢斯领导的一场武装起义。为争取农民回赎土地的权利，起义把攻击的目标对准法院大楼）所制造的混乱[4]。

安纳波利斯会议的召开是为了解决早期 13 个州之间的州际贸易争端。三天的会议令人大失所望，因为 13 个州中有 8 个州没有派代表参加会议。特拉华州、新泽西州、纽约州、宾夕法尼亚州和弗吉尼亚州是参会的 5 个州。这种糟糕的参会情况促使参会的人尤其是亚历山大·汉密尔顿和詹姆斯·麦迪逊发布了一项报告，敦促所有各州参加来年 5 月在费城举行的制宪会议。召开费城制宪会议的目的是修订和补充《邦联条例》中某些显而易见的缺陷。费城会议以后来的制宪会议闻名于世，正是在这次会议上诞生了美国现行政体。

第二个有力助推制宪会议举行的插曲是谢斯起义。美国独立战争造成了经济上的困难，战后大多数州都陷入严重的债务危机。这种糟糕的经济状况使许多小农户无力偿还贷款。譬如，1786 年，在马萨诸塞州康科德镇，因为债务而被关押的人是所有其他犯罪人数总和的 3 倍[5]。丹尼尔·谢斯是美国独立战争中的一位英雄，这位曾在莱克星顿战役中服役并在邦克山（Bunker Hill）战役期间享有威名的退伍老兵领导了反抗马萨诸塞州政府的农民起义。为了阻止政府执行强迫讨还债务的法律，愤怒的农民拥向斯普林菲尔德法院大楼。虽然起义最终被镇压，但它却明白无误地显示了大多数州是不愿意帮助马萨诸塞州摆脱危机的。《邦联条例》再度失败。

谢斯起义似乎证实了霍布斯那种悲观主义看法的正确性：民主制不但行不通，还会不可避免地陷入内战和屠杀。出于这种担忧，乔治·华盛顿指出：

> 当我看到乌云笼罩在本是展现在祖国各地最明媚的早晨的上空时，我的羞愧感无以言表……对集权主义的倡导者来说，这是一个多么大的胜利，因为我们发觉，我们还做不到自我治理，建立在平等自由基础之上的制度只不过是一种虚妄的幻想。[6]

不过，其他人则从一种比较乐观的视角来看待谢斯起义。譬如，托马斯·杰斐逊就回应说："偶尔发生一场小小的起义是件好事，它对健康、完备的政府来说是必不可少的良药。但愿我们永远不会是 20 年无起义。"[7]

当然，杰斐逊在这一看法上属于少数派。从安纳波利斯会议和谢斯起义中所获取到的经验，促使许多美国殖民开拓者得出这样的结论：一个强大的全国性政府是必需的。

制宪会议

《邦联条例》设计者中的许多人都被推选为各州代表，参加了 1787 年 5 月召开的制宪会议。虽然有 74 名代表被推选参加会议，但实际上只有 55 人长途跋涉到达费城[8]。代表们大多来自精英阶层，民众中不足 5%的人（390 万中的 15 万）才有资格参加选举，他们都是自由的、有财产的、年龄在 21 岁以上的白种男人[9]。以当今的标准来看，代表们都很年轻。最年轻的代表是来自新泽西州的乔纳森·戴顿（Jonathan Dayton），当时才 26 岁；然后是纽约州的汉密尔顿，当时他也才 32 岁。麦迪逊是宪法的首要起草者，在制宪会议期间也只有 36 岁。超过半数的代表（33 人）受过法学专业训练，7 人是前州长[10]。不同于安纳波利斯会议，费城制宪会议呈现出一种显要的气象来，尤其是在德高望重的乔治·华盛顿同意参会之后。

历史学家查尔斯·比尔德（Charles Beard）把开国元勋描述成富有的财主，他们首要关切的是财产权的保护[11]。比尔德的分析总结说，代表们无论是支持还是反对都有经济利益上的考量，赞同通过宪法的代表们代表精英阶层的利益，他们首先受到政府向当时富有的贷款人清偿不良贷款的承诺的驱动。不过，另有研究批评比尔德的研究结果，认为代表们受到的不仅仅是经济上私利的驱动[12]——每一位制宪者都是带着国家中心主义的政治约束和迥异的世界观来参加制宪会议的。亚历山大·汉密尔顿（纽约州）可以被认为是一位君主主义者，乔治·华盛顿（弗吉尼亚州）和本杰明·富兰克林（宾夕法尼亚州）差不多也是君主主义者，他们呼吁建立一个强大的全国性政府。麦迪逊（弗吉尼亚州）和威尔逊（宾夕法尼亚州）则倡导一种更为民主的政体形式，伦道夫（弗吉尼亚州）、梅森（弗吉尼亚州）、埃尔布里奇·格里（马萨诸塞州）和卢瑟·马丁（马里兰州）都对国家权力不信任，是坚定的州权利的倡导者[13]。美国宪法的精神或许就在于，代表们可以在许多看似没有中间立场的议题上达成妥协。

国会和代表权：大州与小州之争

各自迥异的世界观在制宪会议的每一个议题上几乎都发生了冲突。会议召开不久，在来自大州与小州的代表们因为国会的创建问题产生了严重的分裂。来自弗吉尼亚州的代表提出了**《弗吉尼亚方案》**（Virginia Plan，主要由来自弗吉尼亚州的麦迪逊和伦道夫起草，在制宪会议上提出来，要求国会中的代表名额应当根据各州的人口来分配），该方案要求建立一个强大的中央政府。弗吉尼亚州代表了大州的利益，它主张**两院制的立法机构**（bicameral legislature，由两个议院组成的立法机构。美国国会和各州——内布拉斯加州除外——的立法机构都是两院制的），其中，下议院的成员由各州的人口比例来决定，上议院的成员则通过选举从下议院成员中产生。这个方案对人口相对稠密的州，如纽约州、宾夕法尼亚州、弗吉尼亚州和马萨诸塞州有利，因为这些州有人口优势，可以在国会中获得更多的代表席位。

人口相对稀少的州的代表们则反对《弗吉尼亚方案》，他们认为自己的州会在国会失去应有的政治影响力。《邦联条例》规定了平等的代表权制度，在该制度下，各州都被给予一张选票，而不论其人口的多少。因此，比较小的州不愿组建一个基于人口的国会，因为它们会丢弃本来在《邦联条例》所确立的制度下已享受到的投票权。

来自新泽西州的威廉·彼德森（William Peterson）代表的是小州的利益，他提出了**《新泽西方案》**（New Jersey Plan，要求建立一个按各州平等的代表权进行代表名额分配的一院制)。《新泽西方案》主张**一院制的立法机构**(unicameral legislature，由一个议院组成的立法机构)，各州都被给予同等的代表人数，而不论其人口数量。为此，当时组建起了一个“十一人委员会”，以求就全国议会的组织结构找到一种妥协方案。

这个委员会成功地促成了**《康涅狄格妥协》**(Connecticut Compromise，大、小州之间在制宪会议上达成的伟大妥协，它要求按各州人口比例分配国会众议院议席，而国会参议院则由每州通过选举产生的2名议员组成)，之所以称为“康涅狄格妥协”，是因为有多位康涅狄格州的代表在委员会任职。《康涅狄格妥协》有时又以“伟大的妥协”而著称，它主张组建由众议院和参议院组成的两院制立法机构。众议院中各州代表的人数由各州的人口来决定；参议院则分配给每州2个议员名额，由此，坚持根据平等代表权原则，使国会的构成有利于较小的州[14]。

代表权与奴隶身份：南北争议和《五分之三妥协》

制宪会议所有伟大的成就掩盖了会议的一大失败，那就是会议把奴隶制原封不动地保留了下来。当南方各州提出要在决定国会各州代表名额时将奴隶人口计算在内时，有关奴隶制的议题就出现了。宪法规定，允许每州每3万居民获得1个代表名额(这一方法后来被更改，这将在第五章做解释)。南方各州想要将奴隶人口计算在内，因为这样就会在国会中给予它们更多的代表权。或许是到了会议最低谷的时刻，制宪者们最终赞同将每个奴隶按3/5个人来计算，由此，国会中的南方势力得到了增强。这场争议的结果极大地影响了各个地方在新国家中的力量均衡，因为在当时，在南方某些州的居住者当中奴隶要多于非奴隶。譬如，南卡罗来纳州近65%的居民在18世纪早期沦为奴隶。北方各州反对将奴隶当作人口的一部分来计算，因为奴隶通常不被赋予任何同公民身份相关的权利，将奴隶计算在内势必会增强南方在国会中的代表权。蓄奴的南方各州在1793年分得47个议席，而如果不按《五分之三妥协》将奴隶人口计算在内，它们就只能分得33个议席。《联邦党人文集》第五十四篇披露了制宪者们在制定《五分之三妥协》时的思考。

美国宪法的三项原则

从孱弱的《邦联条例》中吸取的一大教训是，政府需要做的不仅包括不对各个州实行专制统治，它还需要解决其他问题。这也是詹姆斯·麦迪逊在《联邦党人文集》第五十一篇提出的要点，他主张宪法“首先必须能够让政府管理被管理者，其次必须迫使政府进行自我管理”[15]。为了组建一个强大到足以解决全国性问题，同时又不至于对各州的政府实施专制，制宪者们确立了宪法的三项基本原则：权力分立、制衡制度、联邦制。

权力分立

在本书的第二章中曾提到，美国的开国元勋们深受亚里士多德的混合政体理论的影响。亚里士多德并不强烈地倡导某一种政治制度而反对另一种政治制度。在他看来，政治制度自身并不是目的，它只是达到正义目的的手段。由此，亚里士多德认为，如果政府的领导者追求正义，那么，一个人统治（君主制）、少数人统治（贵族制）或多数人统治（共和制）的政府都可能是有效的。他还断言，如果领导者追逐的不是公共利益而是私利，那么每一种制度都有可能变坏。开国元勋们从亚里士多德那里学到，不对任何一种制度抱先入之见，而是将各种不同政体的最好特性融为一体。这些奠基者将亚里士多德的混合政体理论看作是调和“民主制和贵族制价值观”的一种指引[16]。由此，美国的政体采纳了亚里士多德的观点，将三种政体融为一体，确立了一位总统（一个人统治）、一个最高法院（少数人统治）和一个国会（多数人统治）的政治构架。

虽然**权力分立**（separation of powers，政府的立法部门、行政部门和司法部门各自分立的一种政体形式）的概念没有在宪法中明确表达出来，但其基本原则却在政府的立法、行政和司法各部门的组织结构及其权力分配中体现出来[17]。据称，通过先让政府各个部门彼此独立，然后再把重叠的任务分派给政府各个部门的做法，全国性政府受到牵制。由此，创建立法部门以制定法律，创建行政部门以执行法律，创建联邦司法机构以解释法律。

宪法的精髓：制衡制度

虽然制宪者们在制宪会议上存在许多重大的分歧，但他们确实共享着一种基本的信念：一个政府部门的权力必须用来抗衡其他政府部门的权力。宪法的真正精髓就在于**制衡**（checks and balances，每个政府部门的行为都能够得到限制、纠正或都能平衡另一政府部门权力的一种制度形式）。在此，霍布斯的人性观被融入美国的政体。在第三章中，我们讨论了霍布斯关于所有人的行为都受权力欲驱动、为维护集体安全而应当把个人自由交托给国家的看法。麦迪逊在《联邦党人文集》第五十一篇中阐发了这些关切，他坚称，“必须让野心来对抗野心”，“如果每个人都是天使，那就没有创建政府的必要了。如果天使来统治人，那么是对政府外在或内在的控制就没有必要了”[18]。由此，使政府各个部门之间彼此独立，以各部门相互牵制的方式来组建政府，任何一个政府部门都可以避免占据优势而成为支配性的部门。

在此，麦迪逊还深受孟德斯鸠（Baron de Montesquieu，1689—1755）《论法的精神》（*The Spirit of the Law*）的影响。该书论证了专制统治可以通过政府各部门之间的权力制衡来避免。孟德斯鸠警告，当立法权和执法权被安置在同一个政府部门时，专制统治就有可能盛行。但仅仅把联邦政府各部门分立开来是不够的。谁能保证在各部门当中就不会有勾结、串通？为了确保政府一个部门的“野心”受到另一个部门的“野心”的牵制，制宪者们创建了一种每一个政府部门都能牵制其他政府部门行为的政治机制。

和亚里士多德一样，孟德斯鸠主张一种将民主价值和贵族价值融合起来的政体形式。他心目中理想的政体结构介于过度民主的无政府主义和压迫性君主专制主义这两个极端政治体制之间，他寻求中间立场。孟德斯鸠创造出“制衡”这一术语来描述法国社会的三大政治阶层：君主派、贵族派和平民派。为避免某一个阶层太过强势，他明确阐释了法国这三大群体之间的权力分配。当这些开国元勋将制衡制度纳入我们的政体时，他们是受到了孟德斯鸠著述影响的。

霍华德·钱德勒·克里斯蒂（Howard Chandler Christy）的油画《签署美国宪法》。参加费城制宪会议的55名代表中只有39名代表出现在油画中。会议主席乔治·华盛顿突出地站在国旗的前面。这幅画目前陈列在美国国会大厦（MPI/HULTON ARCHIVE/GETTY IMAGES）

立法部门通过以下方式牵制行政部门：（1）弹劾权；（2）能够以三分之二的票数推翻总统的议案；（3）财政权；（4）参议院批准总统签订条约和任命的权力。立法机构还能够通过弹劾权和参议院批准司法任命的权力来牵制司法机构。行政部门利用否决权来制约立法部门，利用任命联邦法官的权力来制约司法机构。司法机构通过宣布立法或违宪审查来牵制立法部门和行政部门。

联邦制

世界上所有国家的国家结构都可以划归为以下其中一种：（1）单一制政府；（2）邦联制政府；（3）联邦制政府[19]。

单一制政府（unitary system of government，所有的权力都归中央政府的一种国家结构形式，在这种体制下，地区和地方政府从中央政府那里取得权力。目前，全世界有近 150 个国家实行单一制，包括英国、中国、法国和日本等）将所有的管理权力都授予统一的中央政府。**邦联制政府**（confederate form of government，几乎不给予中央政府权力，而是将权力给予更小的州政府的一种国家结构形式。美国 1781—1787 年在《邦联条例》下运行的就是邦联制），将少许权力授予中央政府，而将大部分权力授予州政府。把大部分权力授予最初 13 个州的《邦联条例》就是邦联制的一个范例。**联邦制政府**（federalist system of government，权力在全国性政府和州政府之间进行分配的一种国家结构形式。这种体制存在于许多国家，包括美国、加拿大和印度等）很独特，国家权力在全国性政府和州政府之间分享。

为何美国实行的是联邦制呢？开国元勋们创建联邦制是为了避免全国性政府统制最初 13 个州的政府。由于这些州在制宪会议之前的近 180 年间一直存在（以殖民地的形式），大多数代表更忠诚于各自所代表的州政府，担心新创建的全国性政府会统制各个州。基于这个原因，他们创建了联邦制政府，它将权力在全国性政府和州政府之间进行分配。

在全国性政府和州政府之间分配权力，有利于在那些主张更强大的全国性政府的人与那些更关注于保护各州的权利的人之间达成完满的妥协。联邦制的最大好处是各州可以避免联邦政府对权力的滥用，反之，联邦也可制约各州对权力的滥用。《选举权法案》（1965）就是联邦政府为了防止南方各州在 20 世纪 60 年代中期的民权斗争中剥夺非裔美国人的选举权所做出的努力。联邦制的另一大好处是，它容许“和而不同”，地方惯例可以融入政府[20]。譬如，相比于生活在纽约城的人们，住在犹他州盐湖城的人们则自由地生活在不同的法律之下。联邦制还容许政府的创举，各州可以被看作社会的实验室，它们在公共政策领域自由地进行试验。比方说，2004 年，马萨诸塞州成为美国首个允许同性恋结婚的州。在联邦制下，各州可以从实施类似政策的经历中受益。

表 4 - 1 突出了《邦联条例》下的政体与制宪会议下的政体之间的重要差异。

表 4 - 1 《邦联条例》和宪法

事项	《邦联条例》	宪法
征税权	无权征税	美国国会有权向个人征税
联邦法院	无联邦法院	成立最高法院并允许国会授权成立其他联邦法院
《权利法案》	无《权利法案》	增加《权利法案》，将其作为宪法的前 10 个修正案
总统	无总统	创立行政部门——个体执行者，作为最高统帅而被授予特殊的外交权
修改程序	需要所有 13 个州都赞成修改《邦联条例》	如果有 3/4 的州同意，获得国会中 2/3 的票数就可以修改宪法
国会中的代表权	每个州获得 1 票	众议院议员由各州人口数决定，参议院是各州选派两名代表作为参议员
军事	无军权，由各州组建国民军	被授权征兵
贸易	没有涉及管控贸易	州际商务条款授权国会调控各州之间的贸易
通过法律	需要有 13 个州中至少 9 个州的批准	必须获得众议院和参议院的多数票和总统签署

联邦权力的扩大

全国性政府和各州之间的权力分配在美国宪法第十条修正案中涉及了。该修正案声明：“宪法没有明确做出限制的权力和宪法没有明确赋予的权力由各州及其人民自主保留。”[21]联邦制政府的被**列举权力**（enumerated powers，美国宪法中明确授予政府的权力。譬如，宣战权是国会的一项被列举权力，它出现在美国宪法第 1 条第 8 款）包括宣战权、制币权、调控外贸权、征兵和养兵权、建立联邦法院制度的权力等。宪法还禁止各州从事某些活动，诸如与外国签订条约和向进口商品征税。最初，州政府几乎拥有所有的权力（除宪法明确赋予联邦政府或明确不赋予州政府的权力外）。

“麦卡洛克诉马里兰州案”：弹性条款和联邦政府权力的扩大

没过多久，联邦政府权力在最高法院审理的案件**“麦卡洛克诉马里兰州案”**（*McCulloch v. Maryland*，1819，一则最高法院案例，它通过裁决政府除了宪法第1条第8款中所规定的权力外还拥有“默示的权力”，从而扩大了联邦政府的权力）中得到了里程碑式的显著扩大。围绕该案的争议可追溯到乔治·华盛顿的总统任职期间。

亚历山大·汉密尔顿是美国首任财政部部长，他于1791年劝说总统华盛顿成立中央银行。托马斯·杰斐逊是华盛顿的国务卿，也是强有力的州权倡导者，他不认可宪法授予全国性政府成立中央银行系统的权力。基于此，他强烈反对汉密尔顿的提案。毕竟，宪法并没有特别地将这种权力授予全国性政府。杰斐逊认为全国性的银行系统是很危险的，因为它会允许全国性政府侵犯各州的财政权力。由于这样或那样的原因，杰斐逊于1793年不再担任华盛顿国务卿的职务。

联邦银行就设在马里兰州的巴尔的摩。当马里兰州政府要向联邦银行征收15 000美元的税款时，问题就来了。联邦银行的出纳员麦卡洛克（James McCulloch）拒绝缴税，因为他并不认为马里兰州拥有向联邦政府征税的合法权力。这场官司提出了两个重要的宪法问题：一是联邦政府是否拥有宪法赋予的设立联邦银行系统的权力？二是各州是否拥有宪法所规定的向联邦政府征税的权力？

关于第一个问题，最高法院实质性地扩大了联邦政府的权力，它坚持允许全国性政府设立银行系统，因为全国性政府拥有超越宪法所明确规定的“默示的权力”（implied powers）。最高法院将这项权力置于宪法的**必要和适当的条款**（necessary and proper clause，又被称为“弹性条款”。它出现在宪法第1条第8款的最后一段，它授予联邦政府行使国会明示权力所“必要”和“适当”的所有权力，从而扩大了联邦政府的权力）之下。

首席大法官马歇尔宣称，全国性政府拥有附加的、“默示的权力”，当这些权力是行使宪法第1条第8款中列举的权力或明确授予联邦政府的权力“必要和适当的”时，由此，他扩大了联邦政府的权力。新罕布什尔州的丹尼尔·韦伯斯特（Daniel Webster）被认为是美国最伟大的演说家，他论证指出，为了行使那些宪法明示了的诸如铸造货币和征兵的权力，设立一个银行系统是“必要和适当的”。

“麦卡洛克诉马里兰州案”引发的第二个问题是，马里兰州是否拥有向联邦政府征税的权力。卢瑟·马丁是马里兰州的首席检察官，他代表马里兰州做辩护。马丁是一位极其重要的州权倡导者，他拒绝在宪法上签字，怒气冲冲地退出会议，对联邦权力的过度授予表示抗议。他还在1807年的叛国罪案中成功地为前副总统阿伦·伯尔（Aalon Burr）做了辩护。马丁论证了马里兰州向联邦政府征税的行为在美国宪法规定的权限之内，征税权代表了一种**平行权力**（concurrent powers，美国宪法同时授予全国性政府和州政府的权力。征税权就是平行权力之一），无论是联邦政府还是州政府都被赋予这种权力。毕竟，是允许各州向居民征收收入税和消费税的。丹尼尔·韦伯斯特则代表全国性政府论证马里兰州无权向联邦政府征税，因为各州的征税权是受到宪法限制的。比如，宪法规定禁止各州向外国政府和/或进口商品征税。最高法院再度站到了联邦政府一边，它宣称，由于“征税权是事关毁灭的权力”，开国元勋们从未打算授予州政府向联邦政府征税的权力[22]。一旦允许州政府向全国性政府征税，这将置全国性政府于各州之下，这是开国元勋们从未设想过的情形。最高法院诉诸宪法的**至上条款**（supremacy clause，又译“优先适用条款”，出现在美国宪法第六条中，它规定，当全国性法律遵从美国宪法时，宪法、全国性法律和条约都要优先于州法律）以支持上述观点。该条款规定，所有推进宪法的联邦法律都是优先适用法律。最终，“麦卡洛克诉马里兰州案”宣判，将附加的、“默示的权力”给予全国性政府，同时不给予马里兰州向联邦政府征税的权利，从而从根本上提升了联邦政府的权力。在本书的第七章，我们还会深入探讨和评论美国最高法院在扩大联邦政府权力中所发挥的重要作用。

宪法与州际关系

联邦主义是复杂的，因为它所涉及的不仅是对美国与各州之间关系的理解，还涉及州与州之间的关系。各州之间要承担什么样的责任？美国宪法第4条讨论了州际关系这一主题。

一位持有北卡罗来纳州驾照的公民是否会被允许驾车穿越威斯康星州呢？你的出生证是否可以作为合法证件在 50 个州都获得承认呢？这两个问题的答案是肯定的。这是因为存在宪法第 4 条的**完全诚信条款**(full faith and credit clause)。该条款规定，“各州对其他州的民事判决、公共记录和司法程序，应给予完全的信赖和尊重”[23]。这一条款设立的首要目的是确保某一个州做出的法律判决会得到所有各州的承认。要是没有这一条款，公民只要移居到另一个州就有可以逃避法定合同的执行。或者说，一个人如果不首先在某一个州取得驾照，他（她）就会被阻止驾车穿行那个州。完全诚信条款避免了所有这些情形的发生，它要求所有的州都要承认其他各州的公共和法律记录。

完全诚信条款是当前美国政治中重大争议的核心所在。马萨诸塞州在 2004 年成为首个允许同性婚姻的州。这是否意味着其他 49 个州都必须承认在马萨诸塞州实行的同性婚姻合法政策？毕竟，结婚证是一种由某个州、县的职员登记和存档了的公共记录。这一问题曾因**《捍卫婚姻法案》**(Defense of Marriage Act，1996 年颁布的一项联邦法律，它允许各州不承认其他各州实行的同性婚姻）而变得极其复杂。这项于 1996 年由克林顿总统签署的联邦法律把婚姻界定为一名男性与一名女性之间成为夫妻的法律结合，因为它关涉联邦事务，所以并不要求各州承认同性婚姻。然而，2013 年 10 月，新泽西州加入其他 13 个州（和华盛顿特区）——加利福尼亚州、康涅狄格州、特拉华州、艾奥瓦州、缅因州、马里兰州、马萨诸塞州、明尼苏达州、新罕布什尔州、纽约州、罗得岛州、佛蒙特州和华盛顿州——共同承认了同性婚姻。

自从 2004 年同性婚姻在马萨诸塞州合法化以后，27 个州一直还采用州宪法修正案，它们都将婚姻界定为一名男性与一名女性之间成为夫妻的法律结合。《捍卫婚姻法案》是否违宪呢？2005 年，联邦法院裁决它没有违宪[24]。2011 年，奥巴马政府声称联邦政府不再反针对《捍卫婚姻法案》的法律挑战，因为他们认为该项法律确实侵犯了宪法赋予同性配偶的权利。2013 年在《美利坚合众国诉温莎案》中，美国最高法院先认同而后又推翻了《捍卫婚姻法案》第三章的内容，并认定其违宪。最高法院裁定：婚姻的标准应该在州的层面而非联邦的层面来界定，同时，联邦政府拒绝将联邦福利（社会保障、退伍军人福利）给予合法结婚的同性配偶的做法，侵犯了同性配偶的平等保护权和程序正当权利。

签署宪法

1787 年 9 月 17 日，虽然制宪会议的代表们已经签字，但宪法并未正式获得批准。接下来要克服的障碍是，如何让各州政府支持这种新的政体形式。制宪会议上做出的一项重要决议规定，13 个州中 9 个州的立法机构在新政府成立前必须批准宪法。批准宪法是一个极具政治性的过程，它将整个国家分裂为两大政治阵营。联邦主义者（federalists，又译“联邦党人”，支持美国宪法的人。联邦主义者如汉密尔顿和华盛顿，基本上都主张设立一个强大的中央政府。后来还出现了一个在汉密尔顿领导下的联邦主义政党）认为，为应对全国性的问题和促进国家统一，一个强大的全国性政府是必需的。联邦主义者大多都是大量财产的所有者，他们主要居住在东北部和中部大西洋沿岸各州。当华盛顿、汉密尔顿和富兰克林签署宪法时，他们给予联邦主义运动强有力的推动。反联邦主义者（Anti-Federalists，通常指既反对设立强大的中央政府又拒绝支持美国宪法的人）则是坚定的州权倡导者，他们在很大程度上是反对宪法的，因为他们认为联邦政府会对各州构成牵制。反联邦主义者中的大多数人是农场主和商人，他们主张在地管理和日常选举，而对联邦主义者的动机持不信任态度。不过当时反联邦主义者处于劣势，因为他们手中并没有替代宪法的另一种方案。联邦主义者与反联邦主义者之间的这种早期分裂状态后来为美国政党制度的形成创造了条件[25]。

《联邦党人文集》：麦迪逊、汉密尔顿和杰伊

在签署宪法的过程中，报纸发挥了极其重要的作用。制宪会议结束两天后，整部宪法都刊印在《宾夕法尼亚邮报》（*Pennsylvania Packet*）上[26]。不久，支持和反对宪法的书面社论充斥了全国各大报纸。从 1787 年 10 月到 1788 年 5 月，麦迪逊、汉密尔顿和杰伊以“人民”（Publius，一个拉丁术语，翻译过来就是“人民”之意）为笔名向纽约的报纸提交了 85 篇论文。这些文章即今人所提及的《联邦党人文集》。《联邦党人文集》之所以重要，是因为其中的文章深刻揭示了起草宪法的制宪者们的原初

意图。这些代表通过投票表决的方式让会议秘密进行，以鼓励坦率、自由的讨论，因为这样就可以免受社论撰写人和其他好奇的旁观者的干扰。当时，有警卫被安插在会场门口。华盛顿还专门把一个监视者配到富兰克林身边，因为他一向以口无遮拦出名。《联邦党人文集》对包含在宪法文本中的那些简短的段落进行了深入解读。譬如，宪法第 2 条第 4 款宣称，总统可能因“叛国、受贿、其他重罪或轻罪”遭到弹劾。这是否意味着为了被弹劾总统就得犯罪呢？这是一个争议的焦点，但在更加深入地解读了《联邦党人文集》之后，就可能出现一场开明的讨论。

《联邦党人文集》中的文章在说服各州签署宪法的过程中所发挥的关键作用非比寻常。特拉华州是最早在宪法上签字的州，签字时间是 1787 年 12 月 7 日。宾夕法尼亚州和新泽西州紧随其后，在两个星期内签字。直到 1788 年 6 月 21 日，新罕布什尔州作为第 9 个州在宪法上签字时，宪法才算正式批准通过。不过直到那时，弗吉尼亚州和纽约州这两个人口占全国近 40%的州也仍未签署认可宪法。麦迪逊、汉密尔顿和杰伊出版了《联邦党人文集》，以此来挫败纽约州州长乔治·克林顿（George Clinton）阻挠宪法通过的企图。当时存在着一股强烈的反宪法情绪。事实上，罗得岛州就没有派代表参加制宪会议，直到乔治·华盛顿宣誓就职数月后，北卡罗来纳州和罗得岛州都没有签署认可宪法[27]。

《联邦党人文集》作者麦迪逊、汉密尔顿和杰伊的肖像。麦迪逊（1751—1836）还是美国宪法的主要发起人和创始者，后来出任美国第四任总统（1809—1817 年）。汉密尔顿（约 1755—1804）在美国独立战争期间是华盛顿的首要助手，后来成为美国的首任财政部部长。杰伊（1745—1829）在外交事务上极具影响力。譬如，《杰伊条约》（1794）在制止另一场对英战争中发挥了重大作用，他还出任过美国最高法院的首位首席大法官（LIBRARY OF CONGRESS，PRINTS AND PHOTOGRAPHS DIVISION ［LC-DIG-PPMSCA-19166］，［LC-USZ62-50375］）

《联邦党人文集》第十七篇和第三十九篇

州权倡导者据理反对宪法，因为他们担心全国性政府会统制地方各州。他们还认为这种宪法会赋予美国总统像欧洲君主一般的权力。

《联邦党人文集》中有关国家与州之间关系议题的最重要的两篇文章是汉密尔顿写的第十七篇和麦迪逊写的第三十九篇。在这些文章中，汉密尔顿和麦迪逊试图让反联邦主义者相信，全国性政府不会对各州构成统制。

在《联邦党人文集》第十七篇中，汉密尔顿反驳了帕特里克·亨利（Patrick Henry）、塞缪尔·亚当斯（Samuel Adams）及其他州权倡导者的攻击，他指出，联邦政府无意于侵犯各州的权力。汉密尔顿论证道，由于联邦政府要专注于战争与和平、各州之间的通商及对外关系等问题，作为全国性政府的联邦政府不可能卷入、纠缠于各州的责任当中。汉密尔顿还特别告知反联邦主义者，"我觉得一个州内部治安的管理对野心的引诱力是极其微小的"[28]。他安抚一些州权倡导者，并断言，实际上更有可能的是，州政府会侵犯全国性政府的权力，因为相对于全国性政府，公民要更忠于他们所在的州。他声称："一个人对家庭的依附要甚于对邻居的依附，对邻居的依附又要胜于对整个社会的依附。各州人民都对他们地方的政府而不是联邦政府怀有更强烈的偏袒。"[29]

麦迪逊的《联邦党人文集》第三十九篇减轻了一些反联邦主义者的担忧，他指出了各州在选举联邦官员中的作用。他论证道，如果各州不希望全国性政府拥有对各州的管辖权，那么，州立法机构就应当委派州权倡导者到美国参议院任职。不可忽略的是，美国宪法刚批准通过后，大多数联邦官员就由州立法机构委派。众议院的成员最初也只是民选出来的联邦官员。他还指出，各州的权利会在美国宪法的修正过程中得到进一步的保护，当然，需要全国各州 3/4 的绝大多数才可以批准对宪法的修正。

美国与希腊人的相遇：《联邦党人文集》第十篇

美国政治理论的最大贡献来自詹姆斯·麦迪逊撰写的《联邦党人文集》第十篇。正是在这篇文章中，麦迪逊直面了长久以来对民主的批判。我们在本书一开篇就突出强调了从柏拉图到霍布斯的那些伟大思想家是如何反对民主政体的。柏拉图就曾主张，为了促进社会的和谐和正义，理想国就应当由那些先行获得了完美知识的领袖来统治。他憎恶民主制度，他把他的导师苏格拉底之死和希腊在同斯巴达展开的伯罗奔尼撒战争中的失败统统归咎于雅典的民主制。霍布斯认为，所有的人类行为都受权力欲驱使。由此他得出结论：如果听任人们实施自我管理，整个社会将会堕落并陷入战争状态，生活会变得"孤独、贫困、污秽、粗野而短暂"。

《联邦党人文集》第十篇之所以被一些人认为是对西方政治思想的最大贡献，其原因在于，在这篇文章中，麦迪逊详尽地解释了拥有这样一种政体何以可能：既容许多数人的统治，同时又维护少数人的权利和国家利益的实现。麦迪逊最担忧的是，新政府能否持久存在下去并经受住实践的考验。他直接见证了不牢靠的《邦联条例》的破产，而在当时，他的主要关注点在于防止组建全国性政府的再度失败。他首要的关注点是，在多数派实行的统治之下，政治少数派公民是否会在怨恨中生存。那些经常持少数派意见的人有可能受到强烈驱动，脱离联邦，进而推翻政府。

在对派系的讨论中麦迪逊涉及了上述问题。派系就是一群有着共同利益或有着排斥他人利益的共同倾向的人。美国社会充斥着各种各样相互竞争的派系，如富人和穷人、男人和女人、各个种族和各种特殊利益群体、民主党党员和共和党党员。派系可以是少数派，也可能是多数派。少数派在麦迪逊看来危险性要小些，因为其行为可以受到多数派的制衡；多数派更危险，因为在一种允许多数人统治的制度下很难对其行为加以制约。麦迪逊认为，针对多数派有两条应对之策：一是政府可以消除派系产生的根源，二是政府可以管控派系所造成的后果[30]。

最终，麦迪逊总结道，我们要消除派系产生的原因就不能不废除支撑我们宪法的主要原则。对此，麦迪逊提出将自由作为派系的起因，因为在开放社会，人们可以自由地组群或结社。他做出一个类比，“自由对于派系，好比空气对于火”。为了阐明这一观点，他说，通过抽掉空气（取消自由）来防火（限制派系）的做法太极端了，抽掉空气会导致我们自身的灭亡，取消自由会造成我们政治生活的死亡。因此，不得不接受一个事实：我们是不可能把派系从政治生活中铲除掉的。

管控派系所造成的后果

在《联邦党人文集》第十篇中，麦迪逊回答了如何最有效地管控多数派造成的后果，由此，麦迪逊在该篇中的光辉、卓越的观点呈现在世人面前。人们怎样才能够建立一种对政治上少数派也保持敏感的多数人的统治呢？麦迪逊解释说，这可以通过在全国性政府和各州政府之间的权力分配（联邦主义）来实现，因为这种体制结构首先使得多数派难以组建起来。就其包括地方政府、县政府、州政府和全国性政府而言，联邦主义政体是一种层级制。他还解释说，由于派系是在地方形成的，在当地，人们见面和相互交流，因此，它们会受到这种层级制政体的遏制。可以想象一下，在你所在的镇上出现了这样一个派系——它敌视爱尔兰裔美国人的权利，并颇具影响力；它可能对当地官员施加影响，促使他们侵犯爱尔兰裔美国人的利益而施政。不过，为了使这场反爱尔兰运动成为一个多数决定，派系就不得不攀爬联邦主义的政治阶梯，这个派系去劝说县级和州级官员，以推进他们不公平、违宪的议案，最终劝服全国性政府去做同样的事情。麦迪逊断言，这会是难以实现的，因为一个派系沿着政治阶梯每向上攀爬一步，它很可能就变得更弱小一些。在这个案例的实践中，爱尔兰裔美国人及其他同情者很可能组织起来，削弱这个反爱尔兰派系所产生的效应。虽然反爱尔兰派系力求从镇到县、从县到州，再从州到全国性政府不断壮大自身的势力，但运动脱轨要比壮大运动规模容易得多。美国众议院前议长萨姆·雷伯恩（Sam Rayburn）曾指出，一头公驴可以轻易踢倒一个牲口棚，但建起它则需要一个木匠[31]。因此，联邦制使得任何特定的派系都很难去操控全国性的议程，因为它们在力图登上多数派位置的过程中会被反对派削弱。

然而，没法保证联邦制就一定能避免多数派对少数派的暴政。比方说，在美国历史的大部分时期，非裔美国人都遭受了以白人为主的多数派的奴役，被多数派剥夺了公民权。麦迪逊提出的第二种管控多数派所产生的破坏性后果的方法是，建立一种代议制民主（共和政体），而不是**直接民主**（direct democracy，公民直接参与政府决策过程的一种民主制度）。他论证指出，多数人的暴政所产生的后果可以通过挑选出最优秀、最聪明的人在政府中代表公民发言而加以弱化。由于文明开化的社会成员更有可能做出正确而非流俗的事情，从而防范多数派潜在的破坏倾向，因此，代议制民主比直接民主更有效率。麦迪逊强调指出，开明的代表会对政治上少数派的观点更为敏感，因为他们更有可能受到有关正义美德和国家利益的熏陶。《联邦党人文集》第十篇为政治理论做出了一个重大贡献，即它明确指出多数人的暴政所产生的消极影响，可以通过建立联邦制政体和让最开明的社会成员代表全体人民进行决策来加以弱化。这就是制宪者在宪法中没有使用“民主”而是使用“共和”这一术语来强调让最优秀、最聪明的人在政府中担任领导职位的原因。

通过宪法

《联邦党人文集》的 85 篇文章对缓解反联邦主义者关于全国性政府会统制州政府

的担忧产生了极大的效果。1788 年 6 月 25 日，人口众多的弗吉尼亚州以微弱票数批准通过美国宪法，一个月后纽约州也跟着通过了。不过，反联邦主义者也很在意宪法没有把《权利法案》纳入其中。为此，北卡罗来纳州仍然拒绝在宪法上签字予以认可，它认为只有个体的自然权利得到保护，才应当批准通过宪法。反联邦主义者想知道为什么把《权利法案》纳入州宪法而非全国性的宪法是必要的。他们担心如果自然权利得不到特别的保护，那么所谓防止全国性政府限制言论自由、侵害出版自由、侵犯宗教信仰自由的行为，就会是一句空话。另外，联邦主义基于两个理由反对将《权利法案》纳入宪法中。其一，他们认为，宪法的正文已经禁止全国性政府侵犯公民的自然权利，而将《权利法案》纳入其中反倒给人制造出这样一种印象：全国性的政府有权侵犯任何未在《权利法案》中列出的个人权利，由此而造成一种"滑坡谬误"。其二，联邦主义者还担忧，呼吁《权利法案》入宪意味着要召开第二次制宪会议，而联邦主义者认为，第二次制宪会议会导致第一次制宪会议取得的所有成果遭到破坏。制宪会议的规则允许任何一位代表重审先前被批准通过的议案。因此，第二次制宪会议可能被反联邦主义者利用，以废除第一次制宪会议上业已达成共识的其他宪法条款。

最终，联邦主义者和反联邦主义者再度达成妥协，一致同意增加《权利法案》，但要以宪法修正案的形式附加这些权利。这既满足了反联邦主义者要在宪法中增加《权利法案》的诉求，也让联邦主义者欣然接受，因为如此一来就不用再召开第二次制宪会议。托马斯·杰斐逊是《权利法案》入宪最坚决的倡导者之一，他在弗吉尼亚州向选民许诺，如果他当选国会议员，他将"为各州做好批准通过宪法的准备，给予它们建议，为保障选民各项基本权利争取到最满意的条款"[32]。

詹姆斯·麦迪逊承担了筛查数百个从 13 个州涌来的备选修正案（potential amendments）的艰巨任务。最终，麦迪逊提议，《权利法案》应当由 17 条修正案构成。后来，国会又去掉了其中的 5 条修正案，涉及国会议员和国会薪金分配的 2 条修正案则未获各州批准通过[33]。1791 年 12 月 15 日，《权利法案》最终作为宪法的前 10 条修正案获准通过。

修改宪法

美国宪法是一部旨在声明永久性原则的自然法的宪法。托马斯·杰斐逊声称，由于“美国宪法是属于生者而不属于死者的”，它必须定期修改以反映在宪法下生存的人们的智慧。有关修改宪法的正式程序规定出现在宪法的第 5 条。修改宪法是一个“两步走”的程序，要求有提议和批准两个阶段。虽然国会提出过 1 万多条宪法修正案，但美国宪法最终只正式修改过 27 次。修改宪法的第一个程序是提议阶段。美国宪法规定，修改宪法的提案只有在获得参众两院 2/3 的票数或全国代表大会上 2/3 的州许可的情况下才能被认可。

美国宪法还规定了批准通过一条宪法修正案的两种情形：修正案获得 3/4 的州立法机构（38 个州）的多数票，或获得至少 3/4 的所谓“州特别代表大会”的认可。宪法第二十一条修正案于 1933 年取消了宪法第十八条修正案对致醉酒类的禁止，它是唯一一条由州代表大会批准通过的修正案。美国的开国元勋们要求宪法修改程序在提议和批准阶段都要获得绝对多数票，这就使得修改宪法变得非常困难。大多数宪法修正案在提议阶段就流产了。在向参众两院提出的 1 万多条宪法修正案中，只有 33 条在国会中以 2/3 的票数通过了提议阶段。而在自《权利法案》（前 10 条修正案）批准以来通过的 17 条修正案中，大多数修正案要么扩大了公民的政治权利（第十三、十四、十五、十七、十九、二十四、二十六条修正案），要么改变了总统选举程序（第十二、二十、二十二、二十三、二十五条修正案）。

在曾经为数不多的、通过了提议阶段而未通过批准阶段的修正案中，有一条是《平等权修正案》（Equal Rights Amendment，ERA），它规定“法律下的权利平等不应因性别而被美国或任何州否决或限制”。虽然这条修正案在当时广得人心，但仍然由于南方几个州提出了反对意见而成功阻止其批准通过。

小结

美国宪法是当今世界上古老而又受人尊崇的全国性宪法。美国宪法的核心在于明确：在将制衡制度和《权利法案》纳入其中的联邦主义政体中，专制政体是可以避免的。本章突出强调了《邦联条例》的弱点、支撑美国宪法的主要原则及美国宪法的批准通过，还揭示了由美国开国元勋们创立的政体迥异于美国在 21 世纪的今天所拥有的政体。美国的制宪者充分了解柏拉图和霍布斯对民主制的批判：自行发展的民主最终会堕落成“暴民统治”。为此，詹姆斯·麦迪逊及制宪会议中的其他代表寻求建立一种能够将民主制和贵族制的优点结合起来的新的政体形式。

美国宪法自诞生以来就以美国“最重要的输出品”昭示于世人，它既推进了民主价值观的传播，又引领了确立宪法以管控政府与民众关系的思潮。美国宪法表达的观念力量激发了 1789 年的比利时革命，促使波兰和法国于 1791 年通过了宪法，它还促使西班牙于 1812 年通过了宪法。此后，其他国家也纷纷效仿。直到今天，世界上只有少数几个民主国家（譬如英国、以色列和新西兰）和几个非民主国家（沙特阿拉伯、阿曼和利比亚）仍然没有一部指导性的宪法[34]。

在接下来的三章中，我们将考察美国民主的传播，由于涉及全球范围内立法机构、行政机构和司法机构的体制和权力，我们将提供一种比较的视角。自制宪会议召开以来，总统选举团不断民主化、司法选举在大多数州适时进行，到现在，美国人直接选出美国的参议员。美国的这种民主运动连同大众传播的进展和更具见识的选民的参与，也改变了全球的政治图景。在第五章，我们将对美国国会和世界范围内的一些议会型全国立法机构做比较。

注释

［1］See http://www.moticello.org/site/research.and.collection/tje.

［2］1947 年 11 月 11 日，丘吉尔在英国下议院的演讲，参见：*Winston S. Churchill: His Complete Speeches, 1897－1963*, ed. Robert Rhodes James, vol. 7（New York: Chelsea House Publishers, 1994), 7566.

［3］Robert L. Lineberry, George C. Edwards, and Martin Wattenberg, *Government in America: People Politics, and Policy* (New York: HarperCollins, 1994), 43.

［4］Jon R. Bond and Kevin B. Smith, *The Promise and Performance of American Democracy* (Belmont, CA: Thomson Wadsworth, 2006), 41.

［5］Barbara A. Bardes, Mack C. Shelley, and Steffen W. Schmidt, *American Government and Politics Today: The Essentials* (Belmont, CA: Wadsworth Thomson, 2000), 39.

［6］引自乔治·华盛顿于 1786 年 10 月 31 日写给亨利·李的信，参见：*The Pa-*

pers of George Washington: *Confederation Series*, Library of Congress, vol. 4, 318-320 found at http://lcweb2.loc.gov/ammen/gwhtml/gwhome.html.

[7] 引自托马斯·杰斐逊于 1787 年 1 月 30 日写给詹姆斯·麦迪逊的信，参见："The Letters of Thomas Jefferson," University of Virginia, http://www.let.rug.nl/usa/p/tj3/writings/brf/jefl53.htm.

[8] James MacGregor Burns, J. W. Peltason, Thomas E. Cronin, and David B. Magleby, *Government by the People* (Upper Saddle River, NJ: Prentice Hall, 1997), 8.

[9] Larry Berman and Bruce Allen Murphy, *Approaching Democracy* (*Upper Saddle River*, *NJ*: Pearson Prentice Hall, 2007), 43.

[10] Bardes, Shelley, and Schmidt, 39.

[11] Charles Beard, *An Economic Interpretation of the Constitution of the United States* (New York: Macmillan, 1913).

[12] See Robert E. Brown, *Charles Beard and the Constitution*: *A Critical Analysis of "An Economic Interpretation of the Constitution"* (Princeton: Princeton University Press, 1956).

[13] Bardes, Shelley, and Schmidt, 40.

[14] Christopher Collier and James Collier, *Decisions in Philadelphia*: *The Constitutional Convention of 1787* (New York: Random House, 1986).

[15] See Carrie-Ann Biondi's "Aristotle on the Mixed Constitution and Its Relevance for American Political Thought," *Social Philosophy and Policy*, vol. 24 (2007), 176.

[16] *Aristotle's*: *The Politics*, trans. T. A. Sinclair (London: Penguin Group, 1981), 266-267.

[17] Hamilton, Madison, and Jay, *The Federalist Papers*.

[18] Walter E. Volkomer, *American Government* (Upper Saddle River, NJ: Prentice Hall, 2007), 43.

[19] Burns et al., 44.

[20] 第八项提案是加利福尼亚州公民表决提案，该提案规定婚姻是男性与女性

之间的一种关系，它推翻了 2008 年加利福尼亚州最高法院做出的关于在加利福尼亚州同性伴侣有权结婚的判决。在第八项提案通过前就已施行的同性婚姻依然合法有效，但此后在加利福尼亚州不再实行同性婚姻。参见：National Conference of State Legislatures at http:www. ncls. org.

［21］ See the Tenth Amendment to the U. S. Constitution.

［22］ See *McCulloch v. Maryland* 4 Wheaton 316 (1819).

［23］ See Article IV of the U. S. Constitution.

［24］ See *Wilson v. Ake*, No. 8:04-cv-1680-T-30TBM, U. S. District Court, Middle District of Florida, January 19, 2005.

［25］ E. E. Schattschneider, *Party Government* (New York: Farrier and Rinehart, 1942).

［26］ Karen O'Connor and Larry J. Sabato, *American Government: Continuity and Change* (Boston: Allyn and Bacon, 1999).

［27］ Lineberry et al., 63.

［28］ See *Federalist Paper No. 17*.

［29］ Ibid.

［30］ See *Federalist Paper No. 10*.

［31］ Anthony Champagne, *Congressman Sam Rayburn* (New Brunswick, NJ: Rutgers University Press, 1984).

［32］ Bardes et al., 48.

［33］ 第 27 条修正案——开始前生效。本条修正案如果不首先进行中间选举，禁止任何增加或减少国会议员薪资的法律生效于 200 多年之后的 1992 年才获批准。

［34］ See Albert P. Blaustein, "The U. S. Constitution: America's Most Important Export," in *Issues of Democracy Electronic Journals*, vol. 9, no. 1 (March 2004).

第五章

立法机构比较

德国联邦议院在柏林国会大厦纪念大屠杀罹难者。每年1月27日大屠杀纪念日纪念因纳粹迫害而受难的群体，同时也警示世人，大屠杀与我们今天的每个人息息相关（ANDREAS RENTZ/GETTY IMAGES NEWS/GETTY IMAGES）

引言：国家立法机构的重要性

立法机构是共和制政体的核心所在。在全球范围内，各国的立法机构都是公民同民主政府维系在一起的强有力的纽带。本章中在对立法机构进行比较时，我们首先着重从美国国会的结构及其宪法权力入手，来探讨美国的立法机构。其次，我们聚焦于美国选举权的扩大以考察美国的政治文化。由于众议院被看作是“人民的议院”，因此，重新考察某些里程碑式的议案，诸如第十五条修正案、第十九条修正案和《选举权法案》(1965 年)，对促使国会成为真正有代表性的机构所产生的影响重大。再次，第三部分对美国和世界其他国家的立法机构进行了比较，在此，重点突出了总统制与议会制之间的差异。为何有些国家拥有一院制的立法机构，而其他国家则拥有两院制的立法机构呢？最后，本章将对美国国会、英国议会、其他国家的立法机构进行比较。

美国国会的创建

美国宪法的起草者临时创建了国会。虽然国会通常被认为是一个单一的机构，但实际上它分为两个各自运行的立法院（legislative chamber)。制宪者们创立了两院制的立法机构，它由众议院和参议院组成，两者承担不同的职责。一方面，众议院被认为是“人民的议院”，它负责将民众的意见吸纳到政府中。在第四章中，我们阐述了《康涅狄格妥协》是如何确立了每一个州的代表人数建立在各州人口之上及各州由两名参议员平等地来被代表的规则。之所以设立众议院，部分地是为了在政府与民众之间建立起一种社会契约关系。这种契约关系首先通过允许公民直接选出代表来得到保障，其次通过号召发起每两年一次的频繁选举而得到巩固。

另一方面，美国参议员并没有被制宪者们看作是民众的代表。相反，参议员被认为是公共信任的护卫者和各州权利的保护者。正因此，参议员最初由各州立法机构委派到参议院。赋予州立法机构委派参议员的权力，这被认为是向反联邦主义者做出的一种妥协，因为他们担心全国性的政府会对各州实行统制。正如麦迪逊在《联邦党人文集》第三十九篇中指出的，如果州立法机构可以对挑选美国参议员直接负责，那么全国性政府远不可能对各州发号施令[1]。

国会的权力

国会的结构和权力是在 1787 年举行的制宪会议上确立起来的。美国宪法的第 1 条就确立强大的国会权力，允许国会议员在安排两个议院活动时拥有极大的自行决定权。对美国宪法的起草者来说，重要的一点是，国会要保持独立，不受行政部门的影响。譬如，美国宪法第 1 条第 6 款规定，国会议员在“出席各自议院会议期间和往返于各自议院途中”不受逮捕（除非犯叛国罪、重罪和扰乱治安罪）。这样规定是为了防止总统囚禁正在赶去投关键票的议员。据说，有些欧洲君主就常常这么做。这一条款还保证国会议员“不得因其在各自议院发表的演说或辩论内容而在任何其他地方受到讯问”，从而确保每次立法会议的言论自由[2]。

洛克认为，立法部门不仅是共和国中的最高权力机关，而且是“神圣的”机关，他的这一看法被纳入美国宪法（参见第三章）[3]。美国宪法第 1 条第 8 款确立了国会广泛而全面的权力。国会被明确赋予两项最重要的对政府权力的管辖权：其一是“宣战”权；其二是财政权。制宪会议代表之一威尔逊指出，开战的决策“不应当只是某个人或某个群体的权力，不应当由他（他们）来决定我们卷入此种灾难，宣战这项重要的权力应完全赋予立法机构”[4]。国会还被宪法赋予“征税”、“举债”、“调控外贸”和“制币”的权力。这些权力确保了国会对经济政策的持续管理，也强化了国会的监督权，它使政府削减那些不受欢迎的政府资金投入项目。在外交决策中，国会的权力和行政的权力相重叠，由此导致了行政当局与立法部门之间的“相互争斗”[5]。

国会被宪法授权“调控与外国的贸易”，惩罚“在公海上实施的重罪”，“招募和供养军队”，并授予“宣战”权[6]。制宪者们起初授予国会“开战”（make war）权，但后来在用语上修改为“宣战”（declare war）权，为的是让行政部门在国家受到攻击而国会处于休会状态时仍然能够保护国家。

如同第四章所讨论过的，国会的宪法权力通过在最高法院对“麦卡洛克诉马里兰州案”(1819) 所做出的里程碑式的判决中得到了极大的加强。在该判例中，通过对“必要和适当的条款”(弹性条款) 的解释，最高法院把“默示的权力”追加给国会，也就是说，国会在行使宪法第 1 条第 8 款所列举的明示的权力时，如有必要，可以被授予附加的“默示的权力”。

国会的结构：众议院和参议院

第一届美国国会由 65 位众议院议员和 26 位参议院议员组成。此后，国会急剧扩大，发展到今天拥有 435 名众议院议员和 100 名参议院议员。众议员任期为 2 年；参议员任期为 6 年，且届数不限。美国宪法第 1 条第 2 款明确说明了众议员任职所需的资格，也明确了众议员人数是如何在各州之间进行分配的。美国宪法规定，一名众议员必须为合众国公民满 7 年，年龄至少 25 岁，是他（她）所代表的州的居民[7]。美国宪法第 1 条第 3 款指明，参议院“应当由各州选派两名参议员组成”，每位参议员必须为合众国公民满 9 年，年龄至少 30 岁，是他（她）所代表的州的居民[8]。

所有 435 个众议院议席和 100 个参议院议席中的 33 个议席参与了 2012 年的国会选举。2010 年的中期选举是一次历史性的选举，因为共和党重新得到（增加）了 63 个众议院席位和 6 个参议院席位。共和党控制众议院，意味着众议院领导格局的改变。2011 年，众议院议长约翰·博纳（John Boehner）从前议长南希·佩洛西（Nancy Pelosi）手中接过象征权力的木槌，共和党人接任了所有众议院委员会中的领导职位。在 2010 年的中期选举中，共和党人发起了反政府开支和反 2010 年《平价医疗法案》的运动，该法案在 2014 年全面实施。2013 年，在 113 届国会初期，众议院议长博纳再度当选，出任议长职位。

组建众议院

最初决定众议院规模的宪法方案是严格建立在各州的人口之上的。最初的分配方案是，每个州从每 3 万名居民中选派一名代表。然而，反对通过美国宪法的批评者为众议院的规模争吵不休。反联邦主义者断言，规模小的众议院（65 名议员）会妨碍它充当“人民的议院”，他们认为，这样的众议院只会服务于有权势者和与权贵有关系者的利益。在《联邦党人文集》第五十五篇中，麦迪逊承认众议院有必要保持足够

2011 年 1 月 5 日第 112 届美国国会召开时，众议院议长约翰·博纳（来自俄亥俄州的共和党人）从前议长南希·佩洛西手中接过小木槌。那一天，博纳成为第 53 任众议院议长（JOSHUA ROBERTS/BLOOMBERG/GETTY IMAGES）

大的规模以充分吸纳民众的意见，但也不能大到可能蜕变成一群不受管束的暴民：

> 六七十个人要比六七个人更合适被授予一定程度的权力。但这并不能得出这样的结论：六七百人会是更相称的受托方。在任何一个人数众多的群体中，无论其组成成员个性如何，激情总会夺过理性手中的“权杖”而从未败给过理性。即便每一个雅典公民都是苏格拉底，每一群雅典人也仍然会是一群暴民。[9]

进而，麦迪逊再三向反联邦主义者保证，众议院的规模会不断扩大，从而消除他们的疑虑。由于美国宪法要求每 10 年进行一次全国性的人口普查，而宪法方案要求从每 3 万居民中推选出一名议员，所以，众议院的规模预计会随美国人口的增长而相应地扩大。譬如，在 1790 年人口普查之后，众议院的议席从 65 席就扩增到 104 席。

1929 年《永久分配法案》把众议院代表的人数限定在 435 人，并根据各州人口的增长设定重新分配议员的程序。国会的每一位议员如今平均代表 70 多万人，这导致一些学者担心国会的选区已经扩张得太大了。目前只有印度在下级立法院中拥有比这更大的立法选区。不过，如果继续按照原初每 3 万人出一名代表的宪法方案来分配议员名额，那么现代的众议院发展到今天将会拥有 1 万多名议员。

《联邦党人文集》第五十七篇（到底是由詹姆斯·麦迪逊还是由亚历山大·汉密尔顿撰写的，至今仍是一个有历史性争议的问题）提出了其他的一些论据来驳斥反联邦主义者关于众议院规模小会妨碍它充当“人民的议院”的指控。这篇文章就众议院为何会“同情广大民众”而不会沦为一个精英主义的团体提出了一个更为广泛的依据。《联邦党人文集》第五十七篇推断指出，众议院与人民之间的联系会被每两年一次的频繁选举加强。频繁的选举旨在对众议员的行为构成一种重要的制约力量[10]。该文还强调，众议员会对那些推选了他们的人心怀感激，会有一种天然的倾向去服务于这些选民在联邦政府中的利益。

组建参议院

托马斯·杰斐逊是一位一院制立法机构（由单一制的立法院组成）的倡导者，他于 1878 年就两院制（由两个立法院组成）的哲学基础开启了同乔治·华盛顿的谈话。当他们边喝咖啡边交谈时，华盛顿避开了杰斐逊对设立两院制立法机构的必要性的质疑，而是问杰斐逊为何要在喝前将咖啡倒入碟子里。杰斐逊回答说，他这样做是想让自己的咖啡冷却。华盛顿回应道：“这样看来，参议院就像是那个将立法活动倒入其中而使之冷却的碟子。”[11]

制宪者们对柏拉图和亚里士多德反过度私利和平民政体的告诫保持着高度的敏感。他们熟谙于政治哲学的教诲，精心设计参议院，以便使它始终不受选民们随心所欲的干扰和影响。众议院被看作是“人民的议院”，而组建参议院就是为了防止大众社会中变幻无常的民众情绪操控国家议程。众议院通过的立法有意要在参议院“冷却”下来，因为参议员原本是独立而不受政治压力的干扰的。参议员起初是不面对选民的，而是由其所代表的州的立法机构议员委派来出任 6 年的任期。我们记得，在第二章中，柏拉图将民主的政治制度归为最坏的政体形式之一。柏拉图声称民主制是一种有缺陷的制度，这是因为大多数公民都是主张个人私利而不去追求国家利益和公共的善。正因此，民选在制宪会议的代表当中并不受欢迎。唯一在民选中面对选举人的联邦官员是众议院成员（众议员）。参议员、法官和美国总统原来都是由政治精英委派到任的。

《联邦党人文集》第六十二篇认定，授予州立法机构对参议院挑选程序的控制权，使之充当了州政府与联邦政府之间的“便利纽带”[12]。当时，制宪者们设想有一个上层的议院，参议员可以在其中专心地解决州的、全国的和国际层面的突出问题，而免于选举上的考虑。参议院会超然于政治争斗之上，在外交上充当准总统顾问的角色。这就是参议院为何被授予宣战的联合权力及批准条约和外交任命的独立权力的原因。《联邦党人文集》第六十三篇聚焦于制宪者们对参议院的关切，他们特别关注于其他国家对参议院的评判和它充当冲抵源自众议院的民主冲动的稳定平衡器的必要性[13]。参议院旨在专注于国家和各州的利益，而不是去增进与权贵有关系的政治集团的利益。

宪法第十七条修正案（1913）的起源：直选参议员

126年后，当宪法第十七条修正案把参议院的挑选程序从选派制改为选举制时，一切都变了。参议员罗伯特·伯德（Robert Byrd）曾经指出，第十七条修正案的通过代表了美国参议院发展史上最重大的一次变革。

第十七条修正案的批准通过是数十年来参议院挑选程序民主化运动的结果。出于极其鲜明的三大理由，参议院挑选程序得到了修改。

1. 该程序本身就是有缺陷的。大多数的州要求参议员候选人同时获得州立法机构两院的批准认可[14]。而立法院在大部分时期通常是意见不一，有时还处于意见**堵塞状态**（gridlocked，通常由党派斗争或机构之间钩心斗角所导致的立法上的停滞状态）。譬如，特拉华州因这种立法中的争斗而放弃了从1901年到1903年的参议院代表权。

2. 某些州的立法机构极易受到腐败风气的影响。参议员不是充当州和国家利益的保护者，而是越来越被认为是党魁和公司精英的保护者[15]。

3. 美国的政治文化在19世纪后半期发生了根本性的改变。**杰克逊式的民主**（Jacksonian democracy，指的是安德鲁·杰克逊总统的政治哲学及其影响力。1824—1854年是一个以民主权利扩张为特征的时代，它开启了从政治选派转向利用选举挑选公共官员的潮流）时代激起了美国的民主浪潮。这场运动触发了美国西部许多州的总统选举团权力走向分散（将在第六章详尽讨论）、司法选举以及一项基本的信念，即政府应当对人民负责。伴随着大众传播的最新进展和更具见识的选举人的出现，这场运动探听到了变革的鼓声。

1911年6月12日，参议院最终以64票对24票通过了提出的修正案。11个月后，众议院以238票对39票通过了修正案。到1913年5月31日，经当时48个州中的36个州签署认可，修正案正式生效。

一人一票？代表权分配不公平的参议院

由于各州都是由两名参议员平等地被代表的，因此，较小的州拥有与其规模并不相称的影响力。这就使一些人批评参议院违背了“一人一票”原则。“代表权分配的不公平”（malapportionment）这一术语指的正是，当一个选区的人口比另一个选区人口稠密时，就会出现的人口未被充分代表或代表名额不足的现象。譬如，9 个人口最稠密的州拥有美国一半多的人口，然而只占参议院 18%的选票[16]。较小的州能够通过采取**阻挠法**（filibuster，参议院用来阻止议案进入投票程序的一种正式方式。参议员可以通过冗长的演说或无休无止的辩论等妨碍投票表决）终止某个立法程序，从而拥有与其规模不相称的影响力。在动用阻挠手段，阻止议案进入参议院表决时，参议员可以展开不受限的辩论。终止或结束阻挠议事的唯一方法是 60 位参议员都投**提付表决**（cloture，在议会等中为终止阻挠议事的无休止辩论或冗长发言而采用的提请议会投票表决的办法，这是美国参议院制定的一项要求 60 位参议员投票表决才能终止阻挠议事的规则）票，这就意味着，代表 21 个人口较少的州（占 11%的美国人口）的参议员可以阻止立法活动付诸表决。代表人口最稀少的 13 个州（占 4.5%的美国人口）的参议员也能够阻止某条宪法修正案在参议院通过。

虽然这并未影响美国参议院的组织结构，但“贝克诉卡尔案”（*Baker v. Carr*，1962）的判决倒是具有里程碑式的意义，它被认为合法地确立了著名的“一人一票”原则，因为它奠定了杜绝州立法选区中议席分配不公平的基础[17]。这种促使该议题迈入最高法院门槛的背景在田纳西州出现了。该州议院选区人口数量相差悬殊，少到某个县只有 2 340 位公民，多到某一个县有 42 298 位公民[18]。作为一名选举人，查尔斯·贝克（Charles Baker）先生同田纳西州的其他选民一起将州起诉到联邦地方法院，并指名要乔·卡尔（Joe Carr）这位负责选举的州官员成为被告。贝克宣称，议席分配的不公平侵犯了美国宪法第十四条修正案的平等保护条款。联邦地方法院援引“科尔格罗夫诉格林案”（*Colgrove v. Green*，1946）中的判例，驳回控诉，并做出裁定：由于议席分配不公问题涉及政治问题，对该议题所做的任何判决都是无效的。

在“科尔格罗夫诉格林案”中，伊利诺伊州的立法机构没能基于由先前人口普查数据所证明的人口增长重新分配选区。在最高法院看来，法官弗兰克福特（Frankfurter）在此所诉诸的是政治问题原则。政治问题原则（political question doctrine）把法院的一种看法概念化了，即政治议题，甚至是涉及体制性问题的政治议题，最好由立法部门解决。此后，贝克上诉至最高法院，最高法院对此案做出裁决，它指出，政治问题原则是“维护政府秩序的一种手段”，但不应被用来作为对司法部门审查立法机构行为的一种限制。在“贝克诉卡尔案”中，起诉人还遍数了法院围绕重新划分立法选区的议题做出判决而不至于深陷细枝末节当中的种种案例，譬如在“布朗诉教育委员会案”（*Brown v. Board of Education*，1954）中法院废止了关于公共教育实行种族隔离的判例[19]。

最高法院有利于贝克的判决所产生的最重要的影响是，它规定各州在立法选区之间应当拥有人口上的平等权，以便维护“一人一票”的原则。“贝克诉卡尔案”的判决还激起了一场席卷全国的重新分配议席的运动，它以在各州重新划分立法选区和赋予城区和非裔美国人更多代表名额而告终。

一对同性恋配偶在加拿大多伦多结婚。2005 年，加拿大议会在全国范围内将同性婚姻合法化。自 2013 年起，加拿大成为 14 个承认同性婚姻合法的国家之一。过去，同性婚姻并非在美国所有的州都是合法的。美国国会及其他机构对这一议题的解决方式是何等的迥异于其他国家（TONY BOCK/ZUMA PRESS/NEWSCOM）

国会的构成与民主权利的扩大

美国国会对于美国社会中的所有成员并不总是持兼容并包之态度。直到宪法第十五条修正案（1870）通过后才禁止各州基于种族拒绝给予公民选举权。这标志着美国通过宪法首次把选举权授予给了任何一个人口统计群体。如今，有 44 位非裔美国人在第 113 届国会（2013—2014）中任职。其中，43 人供职于美国众议院，1 人供职于参议院。1920 年批准通过的宪法第 19 条规定各州基于性别拒绝给予公民选举权的行为为非法。如今，有 101 名女性供职于第 113 届国会，其中，81 名女性在众议院，20

名女性在参议院。这是迄今在国会供职的女性人数最多的一次。首位入选国会的女性是1917年来自蒙大拿州的众议员珍妮特·兰金（Jeanette Rankin）。自此，近260位女性作为国会议员宣誓就职。此外，还有38名西班牙裔或拉美裔成员供职于第113届国会，其中4名是参议员。第113届国会还包括13名亚洲议员和土著夏威夷议员，和1名印第安人议员。在第113届国会中，参议员的平均年龄是62岁。在535位议员当中，有近425位议员声称他们先前是从事商贸或法律工作的[20]。

在20世纪，国会成为一个更具代表性的机构，可以证明的是，国会女议员南希·佩洛西（来自加利福尼亚州的民主党人）于2007年宣誓就任当选首位女众议院议长，2008年民主党总统竞选是在两位重要的参议员之间展开的，一位是希拉里·克林顿（来自纽约州的民主党人），另一位是奥巴马（来自伊利诺伊州的民主党人），他们分别是一位女性和一位非裔美国人。在过去50年里，美国致力于让国会变成一个更具代表性的机构，在推进非裔美国人和非说英语的少数人的政治权利上，没有一项国会立法比得上1965年的《选举权法案》。

在现代选举权运动中一直存在着某些内在的紧张关系。应当把选举权看作一种积极的还是消极的权利？政府是否应该采取积极措施来提升在历史上被剥夺过选举权的群体的政治地位（把选举权当作积极的权利）？还是政府只禁止地方司法权对选举人参与选举行为的干涉即可（把选举权当作消极的权利）？到20世纪90年代，选举权问题已经变得十分敏感，最高法院被要求解决蕴含在带有种族歧视性的不公正的选区划分中的深层哲理问题，这表现在诸如“肖诉雷诺案”（*Shaw v. Reno*，1993）、“米勒诉约翰逊案”（*Miller v. Johnson*，1995）和“伊斯利诉克罗马蒂案”（*Easley v. Cromartie*，2001）案例中。如果认定“以牺牲某个政治群体为代价”来划分国会选区的行为是非法的，那么我们能否证明为这个群体的利益而操控选区划分的做法就是合法的呢？[21]这些判决的要旨在于，虽然在划分国会选区时应该考虑种族或民族因素，但种族不应该成为国会确定如何划分选区的决定性因素。相对于民族选区集中在比较少的**少数民族聚居选区**（majority-minority concentrated district，容纳了少数民族选民中的大多数的国会选区，它增加了少数民族代表当选的机会），如果少数民族人口更为广泛地分布在众多的国会选区当中，那么，有人就会怀疑，相比民族因素，政治影响力在民族群体中是否会发挥更大的作用。

国会决策

你是否思考过，国会议员为何会去投票表决？目前针对国会决策领域有几套长期存在的理论模式，它们力求对国会议员的选举行为做出解释。大多数的国会决策研究可以依据对国会选举行为的“选举性”或“非选举性”解释而得到区分。

选举关联

关于美国国会，最有影响力的文献或许是戴维·梅休（David Mayhew）的《国会：选举关联》(*Congress: The Electoral Connection*，又译《事关选举：美国国会的政治解读》)[22]。梅休对一心想寻求连选的议员的描述引发了关于对选举有助益的活动的密集研究。国会议员可以通过参与三种活动来增强现任职位的优势。

1. 广告。在广告过程中，议员们通过在国会中的免费邮寄权和周末假期频繁到各选区巡游，增加其知名度，从而获取选举上的优势。

2. 主张信用。在主张信用的过程中，议员们利用专业的团队代表选举人展开活动，从而同选区居民建立友好关系。这种活动还涉及引导联邦收入投入选区中，从而让候选人在选举期内获得确保联邦金钱用于本土项目的信用主张。

3. 表明态度。在表明态度的过程中，议员们制造出这样一种印象，即当他们实际上只是向目标受众表达出一种支持性的公共态度时，他们似乎是在就某一特定议题采取行动。譬如，当涉及大学生时，议员们可能会突出强调他们对联邦学院贷款项目的支持，这就制造出一种错觉，以为他们在就此事采取行动。

国会这个机构自身也是出于促进对重选的关切而建立起来的。委员会制制造了一个特殊化的群体，它赋权于议员们获取有利于选举议题上的专业知识。譬如，鉴于农业在堪萨斯州经济中的重要性，来自堪萨斯州的女国会议员就可能从供职于农业委员会的政治经历中获益。

国会与本土方式

基于梅休的研究，理查德·芬诺（Richard Fenno，1978）认为，国会议员有两项目标：其一是制定有意义的公共政策（华盛顿方式）；其二是对重选——重新当选——的关切（本土方式）[23]。他指出，国会议员对政策目标的兴趣如同他们对重选目标的兴趣。由此，国会议员需要在坚守华盛顿地区的职业生涯与维持同本地选区的紧密联系之间保持平衡。如果议员们在华盛顿地区待的时间太长，选民则会认为他们脱离了对本地选区的关切，那么他们会在选举日付出代价。这方面就有一个例子，参议院多数党领袖汤姆·达施勒（Tom Daschle，来自南达科他州的民主党人）之所以在2004年的重选中败给了约翰·图恩（John Thune），部分原因在于达施勒在华盛顿花费了太多的时间，而在他的本土州——南达科他州花的时间不够。与之相反的一种情况是，如果国会议员花过多的时间投身于选区的政治事务，而不参与到在华盛顿的重大的政策事务中去，那么他们就会失去华盛顿同僚们的尊重。由此可见，国会议员需要平衡他们的"华盛顿方式"与"本土方式"，因为倚重于一方就会损害另一方。

如同梅休，芬诺也认为选举的目的是大多数国会议员的首要目标。由于选举的目的是核心所在，议员们往往会以一种最能讨好其选区居民的方式不断变换其行为。这是通过"资源分配、自我展现和对在华盛顿活动的解释"来实现的。芬诺发现，国会议员通常同其他议员保持一定的距离，还往往会作为局外人发起反华盛顿当局的运动。这种情况的出现恰好揭示了国会机构何以会在传统上遭遇极低的赞同率（虽然单个的国会议员总是受到其所在选区的高度评价）。

选举关联与党派偏袒性划分选区

对重选目标的关切使得一些人聚焦于由州立法机构划分国会选区的方式。**党派偏袒性划分选区**（partisan gerrymandering）指的是通过划分国会选区，让某一个政党受益而让另一个政党受损的州立法行为。依据宪法授权的全国性人口普查结果，每十年一次在各州范围内重新划分国会选区。在党派偏袒性划分选区时，采用的方法包括"拆分"一个立法选区以削弱某个政党的影响力，或"压缩"一个立法选区以增强某个政党的影响力。譬如，得克萨斯州在2003年以一种有利于共和党的方式重新划分了它的国会选区。在2003年重新划分选区计划实行前，民主党人在32个国会选区中拥有17个选区。而在重新划分选区之后，在2004年的选举中，得克萨斯州的共和党人赢得了32个国会选区中的21个选区。国会选区重新划分的过程所暴露出的政治性如此明显，以至于得克萨斯州立法机构中的民主党人飞到俄克拉何马州，以阻止得克萨斯州的共和党人达到立法上表决的法定**人数**（quorum，为使议案表决通过而要求最少人数的立法者出席的一种立法规则）。最终，得克萨斯州的民主党人返回本州，其阻止有争议的重新划分国会选区计划的企图以失败告终。

正是部分地出于上述做法，对现任者来说，平均的获胜差数是40个百分点，这也是国会议员在2002年和2004年享有98.8%的重新当选率、2008年享有96%的重选率及2012年享有91%的重选率的原因。在"威思诉朱布利勒案"（*Vith v. Jubelirer*，2004）中，最高法院判定，党派偏袒性划分选区的做法是合乎宪法的，由此，这种做法在大多数州的立法机构中持续存在着。不过，有些州，比方说艾奥瓦，在促使党派政治脱离重新划分国会选区过程的方面取得了长足进步，它们很可能代表一种未来发展的模式。

对国会选举行为的其他解释

还有人认为，国会选举行为首先是受"内在"考虑——诸如国会领袖的影响力、国会委员会制或议员个人的意识形态——驱动的。曼和奥恩斯坦（Mann and Ornstein，2006）的开创性著作突出强调了国会规则和政党领袖是如何影响国会议程和国会中的政治气候的[24]。其他的研究则聚焦于国会议员相互影响的程度。议员们最有可能学参众两院国会领袖和来自同一州代表团同人的样（cue-taking）。在众议院，就影响议员们如何投票表决而言，众议院议长、多数党领袖、少数党领袖及共和党和民主党组织秘书发挥着特别重要的作用。参议院多数党领袖和少数党领袖对参议员的选举行为也拥有过度的影响力。而当议题充满争议时，议员们往往会孤立起主要作用者而按多数人意见投票。

有些议员相互之间互投赞成票以通过对彼此有利的法案（logrolling）。他们达成一致，用某个法案上的投票去换取某个议员对即将来临的法案的支持或反对的承诺。

其他人则认为，国会选举行为是受委员会对国会议员个体的选派驱动的。国会在1816年将委员会制制度化。从此，众多的委员会纷纷成立了。在美国国会中有四类不同的委员会：

1. 常务委员会，即从上一届国会到下一届国会都一直长期存在的委员会。这些委员会接受议员提交的议案。美国的众议院是围绕20个常务委员会组织起来的，而参议院目前则有16个常务委员会。

2. 会议委员会，即为了整合参众两院，就同一议案的意见分歧组建起来的、由两院议员共同构成的一种委员会。

3. 联合委员会，即同时包含众议院和参议院议员的委员会。联合委员会通常被组建来调查某一特定的事件或回应某种共同的关切。

4. 选拔委员会，在每个众议院中被创建来调查某一特定事情的特别委员会。

一般情况下，参议院的委员会不如众议院的委员会那么重要，因为后者在更大程度上支配了立法者在其所属的立法机构中的作用。参议院的较小规模及其更具精英性的特点赋予参议员更高的水准和依据自身信仰系统进行投票表决的弹性、自由度。但毫无疑问的是，委员会选派国会议员的做法在议员何以如此投票的表决中发挥了重要作用。

还有人提出用国会议员个人的政治意识形态来解释议员们为何以那种方式进行选举。就其本性而言，大多数议题可以透过一种自由主义或保守主义的棱镜来看待。立法者自身的意识形态与立法者所在选区选民的党派倾向性使人们很难推断选区到底在多大程度上影响议员的信仰系统。

法案如何成为法律

在现代每两年一届的立法会期，大约会提出14 000项法案。不过，这些法案中的绝大多数都不会在众议院或参议院议员席上付诸全体投票表决[25]。在上一轮选举周期内，其中只有442项（占3.3%）法案被实际地签署成为法律[26]。而在这些已通过的法案中，有许多只是象征性的。譬如，442项新近通过的法律中有144项（占32%）只是给联邦的大厦改了个名字[27]。在现代，大部分是由于**综合法案**（omnibus legislation，包括多项小法案的大法案）增多，很多小的法案被拆解而整合到一个大的法案里，因此，被通过而成为法律的法案的数量急剧下降。

国会的法案得以成为法律的整个过程漫长而艰巨。一项成功的法案在被总统签署成为法律前必须获得参众两院的多数票。一项法案一旦由某位议员提出，它先由众议院议长或参议院多数党领袖分派给一个合适的国会委员会。该委员会主席会将法案再分派给合适的小组委员会，小组委员会会举行公开的听证会来吸纳支持或反对法案的专家证词[28]。然后，委员会的委员会接受委员会同意修改法案的多数票表决来“标高”或更改原初的法案。然后，各委员会就是否将法案报告给参众两院进行投票表决。法案一旦在委员会一级通过了，就会被递交到规则委员会（Rules Committee）。然后，规则委员会制定出规则来规范参众两院的国会辩论。鉴于其委员在各议院整个会议期间可以通过投票表决来否决修改法案的动议，规则委员会在其中无疑发挥了重要的作用。如果参众两院对同一项法案有不同的看法，那么由两院议员组成的会议委员会会通过开会来消除对法案的分歧。

法案一旦获得参众两院的通过，就会转呈行政部门，至此，总统可能做出以下三种决定：其一，签署法案使之成为法律；其二，否决法案，将其退回国会，而总统的否决又有可能在参众两院中被 2/3 的**绝对多数票**（super-majority vote，要求超过简单多数票的一种国会票数。宪法要求国会只有获得 2/3 的绝对多数赞成票时才能通过法案：一是推翻总统的否决；二是弹劾联邦官员；三是参议院批准通过条约；四是撤销滥用职权的议员同僚的职务；五是提出宪法修正案）推翻；其三，对法案置之不理。如果总统未对法案采取任何行动，那么只要国会尚在开会期间，它在 10 日之内就会自动地成为法律。如果总统在 10 天内未有举动，而国会在此期间休会，那么，总统就会以袋中否决（pocket veto，又称“搁置否决”，即总统将一项法案搁置 10 天甚至至国会休会仍未签字时所发生的一种间接的总统否决）的方式否决法案。

总统制与议会制之分

至此，我们已经熟悉了美国国会，下面我们将这种制度同世界上其他国家的立法机构做一比较。就这种讨论而言，重要的是要了解在总统制与议会制下运作的立法机构之间的差异。几乎所有民主的立法机构要么源自美国的“总统”模式，要么源自英国的“议会”模式。总统制与议会制之间的最鲜明的区别是选举政府首脑的方式。在**总统制**（presidential system，行政部门独立于立法部门的一种制度）下，像阿根廷、墨西哥、乌克兰和美国，政府首脑即总统是由公民通过一种独立选举的方式选举出来的。这就意味着，是由人民自己而非议会或国会来决定谁是政府最高行政长官。

相比以独立行政部门为特点的总统制，议会制是由公民直接来决定的，**议会制**（parliamentary system，行政部门是立法机构的一部分的一种制度）以立法部门和行政部门的合并为特点。议会制下的政府首脑即总理或首相同时充当行政部门和立法部门的首领。总理（首相）通过其政党执掌政权，是由议会中的同僚举荐的。由此可见，设计出来的议会制准许的是被选举出来的官员而非公民拥有选举政府首脑的机会。

印度总理辛格（Manmohan Singh）和国民大会党主席索尼娅·甘地在新德里议会大厦中央大厅召见新当选的国会议员（AMIT BHARGAVA/CORBIS NEWS）

立法机构的两院制与一院制之分

在三个政府部门中，立法机构被认为是最能代表人民的机构。立法机构准许地方利益集团影响国家辩论，因为它最能反映大多数民众的政治信仰。虽然总统或总理

（首相）会“代表”整个政府，但毕竟还是地方或全国的代表（议员）容许现代公民拥有服务于自己的独特的利益。接下来的章节将考察现代民主的立法机构的性质。组建现代民主制是为了避免权力的过度集中（一个政府部门获取太多的权力）和最大限度地代表公民的利益。由此，国家立法机构的规模、实力和结构是一个国家生命力的重要表征。在当代政治中，民主制选择了两种立法模式中的一种——或有一个议院的立法机构（被称为一院制立法机构）或有两个议院的立法机构（被称为两院制立法机构）。每一种类型的优缺点都将加以考察，还会举例说明。我们先来考察美国学生最熟悉的立法机构类型——两院制。

两院制立法机构

英国的议会

认为应当存在两个议院的立法机构的看法源自英国的治理模式。为了联合并更好地代表英国社会不同的利益集团，英国议院分为上层、保守的**贵族院**（House of Lords，英国议会中的上议院。贵族院反映的是英国社会的历史和传统。今天，它充当了一个不再能阻止法律通过而只能推迟法律通过的审议机构）和由工人阶级、中产阶级组成的**平民院**（House of Commons，英国议会中的下议院。平民院的议员是由民众直接选举产生的，因而承担通过立法的责任）。设计这两大议院是用来削弱君主的立法权和平衡大不列颠各相互竞争的社会经济利益集团之间的权力的。一般认为，两个议院各自都反映着公民的特殊利益，它们为英国民众提供最大的能力去发出自己的声音。

其结果是，在两院制中出现了这样一种趋势，它不仅导致了两个议院之间权力的分裂，而且把更多的权力赋予了直接代表人民的议院——这个议院通常被称为“下议院”[29]。作为政治学家考察立法机构的一种模式，英国的议会制允许我们把更接近民众的议院称为**下议院**（lower house，像英国的平民院，它用来最大限度地代表人民的意志。因而，其成员或者说议员是由人民直接选举产生，其代表权是以人口为基准的），而把在某种程度上远离公众的议院称为**上议院**（upper house，它用来摆脱立法机构的日常事务。因而，它促进的是国家利益，并为国家的重大事项提供咨询）。

下议院，比方说英国的平民院或日本的众议院，用来代表全国各地的利益集团。虽然麦迪逊没有设想过要创建拥有不同权力领域的两个议院，但大多数的民主制国家都把这种特征理解成必须赋予最能代表“人民意志”的议院比不能代表“人民意志”的议院更多的权力。由此，大多数的下议院不仅拥有任命总理（首相）的权力（在议会制下），还拥有提出、通过和实施重要政策选择的权力。

与之相对，当今世界上大多数国家的上议院都聚焦于全国范围内民众关切的事务，允许给较为游离的政府部门评论可能的立法活动的机会[30]。譬如，日本和英国的上议院的权力局限于推迟立法和（或）提出立法建议，而无权自行更改立法。美国是一个很独特的例外，其上议院（参议院）与下议院（众议院）在立法上拥有更大程度的平等权。

英国伦敦平民院首相质询期间的辩论厅（PA/PA PHOTOS/LANDOV）

许多人认为英国是现代议会制国家的一个典范。虽然从现代议会制标准来看，其选举过程被认为是独特的，其两大主要的政党也是欧洲的一个特例，但从立法组织结构的角度看，其影响力是无法超越的。把作为政府首脑的首相置于议会下议院的中心，这一直是当代大多数民主制国家的典型做法。就连“议会”“上议院”“下议院”这些术语都源自英国的政治统治方式[31]。

在两个半世纪内，联合王国（英国，包括英格兰、苏格兰、威尔士和北爱尔兰）曾是一个把其统治、国民、货物和服务带到全球各地的庞大帝国。第二次世界大战后，英国政府丧失了它的殖民地帝国身份，但它仍享有民主制典范的声誉。自第二次世界大战结束以来，民主制的两院制议会模式一直是大多数新成立的国家的首选。有两个议院的两院制容许许多新兴的民主制国家有机会在传统和文化特色、在地方代表权和国家利益之间进行平衡。英国的议会制在许多方面都已成为这种思想倾向的典范。

如前所述，英国的立法机构由贵族院和平民院组成。虽然从传统上讲，这两院代表了英国社会中不同的社会经济利益集团，但它们不再有这种差别。今天，贵族院（英国议会中的上议院）在很大程度上是一个不起作用的机构，它由英国国教会主教和有土地的贵族构成，直到 1999 年，这些贵族基于世袭和血统一直都还保留着议席[32]。如同彼得斯所总结的："今天的贵族院推迟财政法案是不可能超过一个月的，它也不能够投票否决这些法案或阻止它们的实施。如果在两个连续的议会会期由平民院通过的任意一项法律，即便没有贵族院批准认可，一年后该项法律也会生效。"[33]贵族院主要是用作讨论的论坛。由于民主制为个人提供了尽可能多的辩论和抗议机会，因此最好把贵族院看作一个辩论得以持续和传统得以维护的场所。

在英国，平民院是人民意志的更真实的表达，它对于法律的通过是有功的。必须声明的是，英国的制度设计是用作对抗的。在英国，有两大主要的政党即保守党和工党，还有一个被称为半个政党的自由民主党。虽然本书会在后半部分讨论英国的选举制度和政治派别（党派），但重要的是首先要知道平民院的政治辩论是由首相（政府首脑及其政党领袖）发起的，用来对抗其政敌，或者说，用于同他（她）的反对党人及其领袖做斗争。

由于政策是从首相内阁产生出来的，联合王国（英国）的首相被授权在平民院质询会议上讨论政策选择。在这个时间段，要求首相回答与决策相关的所有问题，并在电视观众面前论证他（她）所选择的所有政策[34]。许多人一直认为，这种要求对首相专断的权力形成一种制约，同时也容许诚心反对的人有公平的机会提出异议，从而增加了英国议会制度的活力。

英国的议会兼有大体上毫无效力的贵族院和占据优势的平民院，虽然它在美国人看来显得很陌生，但它确实是一个反映联合王国历史和文化的部门。如同英国人把君主的重要性评价为双重行政部门的一部分，他们也同样看重立法部门。贵族院与平民院分别是传统与民主的两大重要的提示。我们不可忘记，是民主制容许政府和平地做出改变，并以一种承认传统仍要加以保留的方式来满足人民的诉求。

日本的立法机构

在日本，立法机构被指称为**日本国会**（National Diet，是由参议院和众议院组成的日本立法机构的一种正式说法），它也是两院制的，由**参议院**（House of Councilors，日本议会的上议院，它用来批准已经由下议院通过了的提案。不过，如果它选择驳回该法案，它的这项裁定可以由众议院以 2/3 的多数票推翻）和**众议院**（House of Representatives，日本议会的下议院，其成员或议员由人民直接选举产生，它是立法程序中权力的终极来源）组成。第二次世界大战后，日本宪法创建了议会民主制，它要求征得两院的立法批准。不过，当考察两院之间的权力时，不难看出，众议院在制定和通过法律方面占据上风。

日本众议院有宪法的授权充当选举首相的最终代言人，它也有权签订国际条约及制定和批准最终预算。虽然两院都有权提名首相人选，但还是众议院拥有最终的发言权。事实上，众议院还有权通过被参议院否决了的法律。譬如，某一项立法方面的议案就是由众议院制定和批准通过的。宪法有规定，任何法案都必须征得参议院的批准，但即便参议院拒绝审议某项法案，它还是会回到众议院接受第二轮投票[35]。如果该法案获得众议院中 2/3 的多数票，它就可以成为法律。由此可见，即便某项待审的法律是从上议院提出的，它也只有获得了下议院的认可才能成为法律。

虽然这看起来很像英国的议会制，但日本国会确实有几个独特的特点。首先，日本上下议院的议员都是民选出来的。虽然上议院是基于党派按比例分配的人民代表权来运行的，但这些代表仍然是选举产生的。

其次，日本实行**多党议会民主制**（multiparty parliamentary democracy，一个立法机构中有两个以上的活跃政党的民主制）。即便自民党（Liberal Democratic Party，LDP）从 20 世纪 50 年代中期到 90 年代早期一直统治着日本政坛，如今也不得不在一群竞争性政党如日本民主党（DPJ）、公明党（CGP）、自由党（LP）、社民党（SDP）和日本共产党（JCP）当中运行。多党制是许多现代议会民主制的一大重要特征。事实上，当今世界上大多数民主制国家都有许多不同的政党，这使得每个选区（选民）感到它拥有制定国家政策的发言权。

日本众议院批准通过日本银行新行长的提名（THE ASAHI SHIMBUN/GETTY IMAGES）

一院制立法机构：一种声音，一个议院

虽然民主制国家似乎都采用了麦迪逊的两院制理论，都实行了英国议会的做法，但还是有几个国家选择了一个议院的国家立法机构。一院制的支持者比方说杰里米·边沁（Jeremy Bentham）和路易斯·罗科（Louis Rockow）认为，一院制为其民众提供了三个较好的选择：更高的效率、更负责任和更少的开支。

效率

大多数一院制的支持者宣称，这是一种更为高效地管理人们事务的制度。为何如此？因为大多数国家的政策和立法程序是围绕着这样的能力运转的，即将重要的议题或问题置于议程之上，进而制定出恰当的措施来处理这些问题，最后实施方案，解决这些问题。反对两院制的最有力的理由是，两院制从本质上说就是一种人为设计的低效的程序。尽管审议通过了富有成效的法律，是整个民主制运转的必要组成部分，但它有时也可能会产生最终损害公民的问题。

在当今世界，许多国家都因路易斯·罗科所提出的理由而选择了一院制。它们都突出强调了这样一种看法，一个高效的立法机构是一个创制和实施有效政策的立法机构，而两院制则有可能阻碍这样一种高效率的实现。正如汤姆·托德（Tom Todd）所写："由于一院制立法机构的决策程序相对简单和高效，因而它有时间为所有利益各方和各种观点提供更为充分而公正的发言、申诉的机会。"[36]

更负责任

虽然高效地通过法律是任何立法机构的一个必要特征，但民主原则还要求准确地代表人民的意志。主张一院制的人提出了一个显得那么鲜明而充分的理由，它表明，上议院缺乏民主治理所必需的那种适当的负责任的程度。我们必须记住，大多数上议院都是用来脱离地方利益的，在许多国家，它们的部长或大臣是作为政党的代表而非作为人民自己的代表被选举出来的[37]。由此可见，主张一院制的人实际上已经提示，上议院不如下议院那么有代表性，两院制更不民主。

更少的开支

最后，主张一院制的人还认为，一院制更有成本-效益即更合算。用平实的经济学术语来说，两个议院要比一个议院花费更多的金钱，还会产生更多的浪费。由于政府担负的责任在不断增多，为选举出来的议员效力的人数也在不断增加。

以内布拉斯加州为例。虽然美国全国性的政府是两院制，因为它是联邦制的，但它允许其各州有自身的立法机构模式。内布拉斯加州是美国唯一一个有着一院制立法机构的州。这个例子对“更少的开支”这一论据来说很重要，因为它显示了内布拉斯加州自从两院制结构改为一院制结构以来所节省的金钱的数量。正如扎诺泰利（Zanotelli）所写：“内布拉斯加州立法机构最后一届两院制会期（花费 202 593 美元）与第一届一院制会期（花费 103 445 元）的费用相比，后者节约了近 100 000 美元——几乎节约了 50%的费用”[38]。

尽管政治制度必须是基于自身的优点和立法能力而非基于财政开支进行选择，但产生费用更少的制度仍是一种重要的考量。内布拉斯加州这个案例之所以重要，是因为它的一院制是在两院制的大环境内运行的，而它在很大程度上是成功的。倘若公民在美国这个心脏地带保留一院制近 70 年，那它必然具有某些可以推广、普及的特征——其中之一就是，它使得内布拉斯加州人降低了政务成本并限制了浪费的数量。

一院制：乌克兰和哥斯达黎加

前面考察了一院制的总的优点，同时聚焦于它作为一种制度自身的优势和同两院制相关的比较优势。接下来的案例研究将勾勒出两种一院制的基本结构：乌克兰（曾经是苏联的一部分）和哥斯达黎加（拉丁美洲最稳定的民主国家）。这些分析用来更鲜明地揭示一院制的一般性原理及其在每个国家中更为具体的特征。

我们先从乌克兰开始，它是东欧一个统一的总统制民主国家。

乌克兰

今天，乌克兰被划归为单一制的总统制民主国家。不过，这是一个新近的称谓。如同其他许多的东欧国家，乌克兰的历史、国民和文化在很大程度上是由它同俄罗斯的关系塑造的。尽管当前的政治边界是在第二次世界大战结束时才确立的，俄乌之间的关系却始于基辅城最早奠基之时。基辅是乌克兰的首都，基辅曾经作为一个创建于9世纪、被称为“基辅罗斯”（Kievan Rus）的古国，其缔造者们充当了现代国家——白俄罗斯、乌克兰和俄罗斯——的历史基石。数个世纪以来，这三国的国民都宣称是基辅罗斯的后裔。这种宣称使得俄罗斯与乌克兰之间的紧张关系持久存在下来。

由于乌克兰位于西欧与俄罗斯之间，它的民众在历史上就一直是分离的：东部的人支持俄罗斯的观点，西部的人则支持更欧洲化的观点。一旦俄罗斯开始增加对一部分乌克兰民众的影响力，宣称与乌克兰人拥有共同的血统，不久乌克兰就被征服而置于俄罗斯的控制之下。尽管在第一次世界大战爆发后乌克兰经历过一个短暂的独立期，但它最终还是并入苏联的版图，这种状态一直持续到1991年。

正是同俄罗斯之间的这种历史联系，形成了许多关于乌克兰社会的当代看法，同时也塑造了乌克兰政体的某些特征。如今，从文化上讲，乌克兰仍然是一个分裂的国家，西部的人倾向于一种更为欧洲化的生活，而东部的人则倾向于更俄罗斯化的生活[39]。这类分裂是很难弥合的。不过，在20世纪90年代初期成立了一个自由的乌克兰国家，这标志着乌克兰开始通过民主的制度和中央集权的体制来努力弥合这些差异。

1991年，乌克兰政府创建了一个单一制的、一院制的总统制民主国家，它把权力分解给总统和一个议院的立法机构。确定无疑的是，一个曾作为苏联的一部分而运行了这么久的国家，需要一种民主的、强有力的统治形式，确保它在面对文化分裂的民众时也能通过统一而必要的法律，而两院制的立法机构只能充当政府正常运行的绊脚石。

在乌克兰，被提议的立法过程被看作一院制立法机构（被称为国家议会）与国家总统之间的一场直接的辩论。总统是由人民独立选举产生的（如同所有的总统制民主国家），他（她）任期5年（连任不能超过两届）。乌克兰的总统还有许多宪法授予的相对于议会的权力。一项法律一旦在议会被批准，由议会议长签字后，它就会转呈总统批准通过。基于乌克兰这个独立国家是新近才成立的，以及它同俄罗斯之间长期的历史渊源，它的宪法一直试图在不同的政府部门之间维持相对的平衡。虽然总统是政府中最重要的人，他（她）被授予许多凌驾于议会之上的权力，包括宪法规定的任命/开除总理的权利，但乌克兰的宪法是以一种独特的权力分配方式运作的。

根据乌克兰宪法第4章第76条规定："乌克兰议会的法定构成是由450名乌克兰国家代表组成，他们基于普遍、平等而直接的选举权以无记名投票表决的方式选举出来，任期4年。"每一名代表都有权提出法案，而当一项法律在专门委员会审议后被批准（大多数情况下以多数票的形式）时，它会呈送给总统最后通过。而法案一经被总统接受，他（她）有15天的时间来决定通过法案或驳回法案要求做进一步的修改。根据乌克兰宪法第4章第94条的规定：

> 如果这种情况发生，即乌克兰总统在规定的期限内没有驳回法案以供重新审议，那么该法案就被认定为已由总统批准通过，它会被签署并正式颁布。如果一项法律在其重新审议期间再度被议会以宪法规定的不低于2/3的票数所采纳，那么总统就被要求在10天内签字并正式颁布该项法律。从正式颁布之日起10天后法律开始生效执行，除非法律自身不这么设想，当然它也不能先于其公布的日子就执行。

乌克兰立法机构用来制定能恰当地服务于人民利益且是在数量合理的时间内服务于人民利益的法律。在这种单一制的民主制下一院制立法机构是促进政治自由的，同时也营造了一种稳定感。虽然存在许多理由以关切总统的权力，关注社会各界或支持以欧洲为中心的乌克兰或支持以俄罗斯为中心的乌克兰，但它一直存在的是一个受到独立而强势的行政机关制衡的一院制议院，很可能正是这样一种体制才创造了世界近期以来所见证的稳定状态。

尽管近年来也有很多理论试图论证设立联邦、两院制立法机构的合理性，但它们的实现很有可能遥遥无期。乌克兰社会各界在关于乌克兰在世界上所扮演的角色问题上仍然是分裂的。在那些主张一院制的人中，大多数认为如果权力被分散（如世界上的联邦制国家）和"两院制化"，那么对任何一种成功的民主制来说，政治辩论都会趋于高度分化（两极化），其结果会是灾难性的。

哥斯达黎加

像乌克兰一样，哥斯达黎加被划归为一个单一制的总统制民主国家。哥斯达黎加位于尼加拉瓜和巴拿马之间，它以中美洲最稳定的国家之一著称。事实上，自1821

年西班牙独立以来，哥斯达黎加就只存在过两个非民主统治时期[40]。

那么是什么促成了这种政治稳定？哥斯达黎加何以能够维持一种合法的选举制度和一个有效的政府？最重要的答案似乎在于，它创建了致力于保护选举程序神圣性的政府机构。如同布思（Booth）所指出的，正是这种保护造就了哥斯达黎加的独特性：

要是不具有最不像拉美的某种东西——诚实选举……自由民主制的确立……包括设立强有力的独立的机构来实施选举程序（这些机构是小心谨慎地组建起来的，它确保不论是政府还是政党都不可能暗地里操控选举）——哥斯达黎加的自由民主制是不可能存留下来的[41]。

哥斯达黎加的电子投票系统（YURI CORTEZ/GETTY IMAGES）

从选民身份证的发放到选举程序的组织管理，这个被称为最高选举法院（Tribunal Supremo de Elecciones，TSE）的机构掌控了整个选举过程。“最高选举法院一般由 3 位执法官和 6 名副职组成，他们由最高法院任命勉力出任 6 年任期”[42]。它一直成功有效地密切监视着各政党和总统候选人的种种欺诈动向。

由于哥斯达黎加是一个单一制的、一院制的总统制民主国家，其制度建立在立法权在总统与立法大会之间的直接分配之上。不同于联邦制的分权性，哥斯达黎加的政策是在国家层面代表 7 个省制定出来的。不过，这 7 个省并没有组建起 7 个不同的地方政府。这些省被划分成更小的行政单位，称为“县”。县的规模由其人口来决定。每个县的地方政府的构成通常是由全国性政治选举（与地方选举在同一天举行）的成败——尤其是由两大主要政党即基督教社会团结党和民族解放党的成败——来决定。

哥斯达黎加的立法大会有 57 个议席，它们按 7 个省在全国人口中的比例由人民直接选举产生。依据哥斯达黎加宪法第 9 章规定："立法大会的权力包括如下：修改宪法、立法、宣告战争与和平、批准国家预算、征税、批准条约，批准暂时剥夺公民自由、委派执法官到最高法院和最高选举法院，以及许多类似的任务。"[43]正因如此，哥斯达黎加成为一个权力平衡得很好的民主制国家。它创立了一种有效地监控选举的制度，同时赋予立法机构以一种在其他一院制国家不常见的权力。

然而，令人遗憾的是，这种权力最近遭到了总统权力增长的挑战，这同立法大会对经济的不当管理和一系列经济危机的爆发是有关系的[44]。由于哥斯达黎加的政府尤其是立法大会控制了全国众多的主要产业，它们涉嫌导致了近期许多的经济危机。结果是，总统的权力及其影响力得以扩大。

两个议院要好于一个议院?

基于各种相关因素的考虑，对这个问题的回答似乎建立在各国历史、文化和对民主的解释——也就是说，权力该如何分配——之上。由于大多数联邦制国家是两院制的，很显然，两方面委派或选定的人选似乎需有某种协调。在联邦制国家，权力分散到较小的地区或省区政府，譬如美国、加拿大和澳大利亚，民主制概念建立在作为反专制疗法的（权力）扩散概念之上。不过，在中央集权的两院制国家比如法国、英国和日本，两个议院的组织结构是被用来作为既保留远离被代表的历史传统又维持代表辩论的一种保障手段。

虽然单一制的一院制国家出现在世界各地，但它们确实拥有某些相似的特征。首先，单一制的一院制国家通常从文化和语言上讲比联邦制的两院制国家更具同质性。通常认为，议院是用来汇聚个人或政党的意见、看法的，不过也反映出作为一个整体的国家存在。意识形态的差异对民主制来说是必要的，但这种差异又不能过强，以至于破坏整个政体。一院制的国家比方说乌克兰和哥斯达黎加就反映出了这种观念。

其次，单一制的一院制国家是当今世界上最普遍的政体形式。伴随着殖民时代的终结和信奉直接代表权的国家的崛起，大多数新成立的国家都采用了单一制的一院制。如前所述，许多新兴国家觉得没有必要存在两院制立法机构。因此，国内各界共享某种共同文化和历史的大多数新兴国家都选择了一院制。

小结

美国国会在美国宪法第1条中就得到了阐述，因为那些开国元勋认为国会是美国政府中最重要的一个部门。这一章考察了美国开国元勋们在创建立法部门时的原初意图。它还拿美国国会同全球范围内其他各国的国家立法机构做了比较。

本章集中论述了总统制和议会制政府以及民主制政体下各国立法部门的相似和差异之处。通过比较不同统治制度下政府的立法部门，更为充分地阐明其他民主制国家运行的方式。

在全球化时代，每位学生都应该知道世界上某些其他的民主制是如何运行的。美国需要得到提醒：民主制的变化是一种积极的力量，能够引发更多更大的成就。本章的重点是对当代民主制下立法部门的体制性分析，在下一章，将考察当代民主制下各行政部门当中的相似和差异之处。

注释

［1］Alexander Hamilton，James Madison，John Jay，*The Federalist Papers* (New York：New American Library，1986).

［2］The United States Constitution，Article 1，Section 6.

［3］See John Locke，"Two Treatise of Government，" in Peter Laslett（ed.），*Two Treatise of Government*（New York：Cambridge University Press，1988).

［4］See Virginia Sloan et al.，"Deciding to Use Force Abroad：War Powers in a System of Checks and Balances，" The Constitution Project (2005)，http://www.constitutionproject.org/pdf/28.pdf.

［5］See Roger H. Davidson，"'*Invitation to Struggle*'：An Overview of Legislative-Executive Relations，" *The Annals of the American Academy of Political and Social Science*，vol. 19，no. 1 (1988)，9-21.

［6］The United States Constitution，Article 1，Section 8.

［7］The United States Constitution，Article 1，Section 2.

[8] The United States Constitution, Article 1, Section 3.

[9] See Federalist Paper #55 in *The Federalist Papers* (New York: New American Library, 1986).

[10] See Federalist Paper #57 in *The Federalist Papers* (New York: New American Library, 1986).

[11] J. Pope, *Memoirs of Rt Hon Sir Alexander MacDonald*, vol. 2 (Ottawa, 1894).

[12] See Federalist Paper # 62 in *The Federalist Papers* (New York: New American Library, 1986).

[13] See Federalist Paper # 63 in *The Federalist Papers* (New York: New American Library, 1986).

[14] See C. H. Hoebeke's *The Road to Mass Democracy: Original Intent and the Seventeenth Amendment* (Transaction Publishers, 1995).

[15] See Ralph Rossum, *Federalism, the Supreme Court, and the Seventeenth Amendment* (Lanham, MD: Lexington Books, 2001).

[16] Daniel Lazare, "The Frozen Republic: How the Constitution Is Paralyzing Democracy," in *Taking Sides: Clashing Views on Controversial Political Issues*, edited by George McKenna and Stanley Feingold (New York: McGraw-Hill/Dushkin, 2001).

[17] Stephen Ansolabehere and Samuel Isaacharoff, "*Baker v. Carr* in Context: 1946—1964," in *Constitutional Law Stories* (M. Dorf, Foundation Press, 2003).

[18] Ann O'M. Bowman and Richard C. Kearney, *State and Local Government*, 3rd ed. (Orlando, FL: Houghton Mifflin Co., 2005).

[19] Lee Epstein and Thomas G. Walker, *Constitutional Law for a Changing America: Institutional Powers and Constraints*, 4th ed. (Washington, DC: Congressional Quarterly Press, 2004).

[20] 现在的国会议员统计分类来自：Jennifer Manning, "Membership of the 113th Congress: A Profile," Congressional Research Service (August 5, 2013), http://www.senate.gov/CRSReports/crs-publish.cfm?pid=%260BL%2BR%5CC%3F%0A.

[21] Mark Rush, "The Voting Rights Act and its Discontents," in Richard Valelly (ed.), *The Voting Rights Act: Securing the Ballot* (Washington, DC: Congressional Quarterly Press, 2005), 147.

[22] David R. Mayhew, *The Electoral Connection* (New Haven: Yale University Press, 1974).

[23] Richard F. Fenno Jr., *Congressmen in Committees* (Boston, MA: Little, Brown, 1973).

[24] Thomas E. Mann and Norman J. Ornstein, *The Broken Branch* (New York: Oxford University Press, 2006).

[25] John W. Kingdon, *Agendas, Alternatives, and Public Policies* (Boston: Little, Brown, 1984).

[26] Paul Singer, "Members Offered Many Bills But Passed Few," Roll Call (December 1, 2008).

[27] Ibid.

[28] Larry Berman and Bruce Allen Murphy, *Approaching Democracy* (Upper Saddle River, NJ: Pearson/Prentice Hall, 2007).

[29] 一个议院的权力大于另一个议院的两院制被称为"非对称制"。这类制度已成常规。相反，权力在两个议院之间较为均衡地分配的对称制只是少数情况。

[30] Patterson and Mughan, *Bicameralism in the Contemporary World* (Ohio State University, 1999). 在拥有一个立法机构的国家中，只有大约 1/3 的国家是两院制的，其他国家都是一院制的。

[31] Robert Rogers and Rhodri Walters, *How Parliament Works*, 5th ed. (Harlow, England: Pearson-Longman, 2004), 2.

[32] 1999 年，《贵族院法案》通过，它改变了贵族院的结构。如今，这种基于纯粹的世袭因素保留议席的观念在法律上失效了。

[33] M. Donald Hancock, Christopher J. Carman, Marjorie Castle, David P. Conradt, B. Guy Peters, et al. (eds.), *Politics in Europe* (Washington, DC: CQ Press, 2011), 38.

[34] Rogers and Rhodri Walters, *How Parliament Works*, 288.

［35］ Hans H. Baerwald，*Japan's Parliament*：*An Introduction*（Cambridge University Press，2010），10.

［36］ 这一引文来自：Tom Todd，a legislative analyst from Minnesota，found at http://www. house. leg. state. mn. us/hrd/pubs/uni-bicam. pdf. 托德对两类体系的利弊提供了一个很好的概括。

［37］ 在日本，上议院的议员由人民直接选举产生，但人民首先选择政党，然后才提名候选人。由此，在上议院中最终赢得议席的人选在很大程度上代表党派的意识形态而非人民的意愿。

［38］ Matthew Paul Zanotelli，"The Failure of the Unicameral Legislature at the State Level in the United States Examined，" a thesis presented to the Honors College at Harvard College（2002）.

［39］ 苏联的政策曾把俄语确立为官方语言。在乌克兰东部地区，许多人在文化和语言上仍然把自己视为俄罗斯的一部分。

［40］ 哥斯达黎加原来是西班牙的殖民地，它在 1821 年获得独立。1870—1882 年及 1948 年内战爆发后，它经历过两个军事独裁统治期。

［41］ John A. Booth，"Costa Rica：The Roots of Democratic Stability，" in Larry Diamond，Jonathan Hartlyn，Linz，and Seymour Martin Lipset（eds.），*Democracy in Developing Countries*：*Latin America*，2nd ed.（Boulder，CO：Lynne Rienner Publishers，1999），439.

［42］ Ibid.，439.

［43］ Ibid.，443.

［44］ Scott Wilson，"Term Limits and Constitutional Tinkering in Latin America，" *Washington Post* June 29，2009，http://voices. washingtonpost. com/44/2009/06/29/term-limits-andconstituional. htm.

第六章

民主制的行政部门比较

2012 年 5 月 21 日，英国首相卡梅伦（左）和美国总统奥巴马（右）参加北约峰会。60 位国家元首出席峰会，讨论阿富汗局势及其他全球防御议题（JOHN GRESS/GETTY IMAGES NEWS/GETTY IMAGES）

引言　行政部门：总统与总理

如果有人要问你，是什么构成了美国政府的行政部门，你也许会这样回应："美国总统"。虽然这种回答是对的，或者说至少在专攻美国政治的课程中是"较为准确"的，但是在一门要为你提供政治学全貌的导论性课程中，这样的回答又只是"部分地正确"。就本书的要旨而言，"行政"这一术语被用来指称一个最关乎个体的政府部门，这个个体或充当被独立选举出来的政府首脑（总统），或充当其所属政党及整个国家立法机构所代表的政府的领袖（总理）。

在本章中，我们将考察几种不同类型的民主制行政部门，将它们置于比较政治的语境中来讨论。我们将用简短的篇幅来讨论总统制的利弊。紧随其后，会讨论我们最为熟悉的行政模式即美国总统制。然后，还将对议会制下的行政官——总理——的某些利弊予以观照。由此，试图呈现出总统与总理之间的某些差别。

总统：独立行政部门的利与弊

按照的斯坦纳（Steiner）和克雷帕兹（Crepaz）说法[1]，拥有一个独立的行政官（总统），有三大主要的优势：

1. 法律规定的任期是固定的。
2. 行政官是民选的。
3. 基于宪法设定权力分立，总统制政府的权力是"受限"的。

在总统制下，民众会期待选举，并意识到它会在特定的时间里举行。譬如，美国的总统选举每四年举行一次。类似地，下议院即美国众议院的选举是每两年举行一次，上议院即美国参议院的选举每六年举行一次。这种定期安排的选举使得现任总统可以根据固定的日程表来设定议程（政策提案）和决定预算（钱款配置给不同的部门和项目）。人们认为，正是这种稳定感使得行政官和不直接参与总统选举的民众都知

2013 年 1 月 9 日，在阿根廷首都布宜诺斯艾利斯南部马德普拉塔，总统克里斯蒂娜·费尔南德斯·德·基什内尔（Cristina Fernandez de Kirchner）在阿根廷军舰“Libertad”号的欢迎仪式上挥手致意。阿根廷的总统有一个有趣的特点：虽然只允许连任两届（如美国总统），但他（她）可以在离任 4 年后再度当选总统（AFP/GETTY IMAGES）

人们在乌克兰总统维克托·尤申科（Viktor Yushchenko）就职典礼上观看烟火表演。维克托·尤申科被视为橙色革命中的英雄，他成为乌克兰独立后的第三任总统，在长达十多年的威权统治后接任。虽然尤申科是在世界上民主制最为彰显的国家之一执政的，但许多乌克兰专家认为他有人格缺陷而不适合执政（YURI KADOBNOV/AFP/GETTY IMAGES）

道政策选择是在固定的时间和地点做出的。总统制下的行政官员并不是有资格通过**不信任票**（vote of no confidence，是议会制的特征之一，当立法机构成员认为现任行政官不适合统治政府时采用。不信任票会引发全国性的选举）——议会制下定期用来撤销总理或首相职位而提议重新选举的一种手段——的立法机构成员（议员），他们拥有独立行动的精神。由此，总统的权力是在选民和其他联邦立法者都接受的有限制的程序中被一定的规则所限定的。这使得总统的议程既独立于立法提案权，又受制于某些立法要求。

不过，并非每个人都把前述的特点看作是有利于民主制的。有人会认为："比方说，固定的法定任期会导致'时间的僵化性'，这就意味着立法机构无法对行政权力施加影响。"[2]譬如，如果总统在任职几个月后被判定为不能领导国家，那该怎么办呢？由于总统制中不存在不信任票这一说，因此没有办法来撤销总统的职位，除非启动**弹劾**（impeachment，国家元首因不合法的行为而被免职的一种程序。在存在弹劾的国家，它通常是由一个或两个议院通过投票表决来进行的）。不过，弹劾不太可能在两党制下发生，因为两党制下产生的任何一名总统都是其中一个大党的非正式领袖。

人们认为总统制的另一大劣势是总统的独立性和能见度。在选择通过独立选举产生独立的政府首脑的国家，成败的"赌注"（风险）有时太大而难以承受。在新的民主制国家，特别是在那些缺乏保护民权和个人自由的传统的国家或在那些经济不景气（没有潜力）的国家，会担心一个强有力的总统会带来什么。为什么？想想，悲剧一旦袭来该怎么办？一位独立的行政官（总统）是否太强势？要是总统决意要破坏这种当初恰恰促成他（她）执政的民主制，该怎么办？选举结果使原任总统落选后，他（她）是否会同意权力的和平交接？对兴起的民主制国家来说，这些无疑都是重要的问题，它们被看成整个总统制的劣势所在。

在知晓了总统制的某些利弊后，我们接下来考察一下最古老的总统制即美国的总统制，看看美国的制宪者们是如何就其利弊展开辩论的。你会发现，我们刚才所讲到的对总统制的许多担忧实际上也出现在美国的制宪会议当中。

行政权力之争：由个人或执行委员会来统治

在一封写给美国制宪会议的同行、代表伦道夫的信中，美国宪法的首要起草者之

2013 年 1 月 21 日，第 57 届总统就职典礼在美国华盛顿举行。在宣誓就职仪式上，美国总统奥巴马在美国最高法院首席大法官约翰·罗伯茨（John Roberts）的主持下宣誓就职（SCOTT ANDREWS-POOL VIA CNP/NEWSCOM）

一麦迪逊表达了他对行政部门构成的不确定感。麦迪逊透露，“在行政部门的构成方式和它应当被授予的权力方面”，他尚没有形成自己的看法[3]。换言之，麦迪逊不确定行政部门是应当采取个体行政官的形式还是执行委员会的形式，他也不能确定应当授予行政部门何种权力。首要的问题是，无论是政治思想还是人类历史都没有提供任何可以借鉴的行政模式。布莱克斯通（Blackstone）那部颇具影响力的著作《英国法释义》[*Commentaries on the Laws of England*，（*1765—1769*）]倡导最高行政权力，可当时美国制宪会议的代表们几乎对它嗤之以鼻。对个体行政官的最大的批评者是纽约州州长乔治·克林顿，他认为，如果不对总统进行恰当的制约，久而久之，他（她）会变得类似于英国的君主。那些反对设立独立行政官的人之所以这么做，在很大程度上就是因为他（她）会像以往那些不尊重民众的——而在民主制下民众是应该被代表的——统治者。

在制宪会议期间，代表们就行政部门应当如何发挥作用提出了各种各样的观点。《弗吉尼亚方案》（由来自弗吉尼亚州的代表所提出）呼吁建立一个行政部门，但没有就它应当采取个体还是委员会的形式表态。对设立个体行政官产生了最大影响的代表是来自宾夕法尼亚州的詹姆斯·威尔逊。威尔逊坚决主张设立一个强有力的个体行政官，因为他认为，这会给这个职位带来“最大的活力、最快的速度和最强的责任感”。弗吉尼亚州的代表梅森和伦道夫则反对个体行政官的设立，他们认为这会导致君主制[4]。总的说来，在如何组建行政部门以及授予其多大的权力方面，制宪会议的代表分裂成两派。康涅狄格州的代表罗杰·舍曼倡导一个较弱的执行委员会，它由国会选举产生，只被授予执行国会意志的权力。汉密尔顿（来自纽约州的代表）则在 1787 年 6 月 18 日的制宪会议上发表了 5 个小时的演讲，他呼吁设立一个强有力的个体行政官职位。

汉密尔顿主张终身任期和特别行政权力[5]。他呼吁美国建立英国式的政府（当时由一个君主和一个较弱的立法机构组成），并坚决主张总统应该被赋予战争权、任命权、绝对的否决权和行政赦免权。汉密尔顿是否真的主张至高无上的行政权力？他的演讲是否企图把辩论的界限从《弗吉尼亚方案》和《新泽西方案》所提出的弱总统制模式上转移开来？对此是有争议的。为了打破僵局，麦迪逊提出搁置争议：不争论行政职位应当由一个个体行政官还是由一个执行委员会来承担，而是首先应当明确该职位的权力所在。他推论认为，一旦争议各方就（设立）该职位的宗旨达成一致意见，代表们就能更有条件去主张设立个体行政官还是设立执行委员会。

在麦迪逊提议后，制宪会议代表认为，总统需要在外交事务中发挥重要的作用。由于国家在遭受外来威胁时通常要求立即采取行动并及时做出反应，因此代表们认定，拥有一个个体行政官对这个新成立的国家是最有利的。制宪者们的才华不仅体现在这一判定中，还体现在美国宪法所规定的权力分立的设计上。总统拥有大量的战争权，而立法机构则被赋予财政权（花钱的能力）和宣战权。由此可见，这样的一个决定，意味着要有一个受到三权分立制度制衡和约束的个体，他（她）担任的是总统而非充当一个执行委员会，是主张强有力的独立行政官的一方与担心出现美国君主的一方之间达成妥协的结果。不过，美国宪法确实授予了总统许多权力，而且，这些权力随着时间的推移一直在扩大。下面我们就来考察这些权力。

美国宪法与总统的权力

成立政府的行政部门当然部分地是为了“执行”立法机构所通过的法律。总统被美国制宪者们看作国家的首席执行官。这一点在美国宪法第 2 条第 3 款中得到了证实，该条款写明，总统“应注意使法律切实执行”。创建各执行部门是为了帮助行政部门实施这些法律。如今美国有近 300 万个文职联邦雇员。在所有这些联邦雇员的职责之上，总统出任首席执行官。据称，总统杜鲁门（Harry Truman）曾把一块牌子放在白宫里他的椭圆形办公室的桌子上，上面写着“责任止于此”，以此作为对自己的提醒：他的办公桌就是所有行政决策的终结地。

虽然美国宪法没有明确提出如何组建总统内阁，但宪法第 2 条第 2 款还是规定，总统可以要求“每个行政部门的主管官员提出有关他们职务的任何事件的书面意见”，这表明，代表们寄希望于总统去领导各个行政部门。国会在 1789 年第一届会议期间创建了行政部门，当时，它成立了财政部、国务院和战争部[6]。这三个部门最初都对所有联邦事务负责。2003 年，国土安全部成为第 15 个行政部门，当时，它是为了应对 2001 年 9 月 11 日纽约城、华盛顿特区和宾夕法尼亚州遭遇的“基地”组织恐怖袭击而设立的。

总统内阁包括 15 个行政部门的所有部长。1921 年，总统沃伦·哈丁（Warren Harding）将总统内阁扩大到他的副总统卡尔文·库利奇（Calvin Coolidge），后来的美国总统将“内阁级”（cabinet rank）——这种法律不予承认的特殊身份——给予其他联邦官员[7]。这 15 位部长中的每一位都要在获得参议院多数票批准后上任，这再次体现了三权分立的宪法原则。

总司令权

美国宪法第 2 条第 2 款规定：“总统为合众国陆海军的总司令，并在各州民团奉召为合众国执行任务时担任统帅。”正是在此，制宪者们在行政部门与立法机构之间引发了一场斗争，因为他们要求这两个政府部门一起分享相同的权力[8]。总统的总司令权大多要受到国会“宣战”、“管理与外国的贸易”、惩罚“在公海所犯的重罪”“募集和维持军队”等权力的制约。大多数宪法学专家一致认为，应给予国会在宪法规定的多数情况下的开战权，不过，第二次世界大战结束以后，现代总统在这个方面所发挥的作用要大得多。

条约权

美国宪法第 2 条第 2 款还把同外国缔结条约的权力授予总统。从这一条款来看，显然，制宪者们想要让首席执行官在外交政策中发挥一种特别重要的作用。正是部分地因为代表们希望国家用一个声音发言，他们最终组建了一种只有一个行政官的职位。不过，制宪者们还是通过授权参议院 2/3 的法定票数来谨慎地制约总统的签约权。

赦免权

美国宪法第 2 条第 2 款还规定总统“有权对违犯合众国法律者颁赐缓刑和特赦(除弹劾案之外)”。在《邦联条例》时期，最初 13 个州的大多数州长都拥有这种赦免权[9]。美国总统的赦免权是在 1787 年 5 月 29 日由制宪会议正式授予的。汉密尔顿在《联邦党人文集》第七十四篇中讨论过赦免权，他肯定了赦免权在“叛乱或造反期间”所能发挥的作用。汉密尔顿强调指出，存在这样一些“关键时刻，及时给予叛乱者或造反者以赦免状可以恢复共和国的安宁”。赦免权准许总统免除对被判有罪的人的惩罚。不过，在过去 20 年间，对总统的赦免权一直存有争议。

任命权

宪法还授权总统任命“大使、公使及领事、最高法院的法官，以及其他一切在本宪法中未经明定、但以后将依法律规定而设置的合众国官员”。总统对联邦法官的任命和参议员礼遇惯例将在本书的第七章讨论。总统要任命近 3 000 名官员到联邦政府任职，其中有大约 1 000 名官员的任命须获得参议院的多数票[10]。

否决权

最后，我们来看否决权，它授予总统否决立法行为的权力。总统的否决权是受限制的，因为国会可以参众两院 2/3 的票数推翻总统的否决。迄今为止，总统否决权共行使了 2 500 多次，只有 4%的否决被国会推翻。

2010 年，奥巴马总统请求国会授予他有差别的单项否决权。单项否决权通过授权行政官否决一项议案中的某些条文，从而签字批准其他条文成为法律。今天，在美国 50 个州中有 43 个州的州长被授予单项否决权。

总统特权

有些人会以为，那些授予行政部门的、被列举的行政权也会授权总统去行使更大范围的行政权。譬如，洛克的《政府论（下篇）》就主张允许行政官员动用特权——领袖们在危机期间被迫出于自己的自由选择去行事（而对此法律没有明文规定），或者有时甚至为了公共福利而违背法律的字面意思。他们这么做是得到默许的[11]。在本书第三章中，我们特别指出了林肯总统在美国内战期间暂缓执行人身保护令，他宣称开国元勋们并非想要宪法充当“国家自杀合约”，由此，他维护了这类特权。一些美国宪法学专家认为，如果国家面临危难，总统就拥有特权去采取极端有时甚至是非法的行动。当然，特权的行使还是颇有争议的，许多批评者声称，特权不时在行政部门企图掩盖滥权过程中而被不当主张了。

比较政治下的美国行政官

尽管美国是一个较为新兴的国家，但它如今成为世界上最古老的民主制国家。由此，18 世纪末在美国国内出现的大量论战一直被世界上其他地方看作辩论的素材。前面关于美国行政部门及其权力的阐述是为了让读者看到主张有一个独立的行政官在两党制和联邦制下运行的某些理据。虽然美国人持续不断地对他们的政治领袖包括他们的总统感到灰心、沮丧，但他们很少提出要改变总统制形式的主张。不过，对政治学者来说，考虑其他的统治形式也是很重要的。这恰好是比较政治学的根由所在。

总理（首相）：均势者中的首席

前面对总统制做了总结，以下我们把注意力转向最为普遍的行政形式：总理（首相）。在第五章介绍议会制统治时，我们曾指出英国的议会统治形式是世界上最普遍采用的政体形式。虽然这是众人皆知的事实，但现在需要做更为详尽的阐明。本部分则试图提供这种阐述。我们首先来考察一下议会制行政的某些利弊。

总理（首相）：议会制行政的利与弊

由于议会制用来把行政机关整合到立法机构中，许多人认为，其优势在于：不会出现行政僵局，责任清晰，决策效率高。首先，严格说来，总理（首相）是**均势者中的首席**［first among equals，既然议会由被称为部长或大臣的立法者构成，那么此类立法机构的领袖就被称为“总理”或“首相”。“总”（理）或“首”（相）这个词本身就表明他（她）是首要的，但也有助于提醒领导者，虽然总理或首相可以设定议程，但最终的权力在议会］。在赢得其政党的领导权之前，国家立法机构的每一位成员（立法者）都代表某一个选区。因此，当某人在其所属的政党赢得立法机构的多数席位而被提名为总理（首相）后，他（她）就成为政府的首脑。不过，总理（首相）从未独立于选出他的那个机构。这就意味着，相比于总统，总理（首相）有更大的能力去影响立法活动。由于总理（首相）所属的政党在立法机构中持有多数票，因此不大可能出现行政上的僵局。

其次，总理（首相）是依据党纲来执政的。这就意味着，他（她）要对政府提出的要求负责。虽然独立的行政官（总统）可能会说，他（她）是其所在政党的首领，而实际上总理（首相）才是党首。总理（首相）不可能脱离特定的立法议题，也不可能摆脱不支持政策倡议的立法机构。总理（首相）本人就是立法者。因此，正如第三个优势所指出的，他们是高效的政策制定者或决策人[12]。

那么，拥有一个充当政府首脑的总理（首相），其劣势又会是什么呢？一个词：权力。许多喜欢有限政府理论和有限权力观念的学者对存在于总理（首相）与其政党之间的联合表示担忧[13]。从理论上讲，在任总理（首相）所提出的每一项政策倡议都会得到立法机构的批准。从**受训政党**（disciplined political parties，服从总理或首相领导的政党，它们通常创建于议会制内）这一概念来看，总理或首相所在党的党员会投票赞成他（她）的议程。虽然这个概念似乎是美国政治研究学者所特有的，但它实际上普遍存在于世界各地。在美国，政治家们自由地就某一项议案投票表决；而在议会制下，大多数政治家不是自由地选择的，他们被要求按政党纲领投票。这就使得总理（首相）比总统还要更为强势，尤其是在两党并立、支持多数党的制度下，譬如在英国，首相（总理）的权力甚大。

议会制还有一大劣势，那就是不信任投票。正如我们已经了解到的，议会制赋予立法机构通过不信任投票的权力。不信任投票有可能使得立法机构尤其是反对党做出破坏性的立法行为，从而给公众造成一种政府不稳定的印象。而在拥有许多政党的国家，这始终是一种现实。

议会制的典范：英国

为了理解议会制，首先有必要理解许多议会制观念得以产生的缘由。如同美国奠定了总统制的许多特征的基础，英国则为议会制的许多特征奠定了基础。但相比于美国的论战紧随独立战争而来，英国的论战则源于君主与议会之间的传统争议。

在英国，历史决定了它拥有两个首领，君主（国家元首）和首相（政府首脑）。这种双重性提示人们在英国的惯例与政策之间所出现的一种历史性的矛盾关系。当前，英国女王只不过是个傀儡——有名而无政府实权的国家元首。不过，她和整个王室仍在尽公共职责。被降低了地位的君主是佐证民主权力和英国国家稳定的证据。（这种“双重行政”方式在许多国家的议会制中也是相当普遍的。）

英国民主制度的根源可以在17世纪末期和18世纪初期考察到。1715年（英国议会创立8年后），罗伯特·沃波尔（Robert Walpole）爵士出任英国第一财政大臣，这一职位表明了他在平衡预算和集中开支计划上的重要性。直到1742年，沃波尔一直担任着这一职务，他是在两位君主的领导下履行职责的，在当时，两位君主操控了英国政府[14]。

直到乔治三世（美国革命时期的英国国王）在政治上和精神上的垮台，使英国的民众和政党开始要求更多直接的权力。在18世纪最后的几年，世界上出现了民主言论（冠冕堂皇的承诺）——更为重要的是民主活动——的大爆发。重要的是，要记住，这些事件并不是在真空中发生的。无论是美国革命还是法国革命都带来了新的权力体制，而更为重要的是，它们明确地向民众传递了这样的信息：对政府来说，维护权利的唯一办法就是通过选举代表。

在英国，平民院（下议院）中的政党运作了数个世纪，但它们从未取得政策倡议上的最终话语权，最终的话语权留给了贵族制的、由王室选派和批准成立的贵族院（上议院）。由此，当议案被平民院批准后，一旦议案对贵族院中的某些选区居民产生消极的影响，譬如向富有的公民征税，贵族院就可能否决它们。

直到通过了1911年和1949年议会法案，英国才出现了对君主（权力）的正式削弱和对贵族院（否决权）的限制。这两个法案成功地授予平民院和首相以设定议程、制定预算和执行政策选择的权力。到20世纪早中期，拥有无限权力的专制君主不再可能保留下去。在第二次世界大战期间西欧遭遇法西斯主义的经历表明，代议制民主是国家进行治理的唯一可行的方法。

今日英国首相：特定的权力与职责

马克·加尼特（Mark Garnett）和菲利普·林奇（Phillip Lynch）就英国首相给出了这样一种基本的职务描述：

> 首相是政府首脑，担当内阁及整个国家的政治领袖之责。其特定的工作包括任免政府部长（大臣）、召集和主持内阁及其委员会会议；就众多世俗和教会的人员任命向君主提出建议、确定大选日期和代表英国出席各种国际场合。[15]

受支持多数党的议会制（在立法机构中要求把多数席位给予获胜政党的议会制）的支持，英国首相在英国政治中拥有最大的发言权。由于英国首相是由平民院中的多数党推选产生的，他（她）就同时成为行政部门和立法部门的一部分。这种关系使得英国首相有资格积极参与平民院进行的日常决策和谈判过程。这种职能是总统在法律上没有能力行使的。

那么，准确地说，英国首相到底有哪些权力呢？首先，如同我们所表明的，英国首相是平民院中多数党的领袖[16]。这就意味着，英国首相拥有大量的可自由支配的权力。由于首相（行政的）的职权同平民院（立法的）中多数党的权力杂糅在一起，首相设定的议程（政策观念）似乎就会很自然地成为法律。对首相的权力唯一真正的制衡来自反对党及其领袖（少数党领袖），他们有能力娴熟地在公开场合展开辩论，提出反对未决法案的理由。不过，即便英国的反对党可以投出不信任票（如同所有的议会制），这种反对行为的选择权也是很少被动用的。

英国首相另一项重要的权力来自他（她）有能力以内阁的形式召集一个强大的团队。英国的内阁官员（如同美国总统的内阁官员）担任发动各种政策倡议的大臣和首相的“实操”顾问。这些政策倡议涉及广泛，从外交到医疗保健，它们都得到了熟练且可信赖的首相内阁官员的处置。不过，不同于美国的是，英国内阁官员几乎无一例外都是平民院的议员，因而进一步强化了**行政与立法合一**（exclusive and legislative fusion，权力由同时作为立法机构和行政机关首领的首相把持的一种权力分配方式）的观念。

在那本论述英国政治制度运行的代表作《内阁政府》（*Cabinet Government*）中，艾弗·詹宁斯（Ivor Jennings）这样写道：

> 内阁是英国宪政制度的核心。它是最高的领导权威。它整合了各种各样的发挥着众多不同职能的权力，从而为英国的政体提供了一种统一性。那么，要是立宪会议以书面文件的方式来界定现行的英国宪法——如同它实际运行的那样，内阁肯定会被规定在一个显要的位置上。在内阁中乃至于在内阁外，最重要的人物就是首相。[17]

由此可见，在一定程度上，英国首相的内阁就是美国的开国元勋詹姆斯·麦迪逊等人所讨论过的一种执行委员会模式。这是议会制的一个非常重要的特征。虽然学者们一直在讨论新近出现的英国首相职位的“总统化”倾向，但相比于美国制度下的总统职位，它仍更像是一种经由委员会产生的行政官官职。

任期与执行权

议会制以任期无限期为其特征，但这对英国首相意味着什么呢？它意味着，一位高效的英国首相的任职时间可能比美国总统的要长得多。在英国，选举和任期都不是预先规定的。当新一任首相执政后，他（她）到下一届选举召开前最多可以任职 5 年。5 年届满后，新一届选举日期将被确定，下议院所有的议席都将空出展开争夺。

那么，这又是如何影响英国首相的权力的呢？为了看清选举如何增强其在英国政治中的政治影响力，我们要来考察一下前首相玛格丽特·撒切尔在其任期内的所作所为。撒切尔在 1975 年出任保守党领袖，直到 1979 年她一直担任反对党党首。1979 年 5 月 4 日，撒切尔出任首相，立即着手改变英国的货币政策，将重心转向遵循保守党严格的财政政策。20 世纪 70 年代后期和 80 年代早期世界出现了全球性的经济衰退。与这一事实恰好同步，撒切尔实行削减（有时甚至裁掉）公共开支的财政政策，这使得她在英国民众当中颇不受欢迎。事实上，早在 1980 年，大约上任 18 个月后，撒切尔的支持率就在 30%左右[18]。

不过，千万别忘了，在首相有资格号召发起新的选举的议会制下，这些选举机会可以延长首相的政治生命。1982 年，以马尔维纳斯群岛战争（在阿根廷与英国之间展开的战争）爆发为契机，这种机会终于来了。

马尔维纳斯群岛战争肇端于阿根廷派遣了一支军队驻扎马尔维纳斯群岛，而这块领土自 19 世纪以来一直由英国控制。数十年来，阿根廷一直宣称这些岛屿是其领土，而在英国很少有人关注过或敌对于对方的这一领土要求。不过，英国还是派遣军队去保卫这些岛屿，战争爆发并持续了 74 天[19]。这场战争不仅增强了撒切尔夫人在保守党内的政治实力，而且也增进了她在广大民众当中的威信。对此，撒切尔夫人做出回应，要求重新大选。通过举行大选，她重新获得了大约 5 年的任期。总之，撒切尔夫人从 1979 年到 1990 年一直担任首相一职，这是一个关于首相权力来源于任职无限期的真实案例。

英国首相玛格丽特·撒切尔在访问马尔维纳斯群岛期间视察布雷区，当时，皇家工兵团陪同她巡视罗克里湾（Rookery Bay）海滩，这是一个重雷区（PA/EMPPL PA WIRE/AP IMAGES）

展望：政体比较下的新型民主制

至此，你该对美国总统和英国首相都有一个较为充分的了解——包括他们各自所发挥的作用及其职权的大小。此外，你还应该能把握到议会制和总统制各自的利弊所在。不过，我们不应止于此。为了更深入地了解不同民主制的某些基本原则，我们还要提出一种行政模式，即印度的行政模式。

世界上最大的民主制国家：印度

1947 年，印度摆脱英国控制获得独立，随即踏上了通往自主统治（self-rule）之路。不过，如果认定代议制政体在印度是“一夜之间”发生的，那就是一种误解。在保罗·布拉斯（Paul R. Brass）看来，最好把民主制在印度的兴起理解为某种立法行为的变革，它始于殖民时期，它不断地扩大印度人对政治事务的参与[20]。从 1861 年通过的《印度参事会法案》（Indian Councils Act），到 1935 年通过新的《印度政府法案》（Government of India Act），1947 年以前的印度人一直见证着独立的种子在印度生根发芽。当 1947 年的民族独立到来时，留给印度人的是一种类似于英国政体模式的制度，只是该制度在规模上几乎 20 倍于其前宗主国英国。那么，印度的新宪法是怎么规定治理，尤其是新的政府首脑即总理的权力的？是否同英国的制度之间有一种相似性？其宪法的新意何在？

联邦制、议会制政府与印度宪法

于 1949 年正式批准通过的印度宪法创建了一种“联邦立法制政体，其三类立法权或独立地由联邦（中央政府）来行使，或独立地由各邦来行使，或同时由这两者来行使，即：在各邦享有相当程度的地方自治权的基础上把广泛的权力留给中央（位于新德里的首府），包括应急（应变）权力。这些应急权力有可能把联邦制转变为单一制”[21]。这些权力被明确为保证国家稳定的手段。有时，各邦或各省最适合来决定立法，而有时，联邦政府最适合来决定立法。由此，一方面，印度宪法准许各邦拥有许多权力，但联邦政府拥有“最终的控制权……甚至在某些特定的情形下直接接管各邦的行政"[22]。

印度是一个把立法交托给各邦而同时又保留有能力应对各种必然形势的单一国家存在的联邦制国家。这表明，尽管英国的影响曾经且迄今仍然存在于印度的某些议会制惯例中，但印度的制度并不是英国的一个精确复制品。不过，要把英国的影响完全同印度宪法或其立法实践分离开来，也是不正确的。譬如，印度宪法"完全采用议会政体的威斯敏斯特形式……涉及基本权利和成人选举权"[23]。

对印度来说，连同许多前殖民地，挑战主要不在于独立后通过宪法，而在于处理某些经济、政治和社会现实问题，这些问题使统治变得更具挑战性。比如印度的种姓制度，它为最低等级的社会成员所提供的经济和社会发展机会十分有限。尽管印度宪法明确禁止种姓制度的各种做法，然而，社会传统尤其是那些存在了数个世纪的传统是很难一时消亡的。仅仅从法律上废除那些在经济上排斥多数人进步的传统的做法，不足以保障平等。由此，印度的统治方式向更趋于欧洲中心的社会民主制，即要求对私人财富予以限制。因而，"印度宪法把拥有私人财产的权利确认为一项基本权利，它同时也包含了这样的指导性政策原则——国家的物质资源分配必须以促进公共利益、避免财富过度集中为目的"[24]。

这些法令意在给予人民某些不可让渡的权利，但同时也有助于确保这类权利获得一定程度的支持。正如古普塔（Gupta）雄辩地指出的："直到 1947 年，自由一直意味着摆脱外国统治……不过，独立后，它则意味着摆脱专制统治或反社会和经济不平等的积极主张。"[25] 1950 年宪法一生效，印度就建立了一种通过议会制民主方式合法解决经济和社会不平等的政治制度。印度独特的历史和传统被写入宪法，和平等与自由的民主观融为一体。接下来，将集中探讨印度的议会制尤其是它的行政部门。

行政部门：印度总统

至此，你应当懂得，每个国家都有其独特的政治制度。虽然美国和英国的制度充当着世界上新兴民主制国家的典范，但每个国家的历史和国内政治文化决定了它的确切形态。在印度，我们看到，议会制类似于但又不完全等同于英国的议会制。我们同时看到的是一个分离的行政部门——包括一位总统和一位总理。在美国学者看来这或许有些奇怪。但这种总统和总理的双重存在是有作用的。

根据印度宪法，行政部门的一切正式的权力都被授予总统。然而，由于印度是议

2012年11月12日，在位于印度新德里的总统府，印度总理辛格（左）和总统穆克吉（右）同阿富汗总统卡尔扎伊握手。在印度，是总理而非总统被授予统治国家的正式权力（AP IMAGES/MANISH SWARUP）

会制，“真正的”权力即所谓“实权”——也就是统治权——归于总理这一职位和他（她）的部长会议。人民院（印度政府的下议院）举行选举后，多数党领袖由总统任命为新总理。总理内阁一旦组成，通常就意味着在议会通过的法律会得到总统签字批准。

总统在其职位上还有副总统，当总统因去世、辞职或罢免（遭弹劾）等原因而空缺时，副总统代行总统职务。有意思的是，印度总统是由选举团选举产生，任期5年，可以连选连任[26]。在共和国初期，德高望重的人可能被认为超越了政治纷争而被选为总统，但最近几十年来，最重要的标准已经变成总统候选人对总理的接纳程度[27]。这种情况的出现进一步强化了这样一种看法，即印度总统独立于国家统治之外，但出于立法行为的需要，他（她）又必须同总理保持一种牢固的工作关系。从多方面看，弱势的总统承担着一种类似于君主的职能——仪式性的职能规范着总统的政治行为。

然而，印度总统的权力是由宪法正式赋予的。事实上，印度宪法第77条规定：“印度政府的一切行政行为，均应以总统的名义进行。”但如同在大多数议会制下，这种宪法权力在很大程度上是理论上存在的权力。因此，虽然“由总统召集国会两院（人民院和联邦院）和在必要时解散下议院，同意立法，任命各邦首长、最高法院和高等法院的法官、总检察长、总审计长，他（她）也是武装部队的最高统帅，同时还拥有赦免权”，但要由总理和部长会议为总统提供如何行使权力的建议[28]。

至此，你们也许会问，是否出现过这样的时候，印度总统想独立行使宪法赋予的正式权力而不考虑在任总理的意见。答案是肯定的。依查尔顿（Charlton）的说法，20 世纪 50 年代在印度首任总统拉金德拉·普拉萨德（Rajendra Prasad）的总统任期内出现过一次短暂的宪政危机，他是这样说的：

> 早在 1951 年，总统普拉萨德就表达了按照自己的判断独立行使权力的意愿。倘若普拉萨德的地位真占了上风，那么这必然会削弱如同在英国所形成而被立宪会议所确认的内阁政府会议的权力。英国这一先例把国家元首的行为限定为实施政府首脑和内阁的意见，而后者最终占据了优势地位。[29]

鉴于这场潜在的统治危机，印度通过宪法第四十二修正案，它有助于厘清和更好地表达下述意思：总统是行政部门的一个成员，他（她）“在履行其职能时，应当按照总理的意见行使权力”[30]。由此，总统角色的独立性有意地被英国式内阁的优势所弱化。修正案措辞极其清晰地表明，总统的职责是贯彻政府的意志，或更明确地说，是贯彻总理和部长会议的议程。

印度总理和部长会议

就像所有的议会民主制，政党同时担当意识形态的和实用的职能。政党是意识形态的，因为它们充当其成员的经济、政治和社会观的橱窗，这些党员选出其领袖并通过他把本党的观念引导到政府范围内。但政党也是讲究实效的，尤其是那些拥有庞大党员人数的政党，因为它们要对组阁负责。在印度，政党通常相互结成联盟，以扩大宣传平台和赢得更多选民的支持，因为它们一旦获胜，它们在通过法案上的胜算就更大。

如前所述，印度是一个多党制、议会制和联邦制国家。出于对印度政党、执政方式和总理的了解，这意味着印度是一个各邦政党与联邦政党相结合的国家。那些在邦的层面运行的政党很少有全国性的影响力，而那些在联邦层面运行的政党则同时拥有强大的地方性和全国性的影响力。就目前对印度的了解而言，最好把印度看作是一个各种政治观念并存和各政党在地方和全国同时运行的国家。

目前，在印度有六大全国性政党。由于我们把总理的角色看作政府首脑，因此，最好考察一下这些政党到底是如何发挥作用的，而政党联盟又是如何推动组阁的。印度两个最具影响力的全国性政党是印度国民大会党（Indian National Congress Party，简称“国大党”）和印度人民党（Bharatiya Janata Party，BJP）。虽然它们是两个最大的政党，但近年来它们也未能掌控人民院。由于它们的政纲就联邦政府在众多议题上的职责方面有分歧，它们为达到有效执政的目的而不得不同小党结成联盟。印度国民大会党被认为是一个中左翼的政党，笃信多样性和俗世主义。与之相对，印度人民党则是一个民族主义的右翼政党。在 2009 年最近一届议会选举期间，国大党领导的“团结进步联盟”获得 262 个席位，而由印度人民党领导的“全国民主联盟”获得 158 个席位[31]。由此，曼莫汉·辛格成为国大党领袖，并最终成为全印度的总理。

最初在 2004 年胜选的辛格，在 2009 年再度当选连任。如同所有的总理，他被认定为有资格任命或解除其内阁成员职务并向总统提出建议的政府首脑。不过，如同我们前面讨论过的，是总理而非总统在印度政治中拥有实权。这种实权赋予印度总理统领其内阁以及部长会议的资格。那么，由哪些人来组成部长会议呢?

1. 内阁部长：总理内阁的成员；
2. 国家部长：不是内阁成员，但领有部长职衔；
3. 代理部长：行政各部的成员。[32]

这个由总理统领的强势的行政机构充当了人民院（所有的部长都是其议员）与总统间的纽带。如果人民院对部长会议的行为提出批评，它可以号召发起对部长会议的不信任投票，进而引发新一轮议会选举。在 20 世纪 90 年代，有三位印度总理得到过不信任票。与之相对的是，在英国，整个 20 世纪才出现过 3 次不信任投票。

除了任命权和立法权，印度总理还直接掌管某些政府机构，因为这些机构太重要了，不可能把掌管权授予内阁成员。譬如，总理直接掌管人事、民众投诉与退休金部，规划部，原子能机构部和空间部。其他部委则由总理委任的人来领导。

为何原子能机构部和空间部要委托总理来管理? 正如前面两大部涉及与公共责任（民主制合法性和政绩中的一个非常重要的因素）有关的问题，后面两个部则涉及国家机密。近年来，还涉及技术创新。技术创新要求高度保密和保护。令人惊奇的是，正是基于这个原因，印度宪法要求总理同时进行就职宣誓和保密宣誓[33]。担任一个拥有近 12.4 亿人口的国家的政府首脑，要求具备大量的政治技能：一方面，总理需要服务于其政党及政党联盟的利益；另一方面，他（她）需要极大包容长久以来作为世界上最大的民主制国家之多样性。

小结

本章解析了各种形式和规模的行政机构。我们要了解的一个事实是，不存在某种绝对理想的行政统治模式。尽管学者们提出，美国制度和英国制度可以充当行政治理的两大支柱，但它们也绝不能在其他国家被精确地复制。新兴的民主制国家需要考量自身的历史来决定哪种模式最能服务于民众。学者和决策者们通常被某种民主的承诺和普世价值所束缚，而这种普世价值往往在没有恰当评估当地现实的前提下而被颂扬。我们希望，本章开启和拓展了有关不同行政机构的权力及对这些机构进行比较的方法的讨论。

我们生活在这样一个时代，即使以最乐观的看法，某些国家和地区也是动荡不安的。因此，重要的是，你要了解世人是如何看待某些统治形式的。一位总统可以很好地服务于美国人民，然而，作为一种制度的总统制则有可能给世界其他地方带来巨大的动荡。正是这种全球性的视角，有助于你最有效地理解行政部门与立法部门之间的关系。在第七章，我们将带着比较的眼光来审视政府的第三个部门——司法部门。

注释

［1］Jurg Steiner and Markus M. L. Crepaz, *European Democracies* (Upper Saddle River, NJ, 2007), 103-104.

［2］Ibid., 104.

［3］引自詹姆斯·麦迪逊写给弗吉尼亚州代表伦道夫的信，参见：*Founders Constitution* (Chicago, IL: University of Chicago Press), Chapter 6, Doc. 9, 367-371.

［4］James Pfiffner and Roger H. Davidson, *Understanding the Presidency* (Upper Saddle River, NJ: Longman, 2000), 9.

［5］Michael Nelson, ed., *The Evolving Presidency* (Washington, DC: CQ Press, 2004), 1.

［6］Ronald C. Moe, "The President's Cabinet," in James Pfiffner and Roger H. Davidson (eds.), *Understanding the Presidency* (Upper Saddle River, NJ: Longman, 2000), 173.

[7] Moe, 175.

[8] L. Gordon Crovitz and Jeremy Rabkin, *The Fettered Presidency: Legal Constraints on the Executive Branch* (Washington, DC: American Enterprise Institute, 1989).

[9] James Pfiffner, "The President's Broad Power to Pardon and Commute" (July 2007), http://www.heritage.org.

[10] Karen O'Conner, Larry J. Sabato, and Alixandra B. Yanus, *Essentials of American Government: Roots and Reform* (Upper Saddle River, NJ: Longman, 2009).

[11] Sidney M. Milkis and Michael Nelson, *The American Presidency* (Washington, DC: CQ Press, 2008), 41.

[12] Steiner and Crepaz, 104.

[13] Steiner and Crepaz, 105.

[14] BBC History, "Sir Robert Walpole," http://www.bbc.co.uk/history/historic_figures/walpole_robert.shtml.

[15] Mark Garnett and Philip Lynch, *Exploring British Politics* (New York: Pearson Education, 2007), 107.

[16] B. Guy Peters, in Donald M. Hancock et al. (eds.), *Politics in Europe*, 3rd ed. (London: Chatham House/Seven Bridges Press, 2003), 21-22.

[17] Ivor Jennings, *Cabinet Government*, 3rd ed. (London: Cambridge University Press, 1969), 1.

[18] "Margret Thatcher's Britain—An Interactive Presentation," *The Guardian* (April 8, 2013), http://www.guardian.co.uk/politics/interactive/2013/apr/08/margaret-thatcher-britain.

[19] BBC News Online, http://www.bbc.co.uk/news/uk-politics-10377114.

[20] Paul R. Brass, *The Politics of India Since Independence* (London: Cambridge University Press, 1999).

[21] Ibid., 2.

[22] Ibid., 2.

［23］Ibid.，2.

［24］Ibid.，3.

［25］U.N. Gupta，*Indian Parliamentary Democracy*（New Delhi：Atlantic Publishers and Distributors，2003），3.

［26］Sue Ellen M. Charlton，*Comparing Asian Politics*，2nd ed.（Boulder，CO：Westview Press，2004），185.

［27］Ibid.

［28］Ibid.

［29］Ibid.

［30］Ibid.

［31］BBC News Online，http://news.bbc.co.uk/2/hi/south_asia/8051633.stm.

［32］BBC News Online，http://news.bbc.co.uk/2/hi/in_depth/south_asia/2009/india_election/.

［33］Constitution of India，Third Schedule，Parts I and II.

第七章

司法体系比较

(NEUSTOCKIMAGES/E+/GETTY IMAGES)

引言

至此，我们来讨论政府的第三个部门即司法部门。司法机构对民主生活运行来说是必不可少的，因为简言之，是（国家）将法律交托给了它们。法庭解释已制定的法律或政策，力求判定它们是否符合法律传统。每个国家都有其自身的法律传统、解释法律的方法、价值规范和制度性权力结构，这就使得司法制度的比较变成一项艰巨的任务。由此，本章将在更为宏大的政体制度中评价不同的“高等法院”。由于现代法律体系大都建立在美国联邦最高法院的司法实践基础之上，因此，本章第一部分就来了解这种制度是如何发展起来的。

司法审查还是立法至上

简言之，**司法审查**（judicial review，法院废除违反美国宪法之法律的权力）是宪法赋予最高法院或高等法院的、宣判行政机构做出的行为或立法机构通过的法律因与宪法相冲突而无效的权力。如果一项法律被立法机构通过，而后又遭受此种立法活动消极影响的相关各方质疑，那么，授予法院司法审查权的美国和其他国家会让其最高法院判定该项法律违宪，从而废除它。诸如英国、以色列和芬兰等其他国家则采用立法（议会）至上的制度，在这些国家，由国家立法机构通过的法律只能被立法机构自身所推翻。下面需要探讨的一个问题涉及代议制民主的根基。通常来说，赞成权力分立的民主国家更有可能采用司法审查制度，而那些在议会制中合并权力的民主国家更倾向于赞同立法至上的制度。

鉴于司法系统通常被认为是最不能代表政府的机构，因此，它在现代环境下显得更为独特。大多数最高法院并不像立法机构那样能够代表各个选区，而高等法院的法官常年以法律知识精英的身份立身行事。由此，司法审查实践并不必然由一个国家的宪法来决定。美国看重司法审查制度，把它的存在看作民主制的必要特征，但它也只是在某些特定的情况下有选择地动用司法审查；另一些国家则把它当作促进社会正义和经济公平的手段来采用。

日本东京最高法院的大法官全体一致裁定，2009 年 5 月推行的参审制度发送其第一份判决的做法是合宪的(KYODO/NEWSCOM)

就司法审查实践而言，对它的采用往往有两种看法：**司法克制**（judicial restraint，司法克制主义或司法节制主义，即认为法官应当严格地按照宪法或判例解释的一种司法见解）和**司法能动**（judicial activism，司法能动主义或司法积极主义，即认为由现时的政治和国家的需要来影响司法决定的一种司法见解）。赞同司法克制的人认为，某一议题的合宪性完全建立在国家宪法所规定的内容之上。譬如，在美国，赞同这一见解的人认为，合宪性必须根据制宪者们的“立法本意”（original intent）来判定。

与之相对地，司法能动主义者则认为：“法院应当超越参照系，去实践在当时法律文献（宪法）中根本找不到的规范。”[1] 司法能动主义者认定，一部宪法自起草后，某些议题和准则就会随着时间的推移发生巨大的变化。某些涉及技术的议题也许就是一个很好的例子。美国宪法的制定者们会料到有一天互联网会威胁国家安全吗？还有，那些宪法第二条修正案论及的武器技术的议题如何根据宪法文本解释呢？司法能动主义者认为，一个国家的宪法应当作为一部变动或有弹性的文献来审视，不然，司法审查曾被认定的重要意义都会失效并遭废弃。

上述就是一些涉及司法审查实践的议题。我们将用整章篇幅力求提供一种有力的解释，即某些国家是如何、又为何司法审查观念的，而另一些国家又是如何赞成、为何赞成立法至上原则的。在讨论这些议题之前，有必要问一个简单的问题：现代的司法审查观念到底来自哪里？如同诸多涉及代议制民主的议题，其答案是：它来自美国。

美国的司法审查

在这一节，我们将要考察，美国的法院是如何通过司法审查，在美国政治中发挥关键作用的。美国最高法院最早组建于 1790 年 2 月 1 日，位于作为当时首都的纽约华尔街。《联邦党人文集》的作者之一约翰·杰伊曾被任命为首任首席大法官。在组建的头一年，最高法院不审理案子。因为当时还不是很清楚最高法院到底该如何在美国的权力制衡制度下运行。有一些法官抱怨最高法院的“有限身份”和不得不在“简陋的巡回条件下”在审判区所辖各城镇做“巡回审判”的艰辛[2]。从 1790 年到 1799 年，最高法院只审理了不到 50 件案子。它最初并不像今天这样被看作一个受人敬仰的机构。1795 年，为了赴任纽约州州长一职，首席大法官约翰·杰伊辞去最高法院的职位。在此期间，罗伯特·哈里森（Robert H. Harrison）也拒绝了加入最高法院的任命，而是选择去更有声望的州法院系统任职[3]。

当时，对于州法院的权力止于何处，而联邦法院的权力又始于何处，都还未确定。在“齐泽姆诉佐治亚州案”（*Chisholm v. Georgia*，1793）中，最高法院判决联邦法院对一个州的案件的公民起诉另一个州的案件拥有司法管辖权，由此引发了一场争议。在该案中，两名来自南卡罗来纳州的公民起诉佐治亚州，要求收回他们在独立战争期间被佐治亚州占有的财产。南卡罗来纳州的居民之所以在联邦法院提起诉讼，是因为美国宪法规定在“一个州与另一个州的公民之间”产生争议时，联邦法院有管辖权[4]。佐治亚州拒绝在联邦法院出庭，还自行通过了禁止州参与诉讼的法律，因为他们认为，这“会严重损害各州保留的独立自主权”[5]。最终，最高法院以 4 票对 1 票判佐治亚州败诉，从而临时扩大了联邦法院在州事务上的司法权限。不过，该判决激起了各州的权利主张，并导致了美国宪法第十一条修正案的出台。该修正案推翻了上述判决，它规定，联邦法院不得审理一个州的公民起诉另一个州的案件。

首席大法官马歇尔受到普遍称誉，被认为是美国最好的首席大法官，因为正是在他 34 年（1801—1835）的任期内，最高法院成为同国会和总统地位同等的政府部门。也正是在此期间，最高法院最终界定和确立了其在权力制衡制度下所应当扮演的角色和发挥的作用。约翰·马歇尔出生于弗吉尼亚州，他是 15 个兄弟姊妹中最年长的一个。他参加了反英的独立战争。不同于他的表亲托马斯·杰斐逊，他从总体上赞同强有力的全国性政府。他还就他作为大法官的职业生涯撰写了 500 多份法律意见书，包括“马伯里诉麦迪逊案”（*Marbury v. Madison*，1803）、“麦卡洛克诉马里兰州案”（1819）和“吉本斯诉奥格登案”（*Gibbons v. Ogden*，1824）等标志性的判决。

毫无疑问，在最高法院的判决中，对美国政体产生最大影响的是发生于 1803 年的“马伯里诉麦迪逊案”。该案通过确立法院的司法审查权，改变了最高法院在权力制衡制度中的角色和地位。（如同我们所表明的，“司法审查”这一术语指的是法院宣判立法和总统行为违宪的权力。）对于最高法院在美国政体中应该发挥什么样的作用，起初并不明确。然而，“马伯里诉麦迪逊案”是一个标志性的判决，因为它象征着最高法院首次主张司法审查权——由马歇尔主持的法庭宣判一项国会通过的法律违宪并将其废除，从而界定了最高法院在美国权力制衡制度下所应发挥的作用。这一判决也明确了美国最高法院的首要目的，就是确证州政府和联邦政府行为是否符合美国宪法所确立的原则。

“马伯里诉麦迪逊案”中所呈现的事实源于 1800 年那次声名狼藉的总统竞选。在这届选举中，托马斯·杰斐逊与他的竞选搭档阿伦·伯尔（Aaron Burr）都赢得 73 张选票，该票数超过了时任总统约翰·亚当斯（John Adams）和他的竞选搭档查尔斯·平克尼（Charles Pinckney）的总票数，众议院最终裁决了这届选举的胜败。在最初的总统选举团制度中，候选人并不是明确作为总统或副总统候选人被选定的，而是持有多数选票的候选人成为总统，第二多数票的持有者成为副总统。这种选举促成了美国宪法**第十二条修正案**（Twelfth Amendment，该修正案改变了总统和副总统的选举程序，它为选举总统和副总统分别提供投票表决程序）的出台。该修正案规定，候选人必须针对分别选定总统和副总统候选人的名单展开竞选角逐。在特拉华州议员詹姆斯·贝纳德（James A. Baynard）在第 36 轮选举中改投选票后，竞选的僵局被打破，众议院最终判托马斯·杰斐逊胜选。

然而，约翰·亚当斯没有很好地对待失去总统职位一事。他对被自己长期的竞争对手击败这件事深感耻辱，他没有出席杰斐逊的总统就职典礼，而是一大早起来就赴老家马萨诸塞州布雷茵特里镇（Braintree）度假去了。在杰斐逊就职前夕，还是总统的亚当斯突击任命了一批联邦法院法官。这是一件极具挑衅性的事情，因为作为州权倡导者的杰斐逊是力倡反对扩充联邦法院系统的。在这场可以说是反杰斐逊共和党的党派斗争中，亚当斯赶在离开白宫前任命了16位联邦法官和42位联邦治安法官以充实联邦法院系统。这些任命都需要在第二天得到了美国参议院的批准。不过，只有当委任状送到被任命的法官手中时，任命才能正式生效，而发送这些委任状的责任落到了亚当斯的国务卿身上，而更具有反讽意味的是，他恰好就是约翰·马歇尔。马歇尔是在被任命为美国最高法院首席大法官之后才出任亚当斯的国务卿的。在匆忙离开白宫卸任时，马歇尔忘了把其中的一些委任状发给新任命的法官。他原以为作为杰斐逊总统的新国务卿詹姆斯·麦迪逊会在其就任后发送完剩余的委任状。

然而，杰斐逊总统接任后的第一个工作便是命令他的手下扣发剩余的司法委任状。在他看来，扣发这批委任状就会让这些司法任命失效。威廉·马伯里是约翰·亚当斯的热情支持者，他就是杰斐逊总统因扣发委任状而被剥夺其法官任职资格的那批法官之一。马伯里起诉了杰斐逊的国务卿麦迪逊（美国宪法的主要起草人之一）。杰斐逊总统提出，即便是法院指令，他也不会执行对马伯里的任命，由此，这一争议戏剧性地趋于白热化。事态的发展令大法官马歇尔担忧不已，因为这可能会制造出一场永久性地削弱最高法院权力的宪法危机。毕竟，倘若总统无视最高法院的裁决，结果会是怎样呢？在这一次判决中，大法官马歇尔设法写了一份法律意见书，这么做就避免了同行政部门在合宪性上做最后摊牌的风险，而是让他的表亲杰斐逊总统在政治上尴尬，进而通过确立司法审查权把最高法院的地位提升为一个同等的政府部门。

马歇尔有理有据地梳理出三个法律问题，并对案件做出裁决。第一个问题是马伯里是否合法地被授予了法官资格。对此，马歇尔的回答是肯定的，他宣称对马伯里的任命是合法有效的，因为他是由现任总统任命的，而且还得到了美国参议院的批准，因而符合宪法规定的司法任命程序。至于马伯里的委任状未被（马歇尔）送达这一事实只是一个技术性细节，它不足以让马伯里的任命失效。第二个问题是最高法院是否有资格采取补救办法来促成马伯里的任命。在此，最高法院再度做出肯定的回答。《1789年司法条例》赋予最高法院下达书面训令即执行令的权力。这种书面训令授权最高法院命令政府官员执行某一行为。大法官马歇尔由此推论，最高法院有权命令杰斐逊总统让马伯里就任法官一职。第三个也是最核心的问题则紧紧抓住要求最高法院出具和下达书面训令是否是一种可接受的司法补救办法这一点。在这一问题上，马歇尔找到了一个法律漏洞，得以让他避免同杰斐逊在政治上一决雌雄。最高法院最终裁定，《1789 年司法条例》第 13 款因违宪而无效，因为它规定，请求出具、下达书面训令的诉状可以直接将有争议的问题上呈至最高法院。

对马歇尔来说，这是成问题的，因为美国宪法第 3 条第 2 款明确规定，只有“涉及大使、公使、领事等外国使节或州政府为一方当事人的案件”才能直接递交最高法院审理[6]，而其他所有的案件必须是逐级上诉至最高法院的。马歇尔认定，国会无权规定，最高法院拥有对涉及书面训令的案件的初审管辖权，因为这实际上将会改动美国宪法第 3 条第 2 款的用语。他分析道，修改美国宪法用语的唯一合法方式是通过宪法修正案。马歇尔宣称《1789 年司法条例》关于初审权的规定是违宪的，从而避免了同杰斐逊总统的正面交锋。最高法院在该案中对司法审查的主张没有遭到严重的挑战，而是最终纳入法律判例中。由于马歇尔没有通过主张司法审查权来挑战杰斐逊总统的行政权，他避免了同总统的直接对抗。马歇尔的判决也是很有技巧的，因为这次对违宪的司法审查首次施用于涉及司法程序的议题，而不是施用于涉及其他两个政府部门中任何一方合宪性权力的问题上[7]。继“马伯里诉麦迪逊案”后，马歇尔没有动用司法审查权去废除任何其他国会法规。不过，在“麦卡洛克诉马里兰州案”（1819）和“吉本斯诉奥格登案”（1824）等标志性的案件中，最高法院确实动用过司法审查权废除了某些州一级的法律。

你是否会认为，鉴于马歇尔大法官本人也卷入案件中，由他对“马伯里诉麦迪逊案”做出判决是否不合乎职业标准呢？

美国的司法系统与联邦制

在第四章中，我们考察了联邦权力因马歇尔大法官在“麦卡洛克诉马里兰州案”（1819）中的判决而大为加强。你或许还记得，正是这一裁定确立了联邦政府组建国家银行系统的权力，因为全国性政府拥有“默示的权力”（又称“弹性条款”），它超出了全国性政府的明示的权力。马歇尔法庭确定，全国性政府拥有额外的默示权力——只要这些权力对行使美国宪法第 1 条第 8 款所明示的权力是“必要和适当的”。

图为美国联邦最高法院法官的集体照。前排从左至右依次是：陪审法官克拉伦斯·托马斯（Clarence Thomas）和安东宁·斯卡利亚（Antonin Scalia）、首席大法官约翰·罗伯茨、陪审法官安东尼·肯尼迪（Anthony M. Kennedy）和露丝·巴德·金斯伯格。后排从左至右依次是：陪审法官索尼娅·索托马约尔、史蒂芬·布雷耶（Stephen Breyer）、小塞缪尔·阿利托（Samuel Alito，Jr.）和埃琳娜·卡根（Elena Kagan）（STEVE PETTEWAY，COLLECTION OF THE SUPREME COURT OF THE UNITED STATES）

为此，马歇尔还惹怒了“麦卡洛克诉马里兰州案”中的州权倡导者，因为他裁定，由于“征税权事关毁灭权”，不允许州政府向联邦政府征税。马歇尔法庭还在“吉本斯诉奥格登案”（1824）的标志性判决中再度扩大了联邦权力。该案涉及纽约州与联邦政府之间的一场纠纷。在该案中，一名叫阿伦·奥格登（Aaron Ogden）的汽船经营者获得纽约州颁发的营业执照，从事渡运从新泽西到纽约城再返回新泽西的乘客的业务。奥格登在渡运业上的一名竞争者托马斯·吉本斯（Thomas Gibbons）也从美国国会取得了经营同一线路的同样的营业执照。这一案件中涉及宪法的议题围绕纽约州向汽船运输业者颁发许可证的做法是否同国会管理跨州商业的明示权力相冲突而展开。马歇尔大法官判纽约州败诉，他宣称，由于在宪法第 1 条第 8 款中联邦政府被明确授权管理州际商贸，州际水道的航运在联邦政府的权限之内。由此，马歇尔再度扩大了联邦权力。类似于“马伯里诉麦迪逊案”和“麦卡洛克诉马里兰州案”，马歇尔对“吉本斯诉奥格登案”（1824）的裁定是一项革命性的法律判决，其重要性在十年里与日俱增[8]。

美国的法律制度是在一种二元（双重）法院体系框架内运行的，包括联邦法院系统和 50 个各自独立的州法院系统。“麦卡洛克诉马里兰州案”（1819）是很有价值的，因为它把关涉今天州法院和联邦法院的作用和职责的法律问题和政治细微之处凸显出来。你也许还记得，在第四章中根据美国宪法的“至上条款”（该条款为宪法第 6 条），美国联邦最高法院被授权推翻州高等法院涉及联邦议题的判决。“至上条款”

声明：

本宪法及依本宪法所制定之合众国的法律，以及合众国已经缔结及将要缔结的一切条约，皆为全国之最高法律；每个州的法官都应受其约束，当任何一州宪法或法律中的任何内容与之抵触时，均不得有违这一规定。

联邦法院与州法院的差异

重要的一点是，不要忘记，从 1781 年到 1787 年，当美国各州最初按《邦联条例》组建起来时，是不存在联邦司法系统的。我们从第四章中获知，美国宪法的批准通过改变了我们的政治制度，它将权力在全国性政府与州政府之间进行分割，它在联邦政府内的立法、行政和司法部门之间确立起权力制衡的体制。不同于有争议的行政部门，在制宪会议上制宪者们没有就司法部门展开激烈的争论，这或许是因为 55 位代表中有 35 位或者接受过法律训练，或者在各自的州法院系统做过执业律师。鉴于对司法系统的强有力的支持，亚历山大·汉密尔顿在《联邦党人文集》第七十八篇中声称，司法部门是最无害的政府部门，因为它既不拥有总统的"剑"，也不拥有国会的"钱袋"，它所倚赖的只是解释法律争议的"判断力"。

在制宪会议上针对需要一套全国性司法系统达成了广泛的共识。不过，制宪者们就联邦司法权力的范围即权限问题出现了分歧。来自弗吉尼亚州的威廉·伦道夫提出了第一份司法提案，呼吁设立一个最高法院和其他较低级别的联邦法院。来自新泽西州的威廉·彼德森反对这一方案，他提议只设立一个全国性的最高法院[9]。彼德森对伦道夫方案——又称《弗吉尼亚方案》——的主要反对意见在于，后者包含了较低级别的联邦法院。州权倡导者则认为，各州的法院在审理司法事务中应当发挥主导性的作用，它们充当**初审**（original jurisdiction，法院审理首次起诉的案件。这些法院以案件的事实为依据判定罪或无罪及解决民事纠纷）法院的角色，而全国最高法院只应对涉及美国宪法或联邦法律的案件拥有**上诉管辖权**（appellate jurisdiction，审理从下一级法院提起上诉的案件的法院，它们主要来判定下级法院在审理中是否犯有法律上的错误）。

制宪会议的代表们一致同意有必要设立全国最高法院，但就联邦法院系统是否应包含下级联邦地区法院并没有达成一致。这一争议最终通过制宪会议上众多妥协中的一次妥协得到解决[10]。宪法第 3 条第 1 款规定，美国的司法权“属于一个最高法院以及由国会随时下令设立的低级法院”[11]。由此可见，制宪者们把争议置于国会的职责范围之内，从而消除了关于是否应包含低级联邦法院的分歧。后来，国会依照《1789 年司法条例》设立了联邦法院系统，该条例我们先前在对“马伯里诉麦迪逊案”（1803）的讨论中重点提到过。

美国宪法第 3 条第 2 款明确规定了由联邦法院审理的几类案件。这些案件涉及：（1）美国宪法；（2）合众国法律；（3）外交政策；（4）海事裁判权；（5）一州与另一州的公民之间的纠纷（后来被美国宪法第十一条修正案所修正）；（6）不同州的诉讼当事人之间的纠纷。上述案件几乎都是由联邦法院审理。现代联邦法院系统的组织结构极为简单。它由是一个三级系统所构成，包括：（1）94 个地区法院；（2）12 个地区上诉法院和一个联邦巡回上诉法院；（3）一个联邦最高法院。大多数联邦案件的受理始于地区法院一级。每一个州至少有一个地区法院，在一些更大的州，譬如加利福尼亚州、得克萨斯州和纽约州，多达 4 个地区法院。这些法院主要审理涉及联邦法律争端或涉及美国宪法争议的案件，以及涉及公民多元身份的案件，其中，有一个州的居民起诉另一个州的居民，涉及价值超过 7.5 万美元的争议。有关赋予对公民权多样性案件的联邦司法管辖权的规则形成于制宪会议，而在当时，大多数公民都对各自所在的州比对联邦政府持有更大的忠诚度。

联邦一级的法院被分为初审法院和上诉受理法院。其中，地区法院充当初审法院，因为它是法律争议首先被审理的地方，做出有罪与无罪的判决。也正是在这些法院，民事上的法律争议根据是非曲直来裁定。美国目前有 12 个联邦区域上诉法院和一个联邦巡回上诉法院，这些法院的首要目的是审查地区法院一级做出的判决。其中，联邦巡回上诉法院在全国范围内都拥有审判权，它审理涉及知识产权（专利权）、行政法、反联邦政府的权利要求或国际贸易等特殊上诉案件。大多数上诉法院首要地承担两项职能：其一是纠正地区法院一级的法官和陪审团所做出的错误判决，以确保每位美国人接受法律下的正当程序。譬如，一个地区法院的法官在庭审中可能会错误地解释法律程序，从而对裁定的公正性提出质疑。之所以设立上诉受理法院，部分地是出于让每个美国人都享有应得的程序权利去对地区法院一级做出的判决提出上诉。有研究发现，在根据是非曲直审理案件时，在 88%的情形下，上诉受理法院会维持地区法院的判决[12]。上诉法院的第二个目的是消除执法过程中的模糊、含混和前后矛盾（不一致）之处。上诉法院一级的裁定有助于确保在全国范围内以相同的方式适用法律[13]。许多上诉根本就不是基于正当程序上的争议，而是集中于涉及规范行政机构的立法法规或条例的争议。由此，上诉受理法院通过对模糊法规或行政条例的明确解释，不断地化解争议，并为未来的案件审理设定标准。上诉受理法院还充当受理绝大多数没有上诉至最高法院的联邦案件的终审法院。

几乎所有由联邦最高法院审理的案件都是作为上诉受理案件从联邦法院或州最高法院移交来的。不过，美国联邦最高法院只审理来自州法院且涉及联邦争议的上诉案件。如果一名刑事被告认为现存的州法律违反了美国宪法中的某一条款，他（她）就可能向联邦最高法院提起上诉。如同 1869 年国会所规定的那样，联邦最高法院现在拥有 9 名大法官。

最高法院在扩大民权中的作用

美国联邦最高法院一直动用其司法审查权来扩大美国的公民权利和个人权利。譬如，对**州际商贸条款**（Interstate Commerce Clause，即美国宪法第 1 条第 8 款，它授予国会管理与外国的、州与州间的以及对印第安部落的商贸活动的权力）的扩展性解释就被用来支持 1964 年的**《民权法案》**（Civil Rights Act，一项标志性的国会立法活动，它宣布在公共膳宿处所发生的针对少数民族种族群体、宗教信仰少数派及妇女的一切歧视行为为非法）的款项，当时，最高法院裁决，某些极端限制性的做法如禁止非裔美国人经营酒店或餐馆，应被国会确定为非法，因为大量潜在的顾客会来自其他的各州[14]。"吉本斯诉奥格登案"（1824）的判决扩展了联邦对跨越州界的商贸活动的调控，从而扩大了联邦的权力。如今，州际商贸条款充当了联邦调控环境、公共广播和主要金融机构的法理依据。正因为州际商贸条款的存在，联邦政府才实现了对近期美国金融危机的强有力的调控，它在 2008 年为美国银行系统提供了 8 000 亿美元的紧急财政援助。在 19 世纪最初的几十年内，马歇尔大法官在"马伯里诉麦迪逊案"（1803）、"麦卡洛克诉马里兰州案"（1819）和"吉本斯诉奥格登案"（1824）中所表达的法律意见极大地增强了美国联邦政府的权力。有些南方的州强烈反对马歇尔大法官留下的这份支持全国性政府至上的精神遗产。譬如，卡尔霍恩就是一位坚定的州权倡导者，他是作为奴隶制的代言人进行抗辩的。卡尔霍恩主张“州拒绝执行联邦法令”(doctrine of nullification)，他提出，各州有权否决它们认为不符合宪法的任何联邦政策。在南卡罗来纳州，立法机构废除了一项，它裁决为不合适的联邦关税后，有关“州拒绝执行联邦法令”的争议达到了顶点。安德鲁·杰克逊（Andrew Jackson）总统最终劝服南卡罗来纳州不要实施拒绝执行联邦法令的行动计划，但后来倡导州权的热情还是激起了一场美国内战，它致使 60 万美国人丧生[15]。这场拒绝执行联邦法令的运动所引起的反响一直延续至今，体现在今天关于如何更有效地实施通过的 2010 年《平价医疗法案》的争论上。

2012 年，在华盛顿最高法院外，一群游行示威者在抗议。他们在等待最高法院对《平价医疗法案》（由奥巴马总统签署）的合宪性做出判决（SAUL LOEB/AFP/GETTY IMAGES）

在内战期间，州权倡导者们的士气被激发，这要归因于罗杰·托尼（Roger Taney），他于 1835 年升任为美国首席大法官。托尼主持了安德鲁·杰克逊在马里兰州的总统竞选，他在成为首席大法官前曾担任过杰克逊总统的首席检察官。托尼大法官因他在“德雷德·斯科特诉桑福德案”（*Dred Scott v. Sanford*，1857）的判决中所发挥的作用而广为人知。这份判决被广泛指责为美国联邦最高法院史上的最低谷，因为它赋予奴隶制合法性，从而助推了原本就紧张的南北关系的两极化。

德雷德·斯科特是密苏里州军医约翰·埃默森（John Emerson）所“拥有”的一名奴隶。斯科特曾被埃默森带入自由的路易斯安那地区（Louisiana territory）。后来，斯科特提起诉讼，声称埃默森的妻子“鞭打、伤害和虐待他”，他不应再被当作埃默森一家的“私有财产”看待，因为他们已经移居到了“自由”地区[16]。在诉讼中，斯科特和他全国的声援者提出了“一旦自由，永是自由”的法律行动计划，该行动计划宣称，既然斯科特曾在“自由”地区居住过7年，他在法律上就是一个自由人。在托尼法庭上提出的第一个问题是，德雷德·斯科特是否具有法律资格向最高法院提起诉讼。最高法院判决，德雷德·斯科特不具备法律资格，因为作为奴隶，他不拥有与公民身份有关的任何权利。

该案本该只就法律资格上的争议做出结论。然而，托尼法庭宣布**《密苏里妥协》**（Missouri Compromise，1820，是一个政治上的妥协方案，密苏里州由此作为蓄奴州而缅因州作为自由州加入合众国。路易斯安那地区的其他各州则被划分为南方的蓄奴州和北方的自由州）是违宪的，从而激怒了北方的废奴主义者。《密苏里妥协》中有条款禁止奴隶主带奴隶进入自由地区。托尼法庭裁定，国会没有宪法授权禁止奴隶主带奴隶进入自由地区。这份判决激起了北方废奴主义者的愤慨，他们担心奴隶制会因此而扩展到西部地区。斯科特案的判决对美国内战（南北战争）的爆发起了推波助澜的作用，它严重地败坏了美国最高法院的身份和声誉。后来，正是这份判决曾使得旨在废除美国奴隶制的宪法**第十三条修正案**（Thirteenth Amendment，一项废除了奴隶制的美国宪法修正案）迟迟未能通过。

《权利法案》为各州所吸纳

美国内战导致了三条宪法修正案的通过，它们赋予非裔美国人所有与公民身份有关的权利。第十三条修正案（1865）宣布奴隶制为非法，**第十四条修正案**（Fourteenth Amendment ，1868，一项内战之后制定的美国宪法修正案，它保证所有的美国人都享有正当法律程序权、平等受法律保护权、平等的基本公民权及豁免权）普遍禁止各州拒绝赋予公民权的行为，**第十五条修正案**（Fifteenth Amendment，1870）则明确了各州基于种族而拒绝给予公民选举权的行为为非法。这三条修正案改变了联邦与州之间的关系，因为美国宪法首次规定了各州如何对待其居民的各种限制性因素。美国宪法前十条修正案只是出于限制全国性政府行为而被批准通过。在“巴伦诉巴尔的摩案”（*Barron v. Baltimore*，1833）中，首席大法官马歇尔裁定，各州不受**第五条修正案**（Fifth Amendment，涉及提供正当法律程序、禁止遭受双重伤害及声明个人不得被迫自证其罪，以此来维护被告的权利）中的公平赔偿条款约束，因为《权利法案》的起草和制定是用来限制联邦政府的权力，而非限制各州的权力。第十四条修正案改变了这种约定。第十四条修正案规定："任何一州，都不得制定或实施限制合众国公民特权或豁免权的法律；不经正当法律程序，不得剥夺任何人的生命、自由、财产；在州管辖范围内，不得拒绝给予任何人平等法律保护。"[17]这是否意味着各州至此就被要求遵守《权利法案》了呢？对此，在其后的几十年里，最高法院采用了选择性吸纳（于各州）的司法原则来予以回应。

在"吉特洛诉纽约州案"（*Gitlow v. New York*，1925）中，最高法院判决，宪法第一条修正案中有关言论自由和出版自由的条款适用于各州，因而，它在不断变化的司法实践中确立了选择性吸纳的司法原则。在"吉特洛诉纽约州案"中，最高法院将涉及言论自由和出版自由的权利全国化，裁定这些权利都是公民"最基本的价值"[18]。选择性吸纳意味着，最高法院会要求各州遵守《权利法案》中任何它认定为"最基本的价值"的条文。后来在"帕尔科诉康涅狄格州案"（*Palko v. Connecticut*，1937）这一免受双重审判案中，"最基本的价值"这一术语被界定为使自由存在于各州而至关重要的任何权利[19]。2008 年在"哥伦比亚特区诉赫勒案"（*D. C. v. Heller*，2008）中，最高法院废除了枪支管控立法，而将个人持有枪支的权利扩大为全国性的权利。

1953 年，德怀特·艾森豪威尔（Dwight Eisenhower）总统任命厄尔·沃伦（Earl Warren）为美国最高法院首席大法官。沃伦曾于 1948 年与总统候选人杜威（Thomas Dewey）搭档竞选过副总统职位，而后又担任过加利福尼亚州州长。就在那一年，杜威在那场旗鼓相当的总统竞选中败给了杜鲁门。艾森豪威尔总统对沃伦在法庭上的自由主义解释颇感失望，他后来评论道，任命沃伦是"我所犯过的最大的、最愚蠢透顶的错误"[20]。沃伦法庭所做出的最重大的判决或许是"布朗诉教育委员会案"（1954），当时全国各州主张废止公立学校系统内的种族隔离，就归功于这一判决。在该案中，琳达·卡罗尔·布朗（Linda Carol Brown）是一名来自堪萨斯州托皮卡市的 8 岁非裔美国女孩，她因其肤色而被拒绝在居住区内的一所学校入学。小女孩的父亲是当地教会的一名牧师，而当地基本上是白人居住区。在当时，托皮卡市的学校都是实行种族隔离的，依照堪萨斯州的法律，这是被允许的。布朗一家认为，被指定接收黑人学生的学校要比全部为白人学生的学校低等。况且，那所全部为黑人的学校离布朗家要远得多。由此，布朗一家提起诉讼，质疑学校的种族隔离政策，认为它是对女儿受宪法第十四条修正案同等保护条款所保障的权利的侵犯[21]。

为了打赢这场官司，布朗夫妇需要推翻1896年“普莱西诉弗格森案”（*Plessy v. Ferguson*）中确立起来而长期沿用的“隔离但平等”（separate but equal）判例。该案涉及路易斯安那州的一项认定美国黑人与白人同乘一节火车车厢为非法的法律。在“普莱西诉弗格森案”中，最高法院判定乘坐火车时实行种族隔离没有违反宪法第十四条修正案同等保护条款。这一判决确定了，如果是多个种族的人共享公共设施，那么种族隔离是被许可的。这是因为普莱西案的判决认定，各州允许对公用厕所、学校、医院、餐馆、酒店、墓地及其他公共服务场所实行种族隔离。

但“布朗诉教育委员会案”（1954）的判决推翻了上述判例所确立的“隔离但平等”的法律原则。首席大法官沃伦在布朗案的判决中总结说，“在公共教育领域，‘隔离但平等’的法律原则是不适用的”[22]。这尤其让最高法院相信，公共（种族）隔离实际上是不平等的，因为这是一个种族在阻止另一个种族进入优质的公立学校上学，这对美国黑人孩子的自尊心是一种打击和伤害，使他们从小就认为自己比白人孩子低等。基于布朗案判决中的法理依据，沃伦法庭还在“洛文诉弗吉尼亚案”（*Loving v. Virginia*，1967）中废除了弗吉尼亚州一项禁止种族间通婚的法律，从而扩大了前一个判例的司法成果。如今，我们已经很难想象，这些带有种族歧视性质的法律在数十年前还在一些州施行。

此外，沃伦法庭还在标志性的“贝克诉卡尔案”（*Baker v. Carr*，1962）中扩大了公民的民主权利。人们认为，从法律上确立著名的“一人一票”（one person，one vote）原则是贝克案判决的功劳。该判决禁止州立法选区代表权的不公平分配[23]。将这一争议推入最高法院门槛的场景出现在田纳西州。各州选区人口分布不均，有的县只有2 340名公民，而到另一个县则有42 298名公民[24]。选民查尔斯·贝克及田纳西州其他选民将田纳西州告到联邦地区法院，并指名要求负责选举的州务卿乔·卡尔作为被告出庭。贝克声称，代表权分配不公违反了宪法第十四条修正案同等保护条款，因为该做法产生了削弱少数群体政治影响力的严重后果。而最高法院做出的有利于贝克的判决对此产生了巨大的影响，那就是：它确定了各州必须在立法选区间保持人数的均衡，由此而维护“一人一票”的选举观念，进而扩大城区的政治影响力。贝克案的判决还激起了一场席卷全国的重新分配议席的运动，这场运动在每个州重新划分立法选区时达到了高潮，由此，无论是城区还是少数民族群体都获得了更大的代表权。

德国：一个理想的比较范例

至此，你已经了解了司法审查的一些缘由及其在美国的历史实践。下面从一个比较的视角来重新审视和评估它。基于多方面的原因，德国可以被看作一个引人关注的比较范例。首先，如同美国，德国是联邦制国家。德国的各州被称为联邦州（邦），宪法授权它们制定了许多自己的法律。第二次世界大战结束（同时伴随着希特勒和纳粹党的终结）后，同盟国帮助德国设计了一种可以限制某个人或某个政党攫取过多权力的制度。由此，德国模式反映了美国人对分散权力的态度。

其次，德国设立了审判官式的司法制度。这一点在一种比较分析当中将极为有意义，因为它不仅能让你理解不同民主制国家是如何贯彻正义的，同时也能让你懂得联邦制民主国家是如何以不同的方式贯彻正义的。如同大多数的欧洲大陆国家，在德国，审问制度（inquisitorial system）是作为另一种判案的方式被确立起来的。在实行对抗制审判制度的美国和英国，**判例法**（case law，在先前的司法判决中所阐明的法律原则）传统的存在使得法庭在审判中可以遵照先前的判决和过去的判例。与之相对，由于德国的民主传统相对较短（第二次世界大战后才开始），它选取了一种在判案时赋予法官更大权力的传统。

最后，德国的法院系统自其形成以来就一直在不断发展和变化。大多数美国法学学者认为美国的法院系统及其制度设计根源于英国的习惯法。换言之，美国和英国的制度渊源为美国的法院系统提供了一种浓厚的传统感。与之相对，德国的法院系统则充当了一种提示，它提醒人们，不止立法机构、行政机关是完备的，司法机关也是如此。通常，德国人看重他们自己的法院系统，这其中部分的原因在于，他们的法院系统独立于以往的判例，还因为德国公民积极参与许多决策过程。正是这一水平的独立性奠定了以下论述的基础。

位于卡尔斯鲁厄的德国最高法院法庭（RUFFER/CARO/ALAMY）

从顶端开始：德国联邦宪法法院

要了解一个国家的法院系统，最好的方式是从它的顶端即最高法院开始。在德国，最高法院被称为联邦宪法法院。德国联邦宪法法院于 1949 年根据宪法（《德国基本法》）设立，1951 年作为一个政府机构正式投入运行，它作为法律体系中的一种令人关注的模式屹立于当代世界。如果同美国最高法院相比较，德国联邦宪法法院规模更大，负有更大的责任，也更为民众所知晓。由于当代德国的法律体系和立宪、法治在很大程度上建立在德国的二战经历之上，接下来考察联邦宪法法院的设立、发展历程及其被视为能动法庭（activist court，在阐明和用立法规范政策措施上发挥重大作用）的某些理由。

继第二次世界大战和大屠杀的惨痛经历之后，德国宪法（“基本法”）创建了一个所具备的能量与所受到的制约等量的法院。制宪者们（指那些拥有深厚法律背景的美国人）认定，对于一个惨遭蹂躏同时制造了不可估量的破坏的国家来说，其所面临的最大问题是拥有一套既可以处理违宪政策同时又不太强势以至于成为其成功障碍的法律制度。由此，对那些在遭受持久暴力而走向民主的国家来说，联邦宪法法院的规模和任期就备受关注。

德国联邦宪法法院由两个 8 人法官团组成。其中半数法官由德国上议院（联邦参议院）推选产生，另一半由下议院（联邦议院）选举产生。每一名法官都要经由至少

2/3 的多数通过[25]。此外，法官团中的每个法官只允许担任一个 12 年制的任期，其职务在法定退休年龄 68 岁前自行终止[26]。虽然这些制度明显不同于美国最高法院，但它们确实同时反映了德国自身的历史和来自美国的影响力。

直到现代联邦宪法法院设立，德国一直缺乏一个独立的、能够制约联邦立法机构权力并解决各邦（州）争议的司法系统。在德国，曾经出现过的、其权限极其类似于联邦宪法法院的唯一机构是帝国法院（Court of the Empire，在 1806 年解散），它负责处理涉及神圣罗马帝国期间德意志民族的各种争端[27]。即便为解决国家与各联邦州的立法机构之间的各种争议，德国在第一次世界大战后成立了国家法院（State Court），但《魏玛宪法》（这部德国宪法是在第一次世界大战结束时确立的，而后被纳粹党所破坏）"并没有授予这家法院对个人基本权利的司法管辖权"[28]。由此，在 1949 年《德国基本法》起草时，它设立了一个高等法院，该法院实际上在谱写德国统治的一个新篇章。这就是为何艾尔弗雷德·林肯（Alfred Rinken）将德国联邦宪法法院称为"由《德国基本法》所设立的一个最引人注目而又最激动人心的机构"[29]。至此，你对联邦宪法法院及其成立背后的历史有所了解了，下面就来看看它是如何运行、如何受理争端的。

权力与决策意义

德国联邦宪法法院的制度设计出现在 1949 年《德国基本法》第 93 条和第 94 条。其实际的权力运作却是在 1951 年《联邦宪法法院法案》的规定下确立起来的。正是在这个法案的框架之下，它获得了司法审查权同时还把司法管辖权扩大到"个人和集体投诉"[30]。1951 年，已确立的联邦宪法法院"宣布自己有权制约各州（邦）任何有可能侵犯基本权利的行为"[31]。虽然德国联邦宪法法院拥有大量权力这一事实来自美国的影响，是参照和借鉴美国经验的结果，但林肯还是认为：

> （德国司法审查的）主导精神表现为赋予宪法至上性的决断上。《德国基本法》第 20 条第 3 款要求立法机构负有维护合宪秩序的责任，要求行政和司法机关受到法律和法之规定的约束。尤其是涉及基本权利时，《德国基本法》第 1 条第 3 款规定，"下列基本权利应当约束立法、行政及司法为直接有效之法律"。在包括立法机构在内的宪法制度下，所有的参与者都要遵守宪法，宪法是至高无上

的，它充当所有行为的衡量标准。联邦宪法法院旨在为这一原则提供制度保障。[32]

由此可见，德国的制度是通过对法治的至上尊崇而确立起来的。这并不是要夸大法治在某个国家中的重要性，而是说在德国，法治及对权利的尊重承担起了重要的功用。到第二次世界大战结束前，大多数政治分析家和学者都断定，战争并不是对民主制（在此被理解为选举权、多党制等）的一种削弱及对两次世界大战之间的德国政体的一种破坏，而是一项完全不顾及作为国家指导原则的法律。一个独立而强有力的“高等法院”将确保国家的合宪秩序不断向前发展。

《德国基本法》第93条规定，“联邦宪法法院拥有各种不同的司法管辖权”，林肯将这些权限总结如下：

1. 对联邦最高机关之间所发生的争议的宪法审查。这一范畴包括联邦与联邦各州之间的争议和涉及联邦最高机关的争议。

2. 司法审查可以作为一种具体的规范管理或先行的裁决来进行，也就是说，它既可以作为从下级法院提交来的仲裁的一种结果，也可以作为所谓抽象的司法审查或抽象的规范管理。

3. 公民的宪法控诉及其他侵犯基本权利的案件中的控诉。

4. 公诉及类似程序，如：

对联邦总统的弹劾，《德国基本法》第61条；

对法官的弹劾，《德国基本法》第91条第2、5款；

基本权利的剥夺，《德国基本法》第18条；

对政党活动的限制，《德国基本法》第21条。

5. 选举争议程序，包含在《德国基本法》第41条第2款。[33]

由于我们致力于比较司法制度，也向读者介绍过美国的司法审查观，在此我们要用多数的篇幅来考察德国的宪法和司法审查。这并不是说，上述其他领域对理解德国高等法院不重要，而是说，鉴于这是一部导论性读本，在同美国最高法院的比较中考察德国宪法和司法审查的功能，更易于理解德国联邦宪法法院。

由于德国是一个联邦制国家，各州（邦）拥有大量的立法权，因而出现了很多案例不得不由联邦宪法法院来裁决的情况，各州（邦）的法律是否符合《德国基本法》？或反之，某些联邦法律是否损害了或有可能损害各州（邦）在一定程度上的自主权？

涉及联邦宪法法院权威的首个案例是“德国西南重组案”（*Southwest State Case*，1951)。该案有时被称为德国的“马伯里诉麦迪逊案”。“德国西南重组案”向各个政治阶层表明，联邦宪法法院拥有广泛的权力来裁定不同政府机构之间的争议。

案件本来很简单，不过，德国的历史背景却让它变得异常复杂。德国联邦最高法院的总部设在卡尔斯鲁厄市，它曾是巴登州的首府。第二次世界大战后，盟军（美国和法国军队）把巴登州作为正式的占领区。当时，德国宪法正在起草之中，新的联邦政策也尚在讨论中，巴登州被判同它一度的竞争对手符腾堡州合并。在德国体制的奠基人看来，这种合并具有行政管理上的意义。但两州的合并在两个地区的许多民众当中激起了极度紧张的情绪，因为他们认为，合并后的新“州”要能够独立地进行立法决策，而不应被强迫服从联邦法令（如果它是一个真正的联邦国家）。

巴登州把它的诉求上呈至联邦宪法法院，那就是：它应当拥有自治的权利。究其根本，巴登州发问的是：一个刚刚创建了联邦制的联邦政府怎么能够将这种立法行为强加于某一个地区的领导和民众呢？问得好。然而，联邦宪法法院的回答既不能为首府卡尔斯鲁厄市所接受，也不能让巴登州领导层中的许多人认可。法院裁定，“在一个邦（州）中人民的自决权要服从更大单位的利益而受到限制，这是很自然的事情”[34]。

该判决不仅促成了现代德国组织体系的建构，而且为新的联邦宪法法院确立了一个判例。这就是实施中的《德国基本法》第 93 条的内容。德国最高法院解释了它的宪法权威性，其解释方式表明，它绝非是一个兼职的仲裁者。该判决为德国最高法院开启了以更加积极的方式行使审判权的大门。

然而，德国最高法院是允许其他群体和个人拥有发言权的，它让那些可能的**起诉人**（petitioners，法院就某一争端对之予以调解的一方诉讼当事人）在最高审判层表达诉求。由于最高法院被认为是进行违宪审查并对各州与联邦政府之间所发生的争议采取行动的，“联邦宪法法院承认政党及联邦议会派系（和个人）为起诉人……他们认为，他们的宪法地位尤其是他们的平等机会权遭到了侵犯，譬如，通过违宪的选举法而遭侵害”[35]。由此可见，德国联邦宪法法院被允许审理也必须审理州和联邦政府中的个体和群体提起的诉讼，而美国最高法院在宪法上却是被禁止这样直接审案的。

联邦宪法法院还对那些涉及德国市民日常生活的各类争议做出裁决。由于任何一位公民都被允许向最高法院提起诉讼，每年有近 6 000 人起诉到最高法院，联邦宪法法院发出的法律公告涉及方方面面，从大学入学名额到分配给各党派的课税减免定额[36]。这些判决使联邦宪法法院看起来像“立法机构的第三院”[37]。不过，令人惊讶的是，联邦宪法法院的受欢迎度持续上升（80%的认可度），它被德国人看成是民主制的支柱——即便它仍然对一些许多美国人认为应受保护的自由加以限定[38]。

比方说，关于言论自由的争议。在德国，某些党派因不能促进民主制，其活动受到联邦宪法法院的限制乃至禁止。不过，联邦宪法法院同时也拒绝接受大屠杀及其他类似散布“仇恨言论”的刑事犯罪行为。由此可见，虽然人们一致认为这类“仇恨言论”的说法或看法是应受指责的，它们明显脱离了主流，但一个法院——尤其是在民主制下——是否有能力（和有权利）就个人的言论自由做出裁决呢?

那么，财政上的争议呢? 2009 年，联邦宪法法院向立法机构发出指令，认为它有必要立即向上班地为短途的雇员提供课税减免[39]。德国有财政部，有两院制立法机构，还有总理，不过，却是由这个 16 人联邦宪法法院来决定课税减免。虽然美国人有可能抱怨立法机构以及最高法院非民选法官的行为，但你能想象，此类判决和法律会由最高法院的法官席宣判和公布吗? 这应该是没法想象的。

但这些争议和政策判决并不是德国联邦宪法法院唯一值得关注的特点。另一个令人关注的特点则涉及司法保密观。“在未被接受的判决中，85%是被无理由驳回的，而其中所采用的标准仍旧是保密的。”[40]当一个权利主张被联邦宪法法院驳回时，起诉人及其律师基本上从未被告知案件被退回的理由。因此可以说，德国设立了一个非常积极有效的联邦宪法法院，它可以自行行使审判权，并对几乎不被其他法院判决的争

2012 年，荷兰海牙国际刑事法院针对利比亚质疑起诉赛义夫·伊斯兰-卡扎菲（卡扎菲的儿子）的案件举行公开听证会，辩护律师事务所的代理人到庭（MICHAEL KOOREN/POOL/EPA/NEWSCOM）

议做出裁定。而它是在一个秘密之幕后行使其权力，其做法又不同于大多数其他民主制国家的法院。

小结

或许有点讽刺意味的是，负责解释美国宪法的政府部门实际上是美国三个政府部门中最不民主的一个部门。美国联邦最高法院毕竟是由 9 位非民选而终生任职的法官组成，他们闭门协商，只受弹劾威胁的制约[41]。这是因为司法机关被认为是最无争议的政府部门。各州在 1787 年制宪会议期间适时地奠定了法院制度的基础，近一半的开国元勋即制宪者们都熟知法律制度，他们先前在各自的州从事律师职业。美国的制宪者们创设美国的司法制度要比创设立法和行政机构得心应手得多[42]。因此，在制宪会议上，很少有人关注司法系统，这或许解释了詹姆斯・麦迪逊为何只用 369 个字的篇幅来论及这个政府部门。

在本章中，美国的司法系统是透过联邦制这一棱镜来审视的，本章着重观照了联邦司法系统的创建、州与联邦法院制度之间的差异以及美国联邦最高法院是如何行使司法审查权来扩大中央政府的至上权威与所有公民的政治和法律权利的。然后，我们对美国的司法审查权与德国的司法审查的作用进行了比较。不同于美国采用“对抗制”法律制度，德国和其他民主制的司法系统采用的是“审问制”法律制度。美国的对抗型模式大多把法律程序完全交给原被告双方来形成一个最强有力的案例，然后再把法律程序交给法官和陪审团来判决结果。审问制则通常意味着有主动的法官，其作用就是积极调查和判定案件的真相或事实，而不论这样做是有助于还是会妨碍诉讼的中立进行。

虽然作为概念形态的民主的司法系统看似包含着某些普通的特征，但绝没有一套被认为是民主制司法系统的标准模式。某些法院制度比方说美国和德国的，赋予法院司法审查权，而其他的民主制政体拥有较为弱势的司法系统，倚赖于立法至上。在接下来讨论国际关系的章节中，我们着重来观照各种不同的政治制度和文化是如何在国际体系内进行互动的。对各种不同类型的政治制度的深入理解，有助于我们解释有些国家为何会发动战争，而我们又何以来避免战争。

注释

[1] John Hart Ely, *Democracy and Distrust*: *A Theory of Judicial Review*, 14th ed. (Cambridge, MA: Harvard University Press, 2002), 1.

[2] Supreme Court Historical Society, *The Court as an Institution*, prepared by the Supreme Court of the United States.

[3] Robert A. Carp and Ronald Stidham, *Judicial Process in America* (Washington, DC: CQ Press, 1998), 28.

[4] See Article III of the U. S. Constitution.

[5] Otis H. Stephens, Jr., and John Scheb, *American Constitutional Law* (Florence, KY: Wadsworth Publishers, 1999), 272.

[6] See Article III of the U. S. Constitution.

[7] Stephens and Scheb, *American Constitutional Law*, 39.

[8] Ibid., 110.

[9] Robert A. Carp and Ronald Stidham, *Judicial Process in America* (Washington, DC: CQ Press, 1998).

[10] Ibid., 24.

[11] The U. S. Constitution, Art. III, Sect. 1.

[12] Lawrence Baum, *American Courts*: *Process and Policy* (Boston: Houghton Mifflin, 1998), 310.

[13] Ibid., 264.

[14] 州际商贸条款是如何被用来支持1964年《民权法案》的，可参见：*Heart of Atlanta Motel v. United States* (1964) and *Katzenbach v. McClung* (1964)。

[15] Lee Epstein and Thomas G. Walker, *Constitutional Law for a Changing America*: *Institutional Powers and Constraints* (Washington, DC: CQ Press, 1995), 311.

[16] 关于斯科特案的更多信息，可参见：http://www.watson.org/lisa/blackhistory/scott/casebackground.html.

[17] 参见宪法第十四条修正案。

[18] Epstein and Walker, *Constitutional Law for a Changing America*, 58.

[19] Ibid., 56.

[20] Ibid., 59.

[21] Ibid., 668.

[22] Ibid., 670.

[23] Stephen Ansolabehere and Samuel Isaacharoff, "*Baker v. Carr* in Context: 1946-1964," in M. Dorf (ed.) *Constitutional Law Stories* (New York: Foundation Press, 2003).

[24] Ann O'M. Bowman and Richard C. Kearney, *State and Local Government*, 3rd ed. (Boston: Houghton Mifflin).

[25] David P. Conradt, *The German Polity*, 8th ed. (New York: Pearson-Longman, 2005), 252.

[26] Brittanica Online, "Federal Constitutional Court," http://www.britannica.com/EBchecked/topic/203366/Federal-Constitutional-Court.

[27] Ralf Rogowski and Thomas Gawron, eds., *Constitutional Courts in Comparison: The U.S. Supreme Court and the German Federal Constitutional Court* (New York: Bergahn Books, 2002), 4.

[28] Ibid., 4.

[29] Rinken's chapter entitled, "The Federal Constitutional Court and the German Political System," in Rogowski and Gawron's edited book, *Constitutional Courts in Comparison*, 55.

[30] Alfred Rinken, "The Federal Constitutional Court and the German Political System," in *Constitutional Courts in Comparison*, eds. Rogowski and Gawron, 61.

[31] Rogowski and Gawron, *Constitutional Courts in Comparison*, 6.

[32] Rinken, "The Federal Constitutional Court and the German Political System," 61.

[33] Ibid., 62.

[34] Russell Miller and Donald P. Kommers, "Das Bundesverfassungsgericht: Procedure, Practice and Policy of the German Federal Constitutional Court," *Journal of Comparative Law*, vol. 3, no. 2 (2009), 194.

［35］Rinken，“The Federal Constitutional Court and the German Political System,” 63.

［36］“Judgment Days,” *The Economist* (March 26，2009)，http://www.economist.com/node/13376204.

［37］Ibid.

［38］Ibid.

［39］Ibid.

［40］Erhard Blankenburg，“Mobilization of the German Federal Constitutional Court,” in *Constitutional Courts in Comparison*，eds. Rogowski and Gawron，168.

［41］Larry Berman and Bruce Allen Murphy，*Approaching Democracy* (Upper Saddle River，NJ：Pearson，Prentice Hall，2007).

［42］Epstein and Walker，*Constitutional Law for a Changing America*，62.

第三部分

国际关系

第八章

理解国际关系： 概念和理论

引言：国际关系

在过去 3 000 多年里，学者们一直试图解释国际关系。虽然作为一个统治单位的国家是较为现代的产物，但对人类各政治单位跨境行为的调查研究却古已有之。至少是自从公元前 5 世纪开始，学者就一直在探究是什么驱使人们发动战争，又是什么促使他们去寻找外交或和平解决的方案。在这个过程中，无数理论被创造出来，为人类社会提供了关于战争与和平议题的更好的理解。

从某些经典的思想流派如现实主义、自由主义、马克思主义和建构主义开篇，本章将向你们介绍几种不同的理论和概念，这些详尽的理论和概念将对国际关系这一分支学科中的各类现象进行评判。在本章中，我们力求对国家有时诉诸暴力、有时又选择合作的某些原因做出解释。必须提出的是，国际关系体系是一个多方面、多维度的领域，大量的行为主体（政府的和非政府的）都在其中运作。有时，各行为体的行为动机是相互冲突的，而有时又是相互契合的。本章的目的是揭示各种不同的思想流派是如何阐述和评判国际行为的。

除了论及上述不同的思想流派，本章还将向读者介绍受人尊崇的国际关系学者肯尼思·华尔兹（Kenneth Waltz）所阐发的三个层次分析法。在解释国际行为（在现实主义视角内）时，三个层次分析法是一种极有用的研究工具，因为它致力于对国家行为做出全面而深入的分析。据华尔兹的看法，国际行动可通过对行为主体三个层次的考察获得最好的解释：国家内其个性支配跨境行为的个人、国家内其影响力或激发国际事件的国内压力集团及其组织结构可能因均势重构而发生改变的国际体系自身。为了阐明这种研究方法，我们可以调查研究卢旺达种族灭绝等国际事件。三个层次分析法使得我们可以通过国内和国际双重棱镜来考察国际关系，它同时也让我们意识到，国际关系体系如此复杂，以至于它要求有相应复杂的解释。

古典现实主义：国际关系中的权力

从第三章的内容可以看出，现实主义源自那些把政治看作获取和维护权力的学者的观点。由此可见，现实主义的核心在于**权力**（power，使他人做出他们原本不愿做的事情的能力）与国家获取和维护权力的方式。因而，要理解现实主义，首先就必须对“权力”这一术语本身有一种基本的把握。为此，我们可以把权力定义为使他者（个人或国家）做出他们自身原本不会去做的事情的能力。有时，权力可能采取强制即一种暴力行为。有时，权力也可能是来自某个被确认为既有能力又有意愿使用暴力的人的暴力威胁。不过，权力被称为现实主义思想流派的一大主题。我们将看到，权力是政治行为的首要决定性因素，因而，它是评判国际关系的唯一标准。

在国际关系的讨论中，出现了两类权力即硬权力和软权力。**硬权力**（hard power，一个国家动用军事和/或经济压力，迫使另一个国家去做自身不愿去做的事情）指的就是我们在上文中定义的那类权力。当一个国家直接动用或至少威胁要动用强制力（军事的或经济的）时，国际关系学界就会称之为“硬权力”。与之相对，**软权力**（soft power，使用非军事/经济强制的方法来获取想要达到的结果。譬如，使另一个国家“想要”我们想要的东西，以创立一种安全体系）则最好是那些通过动用外交或意识形态手段改变国际体系的行动。国际关系学者约瑟夫·奈（Joseph Nye）在《注定要领导：美国权力性质的变迁》（*Bound to Lead*：*The Changing Nature of American Power*）一书中认为，冷战结束后，最好通过外交和观念来服务于美国国家利益[1]。在奈看来，如果美国以提升其在国际社会心目中的积极声誉的方式来行事，那么美国的权力就会得到加强。奈反对采用“胡萝卜加大棒”方式，而是主张以第三种方式来制定美国外交政策——以使美国在其他国家及其民众心目中更能被接受的方式行事——是最符合美国国家利益的。

按奈的说法，软权力“源自一国文化、政治理念和政策的吸引力”[2]。当然，是观者眼中的“吸引力”，如同观者眼中“美（景）”。软权力是建立在观念之上的。由此，“有时我们可以通过影响（而非控制）行为来获取我们想要的结果。如果你认为我的目的是正当的，那么我就可以劝服你而不必威胁和诱导你为我做某件事情”[3]。从多方面看，这比你所认为的要普通的多。

举个例子（事实上，奈本人就考察过这个例子），即关乎行为的人的伦理道德观（何谓善？何谓恶）这样一个简单的问题。是什么激起“基地”组织成员在 2001 年 9 月 11 日袭击美国世贸中心和五角大楼？在奈看来，这“不是因为报酬或威胁（硬权力），而是因为‘基地’组织成员认为本·拉登的观念是正当的、合情合理的”[4]。无数恐怖袭击既不是发生在动用金钱的情况下，也不是发生在威胁之下。“基地”组织在招募恐怖分子时，其劝导方式一直很成功。这一点同样适用于传统的国家行为体，其政治家时常运用劝服的办法而使某些法案得以通过，使某些政策得以被认同。

权力，无论是硬权力还是软权力，在任何现实主义的讨论中都是必要的因素，因为现实主义尽可能简单地定义国家：国家是自主行动的政府行为体。譬如，国际体系中“金砖四国”（巴西、俄罗斯、印度和中国）在当下的兴起。在21世纪力图增强其国际影响力和维护其国家安全的过程中，这些国家可能会采用哪种权力呢？

近年来，一些学者考察了巴西、俄罗斯、印度和中国的经济增长率，并判定，这四大经济体具备在21世纪影响国际关系的最大的实力。为什么呢？因为它们是人口数量庞大的国家，它们在过去10年内经历了大发展。这就意味着，在未来15～20年，“金砖四国”会竭力改变现行的国际体系框架，以维持其经济增长轨迹。

在哈罗德·詹姆斯（Harold James）看来，对当前国际体系最大的威胁来自“金砖四国”处理国内压力的方式，简述如下：

1. 这些人口众多的国家必须将它们贫穷的、受教育程度低的人群（在中国和印度，主要在农村）融入世界市场。

2. 中国和俄罗斯拥有缺乏透明度的金融体系，而巴西和印度则处于财政不发达的状态，这将融入世界经济体系的进程置于危险的境地，增大了金融危机爆发的风险。

3. 俄罗斯面临着巨大的人口衰减和人口老龄化、致病化等问题；到21世纪40年代，中国将必然面临人口下降趋势（类似于日本），独生子女政策是产生这一后果的原因之一。[5]

所以，问题在于，“金砖四国”会试图怎样去改变国际体系呢？它们会动用军事和经济力量（硬权力）吗？或者，它们会通过创制一套能让自身在其地区范围内受人崇敬的制度体系（软实力）（譬如中国新近致力于环境保护，印度向发展中国家出口和开发技术），从而试图去影响国际社会的行为吗？这些都只能拭目以待。

国家利益（national interest，在现实主义者看来，国家总是以扩展其安全范围和保护其所认为的福祉的方式行事）这一概念最能表达作为一种思想流派的现实主义的整个思想内涵及其发展脉络。接下来，将向你介绍**古典现实主义**（classic realism，国际关系思想流派将权力看作国家的主要目标。此外，古典现实主义者宣称，国家是国际关系中的主要行为体，而且，国家被认为是一个统一的行为体，而国际政治是天然混乱无序的）的某些核心假设。不过，需要注意的是，如果有的话，也很少有人去关注对外交的道德判定。如果要提及古典现实主义者，那么首先要说的是，他们往往是非道德主义的一类人，他们只通过权力关系来理解国际事务。

古典现实主义的核心假设

由于对权力关系的冷峻理解，古典现实主义者一直认为，国际体系是建立在三大核心假设之上的。

首先，古典现实主义者坚称，国家是国际事务中的主要行为体。国际体系的变迁赋予国家的一个首要任务是处理国际事务。为何如此？因为国家拥有主权，有权征税，有权发动战争。国际体系中的其他行为体则无权这么做。古典现实主义这一假设就是从这个原始前提出发的。

其次，古典现实主义者断定，国家是理性的、统一的行为体。这就意味着国家被假定为像理性的个体一样行事，它有能力去评估同自身安全相关的优势和劣势。譬如，当某个国家决定要发动战争时，它是作为一个统一的行为体来这么做的。由此可见，学者在评估国际关系并指责美国入侵伊拉克时，他们是把这两个国家都当作理性的个体来评价其行为的。

最后，古典现实主义者声称，国际体系处在混乱无序的无政府状态当中。这一判定是基于这样一个事实：国际体系没有一个能制止冲突与战争的世界政府。正是世界政府的缺席将国家置于唯一能够在国际层面上制造稳定的合法行为体的地位上。国际组织制度有助于避免某些国际冲突，但其最终的成败则取决于权力的分配。在一个强势和弱势的国家并存的世界里，强国成为统治者，而弱国成为跟随者。这就转化为一种不对等的国际关系，但古典现实主义者认为，它也造成了一种可以防止极端不稳定的**均势**（balance of power，该术语在历史上是指政治上的强权国家在试图维护安全和避免国际冲突的过程中采取的种种做法。这个概念最初源于 19 世纪上半叶的欧洲，当时的五个大国即英国、法国、奥地利、俄国和普鲁士主导了国际政治，它们致力于避免战争并各自维持着主导国的地位）。

作为思想家的古典现实主义者

现实主义同时根源于东西方的传统中。事实上，关于战争中国家行为的最早的著述之一是公元前 5 世纪出现在中国的《孙子兵法》(*Sun Tzu's The Art of War*)，该书中的相关思想被认为是对古典现实主义的最早表述之一[6]。孙子认为，单个国家的实力是国际行为中唯一可靠的指标，此书是未来领导者实施其谋略的指南。我们会发现，孙子把道德置于国家安全之后，这一点恰好是现实主义思想的基石之一。

在西方传统中，与孙子大致处于同一时期的是雅典历史学家修昔底德（Thucydides）。虽然他的《伯罗奔尼撒战争史》(*History of the Peloponnesian War*）被誉为最早的历史学文献之一，但修昔底德关于“权力政治”的讨论却是对国际关系学的一种独特贡献。《伯罗奔尼撒战争史》最有名的一个段落即呈现在读者面前的“米洛斯对话”(Melian Dialogue)，就是强大的雅典与弱小的米洛斯岛（Melos）之间的一场辩论。

“米洛斯对话”是活着的古典现实主义的一种体现。读一读雅典人是如何向弱小的米洛斯岛发出要么死亡要么为奴的最后通牒的。这是一个“强权如何成为公理”的经典案例，也是一个关于强国能做合乎其利益所在的事情，而弱国只能接受一切后果的案例。

在这个段落中，雅典人向米洛斯人发出了最后通牒：或者选择死亡，或是选择被奴役。换言之，如果米洛斯人决定同强大得多的雅典军队作战，那么他们所面临的将是战死；然而，如果米洛斯人选择投降，那么他们就会免于一死，但仍会遭受奴役。虽然这并非是公正的选择（如同米洛斯人代表团所做出的），但修昔底德的论述却表达了古典现实主义的一大原则：“强权即公理。”从根本上说，是强国制定法律，弱国遵从法律。

马基雅弗利和霍布斯的著作相隔了两个世纪，但它们是从相似的前提假设开篇著书的，而且还得出了关于国际政治秩序和权力的结论。在马基雅弗利看来，强有力的统治的最大障碍是道德。马基雅弗利著书时，意大利各城市国家之间冲突不断，并没有统一成一个一致对外的整体，对此，马基雅弗利认为，作为一个整体国家的意大利的重生有赖于众多城市国家有意愿去创设有效力的政策，而不是去制定被认为合乎伦理道德、符合意识形态或宗教的政策。马基雅弗利所创设的这种世界观被霍布斯所阐发和充实。霍布斯先前是作为一位社会契约论者被介绍的，他在古典现实主义中的独特地位更多地同他对人性的消极理解（而非他心目中的强势、全能政府）相关联。在霍布斯看来，人性是自私的，最终是自我破坏性的，这种人性状况在自然状态下制造出每个人都被卷入人人相互争斗即所谓“一切人反对一切人的战争”环境。在霍布斯看来，自然状态的混乱无序会一直持续下去，直到出现一个通过订立社会契约而产生的赋权于一个强有力的中央集权政府。正是在霍布斯这里，我们看到了古典现实主义的第三个要素：要是没有一个强有力的政府，世界将被混乱无序和无政府状态所支配。

从古典现实主义到结构现实主义：从摩根索到华尔兹

二战结束后，许多学者对古典现实主义关于国际关系的态度进行了重新评估。威尔逊时代的理想主义不仅被认为是幼稚的，而且批评其是对国际事务的一种草率回应。学者和政策制定者都把理想主义视为导致二战中的绥靖政策的一大根源。理想主义者被比作鸵鸟，他们往往倚重孤立（政策），对旨在对抗实际威胁的先发制人的侵略行为持姑息纵容态度。

汉斯·摩根索：现代的古典现实主义

古典现实主义者汉斯·摩根索（Hans Morgenthau）是对战后权力政治做一种极端保守主义理解的第一批学者之一。在他的书《国家间政治》（*Politics Among Nations*）中，摩根索转换了古典现实主义中关于权力本性的一大假设。数个世纪以来，古典现实主义者一直认为，权力自身就是意欲的目标，因而是国家行为的唯一决定性因素；与之相对，摩根索主张，权力不是目的，而只是达到国家安全和生存的手段。按照这一立场，可以认为，希特勒并不是为争夺政治权力而侵略邻国，而是为了在国际体系内谋取更大的安全和影响力，以求缓解德国人自一战结束以来所感受到的恐惧。

摩根索坚持古典现实主义的核心原则，他认为，在有关战争与和平的议题上几乎没有道德或法律的空间，人们关于现实主义的一些基本主张之间也存在很大的误解。

正如摩根索所写：

> 从学术上说，政治现实主义者坚持政治领域的自主独立性，这一点正如经济学家、律师和道德家各自坚持其所在领域的自主独立性。政治现实主义者被定义为从权力的利益角度进行思考，正如经济学家被定义为从财富利益、律师从行为是否符合法律规范和道德家从行为是否符合道德准则的角度进行思考。譬如，经济学家会问："这项政策是如何影响社会财富或其中的一部分的?"律师会问："这项政策是否符合法律规范?"道德家会问："这项政策合乎道德准则吗?"而政治现实主义者会问："这项政策是如何影响国家（或联邦政府、国会、政党，或农业等）实力的?"
>
> 政治现实主义者不是没有意识到其他非政治领域的思想原则的存在与相互关联。但作为一位政治现实主义者，他只能让其他思想原则服从政治思想原则。他与其他学派的不同还表现在，其他学派将适用于其他领域的思想原则强加于政治领域。正是在这一点上，政治现实主义对国际政治上的"法律-道德论"提出了异议。这个问题并不像有些人所说的那样只是一个想象的虚构，而是触及争议的核心，并被众多历史事实所证实。[7]

就摩根索而言，现实主义是最适合解释国际行为的一种意识形态。虽然摩根索并不认为经济、法律或道德领域是完全无用的，但他认为它们确实受制于理想主义的行为准则，而无视首先旨在维护国家生存的国家安全方面的实际议题。

汉斯·摩根索是继二战以后最早重申古典现实主义主要特征的学者之一（AP IMAGES/HWG）

肯尼思·华尔兹：结构现实主义

在现实主义传统中，继承摩根索传统的是肯尼思·华尔兹，他是国际关系理论的先驱，由他所创立的新学派重新解释了古典现实主义的某些核心信念。在其名著《人、国家与战争》(*Man*, *State*, *and War*) 中，华尔兹拓展了古典现实主义的范畴，他认为，虽然权力政治有助于决定国家行为，但最能决定国家行为的是国际体系结构。由于国际体系缺乏全球主权，因而是无政府的、不稳定的。华尔兹赞同古典现实主义的基本假设，但他同时也补充说，在解释或预测国家行为时，需要被理解和把握的恰恰是国际体系自身。在华尔兹和其他结构现实主义者（或新现实主义者）看来，正是国际体系而非国家自身，决定了各国的实力水平。概言之，华尔兹总结道，虽然国家重要，但更为重要的，是国际体系。

在新现实主义者看来，国家权力是由国际体系内的均势格局决定的。有时，国际体系内的均势会驱使国家奉行侵略政策；有时，它又会抑制国家奉行这种政策。由于所有的现实主义者都认为国家永远会追逐其自身利益，因此，结构现实主义者断言，某些国家在现存的国际体系内拥有有限潜力的假定是似是而非的。我们不要忘了，**结构现实主义**（structural realism，一种国际关系理论流派，它认为，国际体系决定各国的实力水平，国家权力是由国际体系内的均势格局决定的。有时，国际体系内的均势会驱使国家奉行侵略政策；有时，它又会抑制国家奉行这种政策）并不是对古典现实主义的一种攻击，它只是对后者的一种补充或明确。接下来将着重阐发华尔兹的三层次分析法及其分析框架在解释国际关系中的作用。

分析的三个层次

按华尔兹在其著作《人、国家与战争》中的说法，有三种考察战争起源的方式[8]：第一个层次是考察卷入冲突中的领导者的某些人格特征；第二个层次是考察国家的内在构成要素；第三个层次是从国际层面考察多种结构。通过这三个层次的分析考察，你就可以对某一特定冲突展开更为全面深入的研究。譬如，假定你想要考察二战的起因，那么你可以**利用分析的三个层次**（three levels of analysis，华尔兹所阐发的一套用于更好地理解冲突产生原因的分析框架。其中，“三个层次”是指卷入战争中的三种不同的行为体：个人如政治领袖、恐怖分子等；国家即国内层面的行为体，如利益集团、政党和种族或宗教群体；国际社会，即战争发生的国际环境条件和国际紧张关系）从三个不同的角度来考察二战的爆发。

第一个层次：个人

在第一个层次，华尔兹提出，学者应当试图把握领导者与其在使战争永久化中的作用之间的关系。比如你会问：到底有哪些心理驱动力决定了总统的外交决策？领导者个人的强迫观念能否转化为发动战争的口号？是否存在某些使领导者更倾向于诉诸暴力冲突的领袖特征？个体层次分析力求建立起某些参与国际决策的个人动力机制。

在此，让我们来看看二战的例子。谁是这场冲突中的领导者？当然是阿道夫·希特勒。那么，英国首相温斯顿·丘吉尔和美国总统富兰克林·罗斯福呢？是对犹太人和外国人的憎恨促成了希特勒侵略性的政策选择吗？是丘吉尔与罗斯福之间的私人关系使美国总统更有可能参战吗？个体层面的分析力图找到上述问题的答案，从而认定个人特征有力地影响了政策选择。

第二个层次：国家

在第二个层次，华尔兹考察了存在于国家自身之内的动力。政客在号召战争方面的影响力到底有多大？竞争性的种族或宗教群体的影响力呢？同执政政府相关的工商业界成员又有多强势呢？第二个层次的分析力求考察某些有可能助推战争的次国家行为体。譬如，是什么势力造成了纳粹德国针对犹太人的大屠杀和对波兰的侵略？德国国内是否存在助推国家侵略政策的群体？国家层面的分析试图明确在某些社会中是否存在使国际暴力永久化的压力集团。

第三个层次：国际大背景

在第三个层次，华尔兹决定考察国际社会的格局对国际暴力的影响。某一地区的格局是否使该地区更加动荡？如果一国支配另一国和第三国的贸易（乃至于财富），那么该地区是否会变得动荡不安？纳粹德国在欧洲的地位是否不利于欧洲数世纪以来的影响方式？国家联盟（the league of nations）的弱点是否妨碍了国际体系强大到足以去遏制德国？国际层面的分析旨在考察某些特定的地区，并判明地区的权力结构是否使得该地区易受战争威胁。

自由主义

人通常是善的，而我们的理性能力使我们取得经济、政治和社会进步，上述看法是**自由主义**（liberalism，一种国际关系理论流派，它集中探讨旨在增进植根于人性中的合作天性的国际制度的创设）的核心所在。在自由主义者看来，战争、恐怖主义或种族灭绝等行为并非人性的产物，而是在特定时空环境下，由社会、经济或政治结构中的缺陷所致。自由主义者认为，国家间合作对我们的生存来说必不可少，因为只有通过合作，冲突才能避免。

在自由主义者看来，一种促进个人自由（尤其是在一个开放的市场买卖商品的自由和容许个人在一定政治制度下发言的自由）的制度创造了减少冲突发生的最佳契机。由此，自由主义者认为，一种民主化的国际体系安排是抑制国际冲突的最佳方法。如果国家 A 是民主国家（就其具有人民代表性而言），而国家 B、C、D、E 也是民主国家，那么这些国家之间就不太可能产生冲突。

在 18 世纪，是伊曼纽尔·康德（Immanuel Kant，1724—1804）向我们提供了在国际体系中实现这种和平状态的最早规范性表述。在康德看来：

> 人与人之间相处的和平状态并不等同于自然状态，自然状态其实是一种战争状态。这是因为，即便自然状态不包含积极的对抗，它也含有对抗随时可能爆发的持续威胁。由此，和平状态必须是正式构建的，因为对抗的自行中止并不是和平的保证。除非邻居应他人所需而为他人提供一种保证（这只会发生在法治国家），否则，后者即他人会把邻居一直当敌人看待。[9]

在康德看来，只有通过建立起共和制国家（尊重与自身的必然性相当的国际体系的必然性），和平才有可能。换言之，虽然我可能是一名居住在 A 国的公民，但我可能同等地尊重我的国家所属的整个体系的价值，由此，确立起一种信念：我的福祉有赖于国家、国际体系及这两者所倚赖的民主主义的法律。这种模式开创了康德所指的“永久和平”论，因为在此种模式下国家的法律会成为国际法，它不仅保护国内公民权利，而且保护国际层面的公民权利，也就是，世界性或普世的权利[10]。

正是对自由主义的这种解释导致了理想主义在19世纪末和20世纪初的发展。最好是把理想主义定义为自由主义在某些核心看法上的一种扩展。由美国总统伍德罗·威尔逊所代表的理想主义，建立在外交政策中的道德决心和民主原则的扩展之上，这些民主原则包括自决权、言论自由、自由公正的选举等。威尔逊对理想主义的主要贡献体现在他著名的“十四点计划”（Fourteen Points）中。作为一战结束后提出的一组必要原则，“十四点计划”勾勒出了威尔逊的理想主义信念，即通过适当的教育、民主的治理、平等的促进，以及通过最重要的是致力于**集体安全**（collective security，认为应当把一国对另一国的攻击视为对所有国家的攻击的一种思想观念）的国际关系议程设置，使争取和平成为可能的。

第九章将会提醒我们注意威尔逊关于集体安全的信仰标志——国际联盟——的破产。虽然许多学者都把国际联盟的问题同它过分寄望于国家抗击和平的挑衅者联系起来看待，但它的失败也同其缔造者缺乏共识和经济政治支持有关。在一战结束后，无论是美国还是苏联都拒绝加入国际联盟，而把与日俱增的负担抛给不适合应对当时的挑战的，即由阿道夫·希特勒所领导的侵略性的权力政治国家。

新自由主义：合作可以源于私利

在20世纪70年代，自由主义获得了学术上的复兴和重新包装。政治学家罗伯特·阿克塞尔罗德（Robert Axelrod）、罗伯特·基欧汉（Robert Keohane）和约瑟夫·奈着手重新考察国际合作的促成因素[11]。他们意识到现实主义和新现实主义学者所提供的答案是不充分的。这些学者的理论最终被称为**新自由主义**（neoliberalism，一种国际关系学派，它表明：由于国家间持续不断地进行互动，所以它们重视合作并视彼此关系为其自身利益的一部分）或新自由制度主义（neoliberal institutionalism），他们认定，合作并不总是建立在现实主义的假设之上，国际合作是一项极其复杂的事业。因此，他们决定寻找替代性的解释，并且发现：当国家看到在既定的体系内合作是符合其自身利益时，合作就有可能发生。那么，他们是如何阐明其观点的呢？最基本的方法之一是通过“囚徒困境”（prisoner's dilemma）来阐明。该理论表明，理性决策将迫使各国（如同囚徒一样）相互合作，因为这样做与每个国家的自身利益都相符。

下面进一步探讨“囚徒困境”。假定两个罪犯因盗窃而被判入狱，他们被安置在两个不同的、无通信工具的囚室里。侦探告诉这两个囚犯，如果其中一个人认罪而另一人保持沉默，那么，认罪的人将被释放，另一个人则将获一个漫长的刑期，比如10年；如果他们两个人都决意认罪，那么每个人都将获得减刑，比如5年；如果两个囚犯都不认罪，那么两个人会因缺乏证据和证词都将获最轻的刑期（比如6个月）。那么，这两个人到底会怎么做呢？结果会是他们都认罪，服刑5年。

为何这两个囚犯不相互合作、不认罪呢？答案很简单，就是因为他们的处境要求他们只能做出一次性选择，他们没有机会去重复这个选择过程。当时要是他们真有这种机会，他们定会相互合作，缄默不语，从而获最短的刑期。如果囚犯能够领会并熟知这个选择过程，他们最有可能在特定的处境下选择最佳方式，即保持沉默。"囚徒困境"认为，在特定情境下，合作实际上是最符合每个人或每个国家的利益的。在国际领域，也可能出现某些特定的因素，它们改变着国家看待合作的方式。这种改变可能是作为某种技术革新或经济发展的结果而出现的。在接下来的数年，譬如在诸多外交议题上，中国和印度最有可能同美国加强合作，因为经济全球化改变了它们的国际地位。这两国（连同美国）将意识到，合作是实现长期增长的最好方式。

由此可见，将自由主义与新自由主义区分开来的要害之处集中在国际体系内的国家何以合作的理由上。在古典自由主义者看来，国家在国际制度内合作，是因为他们认为人在本性上通常是善的，而且具备通过不断改革现存制度的弊病来完善人类经验的能力。新自由主义者则认为，由于国家不断地进行互动，它们把合作当作自身利益的一部分来考量。至此，你认为国家到底为何要相互合作呢？仅仅是因为国家想要合作，还是因为国家意识到合作是最符合自身的利益的？当今世界上是否有这样的例子即国家是出于私利而合作的呢？

马克思列宁主义和新马克思主义

马克思主义

生活在欧洲工业革命时期的马克思创立了一套理解当时经济、政治和社会生活的独特模式，它反对资本主义和古典自由主义对现存秩序的理解。在马克思看来，历史是掌握生产资料的人（资产阶级）与在此种制度下劳动的人（无产阶级）之间长期的、持续不断的阶级斗争。资产阶级由富有的“所有人”组成，无产阶级则由贫困的“工人”组成。资产阶级拥有工厂，无产阶级在工厂劳动、受剥削。资产阶级拥有土地房屋，是地主或房东；无产阶级则生活在公寓里，是租客。

卡尔·马克思被誉为革命的共产主义之父。他的著作在 20 世纪引起了俄国、中国、古巴及一些发展中国家的革命（PHOTOS. COM/GETTY IMAGES/JUPITER IMAGES）

马克思将他的基本逻辑建立在黑格尔的著作之上，他认为，历史是按照一种逻辑进程展开的。黑格尔认为德行关乎是非善恶的议题（黑格尔称之为“精神”），只有国家才能将德行代代相传；而在马克思看来，唯有人民自己才能够保护此类价值观和价值判断。人类始终意识到生活中存在某些障碍。在黑格尔看来，只有国家能够消除上述障碍；而在马克思看来，正是国家制造了这其中的大多数障碍。此外，马克思还利用黑格尔的“精神”概念断言，历史是按规律前进的。只是在马克思看来，历史其实是一部拥有财富（私人财产）的人与通过劳动确保富有者保有财产的人之间的阶级斗争史。从根本上说，有产者的后代似乎从前辈那里学会了如何更为有效地掌控权力和财富。如同中世纪时期，罗马帝国形成了创造各种财富的剥削方式。在马克思看来，19 世纪的独特之处在于业已形成的剥削强度以及剥削环境的存在。

必须理解的是，曾经主导了当时经济、政治和社会生活的封建时期（资本主义出现之前）为马克思的研究提供了大量的分析框架，封建社会在很大程度上建立在地主（拥有土地的人）与农奴（在土地上劳动据此过活的人）之间的依赖关系之上。虽然地主拥有比农奴大得多的政治权力，但他的权力仍然有赖于他的劳动者的健康和福祉。由此可见，封建时代的土地所有者在一定程度上依赖他们的劳动者。尽管劳动者的生活不可能像地主的生活那样惬意，但他们至少被提供了土地上的住所和食物。到19世纪的西欧，封建时代总体上终结了，取而代之的是一种更多地倚赖于工厂而非农场、更偏向于专业化而非手工劳动的经济制度。

在其巨著《资本论》中，马克思考察了被称为资本主义的经济制度，他认为，资本主义制度使得基于效率和剥削双重驱动力的消极环境固化。效率促使工厂专业化地使产品生产出来，导致了对工人持续不断的循环剥削。这里举个简单的例子来阐明马克思的资本主义观。假定你是一位19世纪的鞋厂厂主，你怎样生产出价廉物美即价格有竞争力品质又好的鞋子来呢？我们拥有可供选择的办法：要么强制要求每位工人各自独立地制作他（她）们的鞋子，要么迫使他们在一条制鞋的流水线上分别完成单一而有限的一项工作。当然，为提高效率，你会选择后者。为何？因为让每个工人为生产鞋子而贡献出一小份力量要有效率得多。这样做不仅能节省时间，更为重要的是可以节省金钱。通过这种办法，工人们可以集体生产出数百双鞋（而在同一时间，一个熟练的制鞋工生产出一双价格昂贵的鞋子）。在马克思看来，正是这个生产过程造成了最大程度的剥削。对工厂主来说，工人是作为生产机器的一部分而被看重的，但他们很容易被机器替代而显得极其廉价。

在这种情境下，工厂的工人被迫出卖他（或她）的劳动力并被剥夺了从制鞋劳动中所能获得的满足感。为何如此？因为每位工人自始至终都不能体验到制鞋的快乐。在马克思看来，正是**异化劳动**（alienation of labor，这是一个由马克思原创的概念，用来解释现代生活何以把工人从其生产的产品中分离开来）使得工厂主能持续不断地剥削劳动力。由于工人不能体验到创造的乐趣，也不能从其劳动成果中获得乐趣，他们也因此成为雇主眼中的商品。当生产的任务变得越来越简便，而工人的数量增加，未来（潜在）工人的工资会下降。在马克思看来，这就是为何工资和劳动条件都会持续恶化的原因[12]。

问题是，政府为何允许工厂主这么做呢？按马克思的说法，这是因为资产阶级

（所有者）与政府是一体的。由于政府以税收为形式从积累的财富中受益，它会拒绝通过有可能危及财富积累的法律。由此，我们在马克思身上看到的不仅有对经济制度的批判，还有对政治制度的批判。

在马克思看来，英国在19世纪末和20世纪初拥有一个最庞大的帝国，这不是偶然的。它纯粹是一个被视为政治必然性的存在生发出来的事实。英国政府意识到，为了维持其欧洲霸主的地位，它需要有源源不断的资源供给。

随着大英帝国的扩张，它的财富和安全也获得了长足增长。在马克思看来，这是资本主义剥削所达到的顶峰：一旦资本主义的政府意识到它不能创造出发展所必需的那些利润，它就会四处去寻找拥有自然资源和劳动力的新土地。在殖民地（比如印度）被占领后，英国人创建了一种防止人民造反并能让资源不断增长的政治制度，该制度强化了有关贸易保护的政策和贸易路线的国际法，还把殖民地的精英带到伦敦接受教育，然后再将他们送回殖民地。由此可见，正是将私有财产加以保护并固化的做法促成了**殖民主义**（colonialism，一国为谋取自身利益而控制他国或另外几国政治制度的一种国家统治形式）。

列宁与帝国主义理论

在列宁看来，**帝国主义**（imperialism，是列宁认为的资本主义的最高阶段，在这个阶段，工业和银行系统被国家的财团和产业领袖所垄断。在列宁看来，这是世界范围内共产主义革命行将到来的阶段）是资本主义的最高阶段：这个阶段见证了国家的自我防卫、工业生产的垄断和建立在剥削基础之上的国际体系。帝国主义不再被理解成帝国A出于自身利益而占领殖民地A的那种做法，而是被理解为这样的做法，即要求所有致力于消灭帝国主义的工人发动一场革命。从多方面看，列宁重申了马克思关于剥削的观点，但同时又强调了“阶级矛盾的不可调和性”[13]。

新马克思主义：迈克尔·哈尔特和安东尼奥·内格里

自冷战结束以来，许多马克思主义者发出了他们的疑问：社会主义的苏联何以在一夜之间出乎意料地迅速解体了？

在《帝国》（*Empire*）一书中，新马克思主义者迈克尔·哈尔特（Michael Hardt）和安东尼奥·内格里（Antonio Negri）把贸易政策的新进展（让富有的资本主义国家的优势和影响力大增）同被称为“世界新秩序”的产生联系起来。在新马克思主义者看来，**世界新秩序**（new world order，在新马克思主义者看来，这是富人继续剥削穷人的一种新方式。最好以这样的方式来看待世界新秩序，即大公司成功地通过立法允许它们降低其他贫困国家的关税、获准进入其市场和获取其资源和劳动力）是指大型跨国公司连同最富有的国家创立了一种新的帝国主义形态，其中，财富不断向富人倾斜，而穷人的经济发展力则不断遭到削弱。“哈尔特和内格里把压迫者重塑成帝国，把被压迫者则重塑为大众，他们恢复了马克思主义长久以来就建立于其上的基本的二元论。”[14]其结果是，新马克思主义者坚持了马克思主义忠于对历史的理解。在学者和决策者们所面对的一个新时代里，他们仍然把历史理解成建立在阶级对抗之上的历史，而且致力于一种新的积极的革命的到来。为何如此？因为新马克思主义者能够很清晰地辨认出卷入新的剥削当中的各种行为体，哪些人是他们所谓的压迫者，哪些人是他们所谓的被压迫者，哪些人维护着富有的公司帝国，又有哪些人现已意识到富人何以继续剥削穷人。正是基于上述认识，新马克思主义者能够更为清晰地表述出谁是反抗者，他们又何以反抗。

建构主义：塑造我们自身对世界的经验

在20世纪80年代和90年代，出现了一种新的国际关系理论流派，它对自由主义和现实主义（新现实主义）的统治地位提出了挑战，这种理论就是**建构主义**（constructivism，国际关系领域中的一个流派，它考察的是文化价值观和规范对国家行为的影响）。建构主义者如亚历山大·文特（Alexander Wendt）和玛莎·芬尼莫尔（Martha Finnemore）认为，现实主义者和新现实主义者往往太过强调关于国际体系中的无政府状态会导致安全和秩序的假设。不同于（像新现实主义者那样）假定国际体系在物质上是无政府状态的（所有国家都持有与攫取或保护财富相似的目标），因而会迫使各国走向合作，建构主义者认为，建立在国家的社会实践之上的身份构成才是一种分析国际合作或分歧的更为“现实”的方式。

建构主义者一般认为国际体系是无政府状态的，但他们并不强调关于其结果、结局的种种假设。他们往往从他者的角度来看待国家的目标，国家目标很可能不是由他们自身如何看待权力的方式决定的。就国家为何采纳某种政策措施的标志性评判中，芬尼莫尔认为，国家是从社会互动的角度去看待正义、战争与和平、贫困、疾病及其他诸多问题的[15]。换言之，发展中国家的某个人看待正义或消除贫困等问题的方式既不同于其他发展中国家也不同于工业化国家的任何一个人。假定所有的国家都按“自然”的权力本能行事（如同新现实主义者和自由主义者所理解的那样），这等于否定了对人性的一种基本的理解，即：个人具有建构自身社会现实的能力。

由此，建构主义者翻转了对国际关系的讨论。不同于假定（像现实主义者那样）出于自身国家利益的行为决定了国际稳定并创设了国际规范和价值观，建构主义者认为，正是国际社会使规范在国家间的演进固化。进而建构主义者认为，（国际）规范从顶层（在国际社会中居于权威地位者）出现，走向各国国内领域。

建构主义者彼得·卡赞斯坦（Peter Katzenstein）写了一本叫《文化规范与国家安全》（*Cultural Norms and National Security*）的书，详细阐述了上述观点。卡赞斯坦在书中考察了二战结束前后日本国内的政治态度，他认为，在这个过程中，日本“军国主义”观念发生了巨大改变[16]。卡赞斯坦表明，在 1945 年 8 月广岛和长崎被袭击前，日本一直被认为是一个具有侵略性的扩张军国主义的国家。然而，在对美国及其盟国无条件投降后，日本则以一个既缺乏拥有常备军的合法权力又不具备政治意志的国家形象出现。在卡赞斯坦这样的建构主义者看来，这表明，国际社会不只是一个国家间共同体的代表，而且是一个自身就能够改变各国国家政策体系、观念、身份和规则的实体。由此，他宣称，预判一个国家会如何行动的最好东西（也恰恰是最容易被忽视的东西）是看其自身的政治文化是如何看待利害攸关的规范和价值观的。

小结

至此，读者会对国际关系理论的演进方式获得一种新的理解。虽然持各种观点的人都宣称为你提供了战争和贫困问题的最佳答案，但你还是会意识到，这些问题是没有被完满地解答的。现实主义者始终认为，在解释国际关系时，权力和国家安全是首要动因，不过，这对国家有道义责任保护人权这一普遍信念构成了挑战。理想主义者则始终认为，人性是善的，因而人类会基于道义而组成一个共同体，但这又不得不去阐释清楚大量的国际政治运作为何仍然受权力和安全所驱使。

本章让你领会了国际关系领域中的诸多理论观点。鉴于国际政治中没有可被接受的、标准的"规则"，本章为你提供了各种不同的理论流派。你也许会发现，现实主义对你来说是最能讲得通的。反之，你会觉得理想主义者在看待国际法时持有一种更为恰当的态度。本章的价值在于，把围绕国际关系所展开的所有重要争论置于某一视角之下来观照。既然你已拥有这些理论工具，接下来就要考察国际关系的历史和现实。

注释

［1］Joseph S. Nye, *Bound to Lead*: *The Changing Nature of American Power* (New York: Basic Books, 1991).

［2］Joseph S. Nye, *The Means to Success in World Politics* (New York: Perseus Books Group, 2004), x.

［3］Ibid., 2.

［4］Ibid., 2.

［5］Harold James, "The Rise of the BRICs and the New Logic of International Politics," *The International Economy*, Summer 2008, 41.

［6］Sun Tzu and Ralph Sawyer, *The Art of War* (New York: Basic Books, 1994).

［7］Hans Morgenthau, *Politics Among Nations* (New York: Alfred A. Knopf, 1962).

［8］Kenneth Waltz, *Man, the State, and War* (New York: Columbia University Press, 2001).

［9］Alan O. Ebenstein, *Great Political Thinkers*: *From Plato to the Present*, 6th ed. (Florence, KY: Wadsworth Publishing, 1999), 485.

［10］Ibid., 485-488.

［11］Robert Axelrod, *The Evolution of Cooperation* (New York: Basic Books, 1984); and Robert Keohane, *After Hegemony*: *Cooperation and Discord in the World Economy* (Princeton: Princeton University Press, 1984).

［12］ István Mészáros，“Marx's Theory of Alienation，” 1970，http://www.marxists.org/archive/meszaros/works/alien/

［13］ Alan O. Ebenstein，*Great Political Thinkers：From Plato to the Present*，5th ed.（New York：Harcourt，1991），759.

［14］ Cynthia Weber，*International Relations Theory：A Critical Introduction*，3rd ed.（London：Routledge Press，2010），133.

［15］ Martha Finnemore，*National Interests in International Society*（New York：Cornell University Press，1996）.

［16］ Peter Katzenstein，*Cultural Norms and National Security*（Ithaca：Cambridge University Press，1996）.

第九章

战争、外交与国际关系的开端

1815年欧洲列强代表在维也纳集会，创立了一套持续百年之久的国际安全体系（NORIT WIND PICTURE ARCHIVES/ALAMY）

引言：理解过去，把握现实

本章试图从历史的角度来解释当代国际关系的发展动向。之所以这么做，就是希望读者对现代国际体系在过去 360 年发展、演进的方式做一种基本的理解。虽然不会为你提供像保罗·肯尼迪（Paul Kennedy）的《大国的兴衰》（*The Rise and Fall of the Great Powers*）中那样极其详尽的史实，但它会给你一个基本的框架，你由此可以更好地把握当代全球秩序。

要记住的是，国际关系中的"情节机制"——卷入外交中的那些行为体，如国家元首、外交官、公务员、军事人员等——既不是一夜之间冒出的，也不是在真空中存在的。由国家——有时被称为民族国家——所构成的世界其实是一个较为新近的现象。在大多数学者看来，现代国际关系肇始于 17 世纪中期，它是两大事态发展的产物：其一是**"三十年战争"**（Thirty Years' War，1618—1648 年在欧洲爆发的一场战争，它是由天主教国家试图将新教国家拉回到"虔诚"的信仰所引发的战争。它的结束产生了我们今天所知的现代意义上的国家观念，同时建立在政治而非宗教驱动之上的国际关系也兴起了）的结束；其二是出现了作为基本统治单元的**国家**（state，国际关系中的基本行为体。国家拥有政府、官僚系统、领土和国民。国家把持着国境之内权力的最终来源，因而被认为是持有主权的）和作为其合法性的首要原则的主权。

按一定的逻辑顺序，本章首先考察了现代国际关系的初创阶段，换言之，涉及的是那些发生在 17 世纪中期、引发人们把国家当作最具合法性的统治形式而予以辩护的事件。其次是聚焦于每个世纪国际关系的进程及其发挥的作用。通过分析国家之间的互动关系，我们希望在最后揭示出全球化阶段如同其行为体一样重要。该讨论延续到 20 世纪中期，当时，一种由崛起的美国和苏联主导的新的国际秩序出现了。

为何是欧洲？从一个重要的问题说开

虽然许多政治学家批评从西方或欧洲中心的视角看世界的人，但事实是，现代国际关系的结构就是建立在国家的欧洲模式之上的。我们当代的合法统治观念几乎完全建立在**主权**（sovereignty，指国家作为其国境内唯一的最高权力来源，一国的政府则被国内外共同确认为创制、实施和强化法律权力的终极来源）和**领土完整**（territorial integrity，国家有权确保国境之内免遭任何形式的侵略，任何一国的边境都是用来保护自身免遭任何侵略行为，边境线因此而得到维护）这两个相互关联的概念之上。两个术语都源自 17 世纪的欧洲。我们将看到，“三十年战争”的胜利者之所以被认为是成功的，是因为他们把国家利益置于其他同等的忠诚之上。这种观念在中世纪的大部分时间是闻所未闻的。接下来将向你介绍现代国际关系中最重要的原则之一“国家理性”。

国家理性：对国际关系的一种新的理解

大多数学者认为 1648 年是现代国际关系的开端。1948 年，“三十年战争”以**世俗主义**（secularism，主张宗教应该与统治权威和政治权力相分离的一种看法）超越宗教的价值取向的固化而告终。数个世纪以来，欧洲大陆一直受君权与神权两股势力的双重操控和把持。像哈布斯堡王朝和沙皇俄国等帝国及罗马教会决意要控制欧洲最大量的土地和人口，以便维持欧洲的稳定。不过，到 17 世纪初期，已经很少有人认为君主统治或教皇统治是合法的统治形式。宗教改革运动（Protestant Reformation）质疑教皇的权威，启蒙运动开启了一种个人主义观念，由此见证了一种新的治国术，即“国家理性”（raison d'état，该词最好从一种现代表述“国家利益”来理解，现代领袖将最有利于自己国家的一切置于其他任何理由之上）的兴起，随后，出现了对国际稳定的一种新的理解即均势。

人类以往的世纪是由**帝国**（empire，一种政治制度安排，其中，一个强大的政权控制了超越自身范围的广大领土和由不同经济、道德、宗教群体所构成的广大民众。帝国建制在现代国家体系出现以前的时代中居主导地位）这一政治制度安排所塑造的，而 17 世纪则被一种新的制度安排即国家所塑造。国家作为一种最具活力的统治工具的兴起，出现于“三十年战争”期间，当时，法国最重要的政治家黎塞留（Richelieu）就采用了一种新的策略把握国际关系。这种把国际关系建立在“国家理性”之上的新的理解成为接下来一个世纪的治国模式。

为了更好地理解“国家理性”，就必须理解“三十年战争”的起因和最终结果。“三十年战争”肇始于发生在欧洲中部神圣罗马帝国天主教与新教（德语区）之间的一场宗教冲突。“三十年战争”摧毁了德国的领土，最终使欧洲各国卷入其中。法国在 1635 年基于对国际关系的一种新的理解参战。在外交大臣黎塞留的领导下，法国的外交政策决定了它在战争中所扮演的角色，它是根据自身的国家利益而非任何宗教上的理由来决策的。正如亨利·基辛格所指出的，正是这种超越任何宗教信仰的国家利益观，动摇了以往的时代而更好地定义了国家理性：

> 黎塞留本应响应斐迪南（Ferdinand，神圣罗马帝国的皇帝）恢复天主教正统性的意愿，但他却将法国的国家利益置于宗教目标之上。作为主教的天职并没有妨碍黎塞留把哈布斯堡王朝重建天主教的企图看作对法国安全的一种地缘政治层面的威胁。在他看来，这不是一个宗教行为，而是奥地利（神圣罗马帝国以维也纳为中心）实施的一种旨在实现对中欧的统治进而将法国沦为第二等级国家的政治策略。[1]

黎塞留意识到，未来取决于法国能否成为一个世俗政治的国家而不是一个受宗教或帝国所捆缚的国家。

1648 年，《威斯特伐利亚条约》签署，战争——通常被称为欧洲最后的宗教战争——结束。《威斯特伐利亚条约》其实是在奥斯纳布吕克（Osnabruck）和芒斯特（Munster）两座城市签订的两大和平协议的结果，它开启了对统治的一种新的理解[2]。《威斯特伐利亚条约》创建了一套终结宗教神圣权威——也就是天主教或新教教会对众多封邑的支配性影响力——的统治体系，它同时要求把被称为神圣罗马帝国的大部分领土分解掉。领土曾经被认为既是神圣罗马帝国的一部分，又是天主教的一部分，这些领土曾被允许实行政治与宗教相互独立治理。这当然并不意味着，新建国家的居民可以“自由”地选举其代表或表达公共意见，但它确实意味着，他们现如今是由地方当局来统治的。地方当局不得不提供他们从事其宗教信仰的保护伞。

战争的结束造就了一种广泛的共识，即法国对治国术（把国家定义为国际体系中最有力量的也最重要的行为体的一套原理）的解释是最为精当的。到 17 世纪末，“国家理性”观念将法国置于欧洲事务的中心位置。据历史学家戈登·克雷格（Gordon A. Craig）、亚历山大·乔治（Alexander A. George）和保罗·戈登·劳伦（Paul Gordon Lauren）的说法，法国文化的兴起在17世纪末达到了一个难以置信的高度，当时，法国的语言、文化和军力扩张到整个欧洲大陆，以至于“威胁到了其他国家的独立发展”[3]。虽然这种扩张似乎是法国实力增强的自然产物，但它也有其弱点。处于被欧洲其他国家赶超进程中的有效治理模式对法国自身提出了挑战，它使现代国际关系演进中的另一重要发展阶段即均势得以长久维持下去。

如果说有一样东西是由对欧洲安全的这种早期理解所促成的，那就是这样一种看法：为避免某一个国家攫取太多的权力，整个国家体系中的所有成员应当联手行动。在17世纪末，这个国家就是法国。即便法国在当时是欧洲事务的主导国，但它还没有强大到足以主宰其他所有的国家。由此，我们看到了均势模式的一个早期案例。尽管继维也纳会议（1815）后均势才形成了更为可观的规模和一种规范的体系，但得以产生均势的种子在很早以前就播下了。

均势与国家体系的兴起

均势概念出现于17世纪末和18世纪，是对当时最强大的国家——法国——的主导地位的一种回应。不过，它尚且不是后来所成为的那种国际机制。正如基辛格所指出的：

> 如果国家的善是最高价值，那么统治者的职责就是扩展并提升它的荣耀。强国力求统治，而弱国则通过结盟来扩充自身的实力，从而抵抗强者的统治。如果联盟强大到足以抗衡侵略者，均势就出现了。如果联盟不足够强大，某个国家就会谋求霸权。其结果不是注定的，而是要频繁地遭受战争的考验。从一开始，其结果也很可能像出现均势那样过早地出现某个帝国——法国或德国。这就是为何花了一百余年才确立了一种明显是基于均势而来的欧洲秩序的原因。首要的是，均势几乎是一个偶然发生而又无可回避的事实，而非国际政治的目标。[4]

在 17 世纪和 18 世纪之交出现的均势模式见证了国际关系的演变过程。曾经相互联合来遏制法国，避免其攫取整个欧洲统治权的国家，开始以一种类似于进攻的方式来看待外交。那些拥有征服弱国能力的国家就是这么做的，并且，其行为在认为这是它们自身最佳利益之所在的看法中得到了辩护。

到 18 世纪中期，国际战争和领土上的博弈导致欧洲出现了五个公认的大国：法国、英国、俄国、普鲁士和奥地利。这五个大国把自己看作（随后则被看作）欧洲的稳定器。虽然它们之间并未通过任何一种正式的制度或条约相互捆绑起来，但它们确实意识到，它们在欧洲的统治地位既有利于自身，也有利于欧洲的稳定。

在克雷格和乔治看来，在 18 世纪所发展出来的是为欧洲所有的大国所共享的三条原则。第一条原则是："一致认为：正常而正确的做法是让五个大国共存；而让其中某个国家消亡的想法——实际上普鲁士在七年战争中很可能就被消灭掉——则会遭到所有大国的抵制。"[5]这种不成文的协议恰好是许多人所认为的可以将整个欧洲黏合到一起的黏合剂。这一断言基于以下信念，即如果某一个成员被消灭了，随之而来所形成的真空将会把整个欧洲吞没。

第二条原则是："一致认为：虽然大国之间可能相互发动战争，但它们战争的方式应该会服从某种规则。"[6]虽然没有一个机构去强制执行在先前世纪业已确立起来的战争规则，但欧洲列强大多遵从某些军事行动的准则。"三十年战争"中的残酷斗争所带来的破坏固化了一种观念：战争是要受到限制的，某些战争行为是不可接受的。雨果·格劳秀斯（Hugo Grotius）出版于 1625 年的著述《战争与和平法》（*On the Law of War and Peace*）分析了战争实施的方式。处于"正义战争"（just war）传统中的格劳秀斯及其他人设定了一系列旨在保护平民、私人财产和致富手段的战争限制。到 18 世纪中期，这些传统成为军事惯例的一部分。

克雷格和乔治指出：

> 在当时，存在着一种普遍的认同，即均势原则采取两种形式：其一，对单个大国谋求独霸地位的企图保持一致的警惕；其二，为使均势正常运转，一个大国在战争中的领土所得应当由其他大国在其他方面的补偿性所得来均衡冲抵。[7]

均势的这些面向呈现在 18 世纪的大部分时间里，其中有两个最为突出的案例，一个是腓特烈（普鲁士国王）发动西里西亚战争，另一个是波兰王位继承战争[8]。这两次冲突都是在扩张野心得到遏制的情况下发生的。没有一次军事行动被认为是争夺欧洲大陆霸权的行为，因为普鲁士和俄国（在第二场战争中）都认同，应该让弱国像五大强国一样存在，而且，应当让弱国理所当然地充当军事统治的受益者。

让18世纪的五个列强赢得了一定程度成功的关键所在是均势结构。不过，正如我们已指出的，18世纪所理解的均势是反应式的（五个列强只有在某一个国家打破均势之后才聚集到一起行动），而非预防式的。各大国都懂得事态发展的后果及其明显的可能性：某一个国家会打破均衡而征服欧洲大陆。遗憾的是，这些大国没有预先创立出一套可以避免此类事情发生的国际制度或协议。因此，最后当事情真的发生时，大多数的西欧国家都没有预案去应对拿破仑的军事和政治意图，当时的拿破仑可是一个想要永久性地改变欧洲版图和欧洲均势概念的人。

19世纪与欧洲协调机制：先发制人式的均势

拿破仑对欧洲大陆的征服和重组给欧洲列强的领袖们上了一堂颇有价值的均势课程，他们把均势思想整理出来以付诸实施。四国同盟（英国、普鲁士、俄国和奥地利）的领袖们打败了法国军队并把拿破仑驱赶到流放之地，进而，他们决定创建一种新的国际安排，这种制度安排是最能够防止发生全欧洲范围的战争的。

1814年，四国同盟的领袖们签署了《肖蒙条约》（Treaty of Chaumont），结束了拿破仑战争。在最后的商谈中，四国领袖一致决定，将于下一年春天在奥地利维也纳重开国际会议，其目的只在于维持欧洲的安全和稳定。正如我们后来所知的，维也纳会议（1815）是人类历史上第一个以预防而非反应为目标的国际会议。这就是这次会议在当时如此特别且引人注目的原因。

在维也纳会议之前，所有会议和条约的目的只在于裁决有关赔款和割让土地的问题。从传统上看，所有的国际会议都是由提出要求的胜利者与被迫同意/接受的失败者所组成[9]。相比于此，维也纳会议具有某种革命性，因为它不是旨在结束战争，而是致力于创造一种未来的和平。1814年秋和1815年春在维也纳集会的人决定修改均势概念，这就意味着，它需要以确保稳定不再被破坏的方式重新构建。

那么，他们怎样才能实现这一点？最初，四国同盟对是否要把法国纳入涉及欧洲未来的讨论中是犹疑不定的。毕竟，正是法国导致了欧洲均势的破坏和十年之久的欧洲大陆战争。对欧洲的许多领袖来说，法国的问题必须加以矫正和解决。问题是：统治并吞并过欧洲各个国家的国家是否应该被允许参与持久和平的创建？

经过数个星期的协商、谈判后，最后的决定是，法国应该在未来某些方面重新获得作为五大国之一的地位。四国同盟意识到，法国太强大了，因而不能被排除在以创建和平为主旨的国际会议之外。虽然历经数年（1818 年）法国才正式加入定期的国际会议中，但参加维也纳会议的那些有远见者已经明白，如果法国的利益得不到正式的确认，那么只会有敌意和仇恨出现在法国社会和法国新政府当中[10]。

此外，各个大国意识到，它们只能创建一种预先保持稳定的国际体系，因此，它们“约定各个大国定期召开外长会议，‘旨在就它们的利益进行磋商，考虑应该被认为是最有利于国家繁荣和维持欧洲和平的措施’”[11]。这种誓约在国际关系史上还是头一次。出席维也纳会议的外长们认定，通过一切必要手段积极推进稳定是最符合他们的集体利益的。他们把自身所创建的国际体系看作权力和政治的大协调即“**欧洲协调**”（Concert of Europe，对 19 世纪欧洲均势体系的一种表述。虽然许多学者一致认为 19 世纪的欧洲经历了几场在某些大国之间爆发的低强度战争，但维也纳会议所缔结的国际体系早已被证明是足够强大的，它使欧洲近一百年内都避免了剧烈的战争）。

这种先发性思维状态给 19 世纪的欧洲带来了最大优势也造成了极大的弊端。这种先行一步的均势的优势就是更安全。奥地利和俄国的领导“试图把四国同盟转化成一个这样的机构：它可以自动地干预任何一国事务——一旦这个国家国内爆发反对现状的革命或骚动，就用暴力去镇压这种革命的或民主的自由运动”[12]。几个大国断言，由于自由主义精神（譬如，呼吁对权利和自由予以更多保护的看法）使法国革命长存于世界，因而成为国际政治中的一种不可接受的特性。也因此，在维也纳会议后的三十多年里，自由主义精神始终是遭到压制的。

正是这种联合镇压和军事干预政策也给维也纳体系带来了最大的弊端。1848 年，欧洲被革命所动摇，以至于 1848 年通常被说成“革命之年”。革命在西西里岛和法国爆发，而后席卷了大多数欧洲国家和地区。虽然革命很容易就被镇压了，但这对列强来说却是一种唤醒铃。1815 年聚首维也纳的人的原初设计被改变了，而维也纳体系仍然原封不动地存在，列强们也仍旧保留着均势的信念。

俾斯麦、德国的崛起及“欧洲协调”的终结

1854 年，俄国与英国（受法国和撒丁王国的支持）在克里米亚战争中交战，这是自维也纳会议以来在欧洲爆发的首场大战。虽然这只是一场发生在几个大国之间的有限冲突，但它极为重要，因为它证明，只要在规模上受到限制（在这场战争中，参战的是两三个怀有有限野心的敌对国），战争就既非不可能，又不至于令人担忧至极[13]。可遗憾的是，有限度的战争使战争观念在某种程度上变得可以接受了。事实上，1854 年到 1870 年共爆发了 15 场战争，这传递了一个信号，那就是：有限战争正变得常规化而不再被视为脱离正轨[14]。

在 1854 年到 1870 年爆发的所有战争中，最后一场战争即法国-普鲁士战争对国际政治造成的影响最大。法国-普鲁士战争导致了：(1) 统一德国的形成，(2) 法国将阿尔萨斯-洛林地区（一片资源富有的领土）让与德国，(3) 一位负责德国外交的新秀——奥托·冯·俾斯麦（Otto von Bismarck）——的出现和 (4) 一种均势体系在横跨缓冲区和自由领地的欧洲大陆迅速地由这场战争所界定[15]。大多数专家把这些事件看作是 19 世纪最关键的一些事件。伴随着德国（德意志帝国）的建立，那些将法国同普鲁士、普鲁士同奥地利分离开来的自由领地不复存在。这块曾经作为维也纳会议参会者原初规划之有机组成部分的大陆缓冲区被消灭了。

按照作者保罗·肯尼迪的说法，有两大因素促成了德国对国际均势体系的影响：地理位置和工业/商业/军事力量的增长。他写道：

> 德国就是从旧的欧洲国家体系的中心位置崛起的。它的建立直接影响了奥匈帝国和法国的利益，其存在改变了欧洲所有现存列强的相对地位。第二个因素是德国在工业、商业和军事（海军）方面进一步发展的速度和程度。[16]

正是这两大特征造成了针对这个新统一的国家的众多敌意。事实上，也正是这种敌意促使德国宰相奥托·冯·俾斯麦亲自采取行动。

俾斯麦需要确保德国处于欧洲事务的中心，因此，他负起责任去“权衡”所有国家的外交政策（THE GRANGER COLLECNON，NYC）

俾斯麦意识到，德国的崛起是邻国所不愿看到的。不过，他同时也意识到，德国的命运维系在“欧洲协调”的命运之上。因此，为了维持欧洲的均势和确保德国的繁荣，俾斯麦设计了一种同盟协约体系，使德国置于欧洲事务的中心。如此，俾斯麦改变了均势概念，将它从一个基于国家理性的概念变为一个基于**现实政治**（realpolitik，又译“实用政治”或“实力政治”，为获取政治权力而采取实用的方法而非道义或意识形态手段。譬如，一个从事现实政治的人会从本国权力损益出发来评估参战的价值，而不去考虑道义问题）的概念。“现实政治”是一个德语词，它力图从权力和实力的角度来解释国际事务。

1879 年，德国同奥匈帝国签署了一个秘密条约，意在确保在俄国进攻时获得奥地利的支持。在此过程中，俾斯麦同奥匈帝国缔结了同盟关系，以此来保护德国的利益，使德国获得一个强大的同盟国，并进一步将俄国从欧洲政治中孤立出来。俄国极度关切条约的条款，它要求德国重新考虑对历史上的三帝联盟（普鲁士、奥地利和俄国）的两次阐述，以此来确保自身不被欧洲事务孤立[17]。“德国的成功把意大利人也引到柏林……意大利人请求德国保护其在北非的利益免遭法国的攻击。对此，俾斯麦在意大利人也签订了一份同奥地利和解的条约（1882）这一前提下，答应了意大利人的请求。”[18]当各个列强都在扩展其殖民地范围时，德国已将其在欧洲大陆的影响力扩张到这样的地步：它同每一个欧洲国家或直接或间接地都结盟了——当然，德国最敌对的邻国即法国除外。到1890年俾斯麦退位时，法国几乎完全被其他列强所孤立。

虽然俾斯麦通过秘密条约缔结同盟的外交政策在为克里米亚战争后的欧洲带来巨大稳定与提升德国的经济和军事统治地位方面是很有效的，但它也产生了严重的后果。“欧洲协调”的原初设计是由1815年维也纳会议的参会者构想出来的，它建立在通过外交和有限战争的双重手段来避免整个欧洲大陆爆发战争的基础之上，俾斯麦的模式则是建立在现实政治和秘密外交上。现实政治往往造就了出于恐惧而非出于合作而结盟的国家，因为它预先假定了国家是天然地依循其自身利益（而非整个体系的利益）而运转的。

在引起一战爆发的年代，欧洲体系已蜕变成一种充斥着军国主义和经济紧张气氛的体系。伴随着英国、法国和俄国（当时因遭受经济封锁而公开反对德国）的正式结盟（1904年《法英协约》、1907年《英俄协定》），欧洲逐渐分裂为两大阵营：对德国友好的阵营与敌视德国的阵营。所以，当1914年6月28日奥匈帝国皇储弗兰茨·斐迪南大公在萨拉热窝（当时仍是奥匈帝国的一部分）遭遇枪杀时，联盟体系终于瓦解、崩溃，欧洲卷入一战中。保罗·肯尼迪写道：

> 奥匈帝国向塞尔维亚提出要求，它拒绝了谋求和解的塞尔维亚人的回应，进攻贝尔格莱德，这引起俄国在塞尔维亚同盟国的支持下展开军事动员。但俄国的这一做法反过来引起德国总参谋长急切地想将“施里芬计划”（Schlieffen Plan）立马付诸实施，也就是，先发制人向西面实施打击，经比利时进攻法国，进而收到威慑英国人的功效。[19]

到1914年，战争的种子已经播下，后俾斯麦式的僵化秩序走向崩溃。1918年“终结所有战争的战争”终于结束时，整个国际体系改变了。世界同时见证了“欧洲协调”的毁灭和美国国力的上升。虽然经历另一场世界战争才见证了美国崛起为一个超级大国，但美国卷入一战就赋予了它在胜利者谈判桌上的一席之地。

集体安全：国际联盟的建立和二战的爆发

美国总统伍德罗·威尔逊是创建国际联盟的总设计师（HULTON ARCHIVE/GETTY IMAGES）

1919 年，美国总统伍德罗·威尔逊参加巴黎和会，他参会的目的在于通过民主和民族自决原则（关于独立国家应当有权自我统治和治理的看法）的实现来创建世界永久的和平。威尔逊所面对的是充满敌意的欧洲受众，他们不愿意听取美国总统的建议。威尔逊的“十四点计划”代表了最终被命名为“集体安全”的观念，它很少被欧洲民众所接受，因为他们仍然信奉“均势”，视之为维持稳定的国际关系所必需的、也最恰当的制度设计。在一段反映这种敌意而常被引用的著名的话中，法国的会议代表克列孟梭（Georges Clemenceau）是这样说的：“上帝赋予我们十诫……威尔逊先生则给予我们‘十四点计划’。”欧洲社会似乎确定了某些国家在外交议题上比其他国家拥有更多的经验，只有这些“资历老”的国家发出的声音才至关重要。因此，在集体安全观念（对一国的攻击被视为对所有国家的攻击）下运行的国际联盟从未给予威尔逊施展梦想的恰当机会。从多方面看，这就是列宁所说的“仍在襁褓之中”。

值得指出的是，欧洲人并不是唯一关注这样一种国际制度（授予各国以平等的成员身份而不论其经济、军事或政治实力）的一群人，美国国会也不喜欢威尔逊的主张。事实上，在1919年国会选举后，由共和党控制的参议院反对美国加入国际联盟，它宣称，美国应当回归战前的孤立主义意识形态。

《凡尔赛和约》各签署国代表（MIRRORPIX/TRINITY MIRROR/ALAMY）

不过，最终在《凡尔赛和约》上签字的各位代表明确了一点，那就是：德国要为一战付出昂贵的代价。实际上，新的德国政府（被称为魏玛共和国）被迫在条约上签字，并宣布要对战争期间所造成的一切损失承担全部责任。这一做法清晰地表明，《凡尔赛和约》的签署者缺乏其前辈即先前的签约者的远见。我们不可忘记的是，在1815年聚首维也纳的各位政治家也面临相似的困境。然而，不同于他们的外交继承人，聚首维也纳的政治家们意识到，他们时代的侵略国——法国——在国际体系内太有影响力了，不能把它在建立持久和平的未来规划中的积极作用否定掉。104年后，聚首巴黎的领袖们却缺乏这种独特的眼光，让德国的新一届政府偿还前政府所犯的罪。

上述错误通常被引证为20世纪30年代德国实力复兴的主因之一。不过，这还不是有缺陷的应对的全部，另一个更为要命的国际失误是被糟糕地设计出来的国际联盟自身。国际联盟是作为《凡尔赛和约》的一部分内容于1919年正式成立的，它力图通过集体安全政策来谋求世界的稳定。遗憾的是，国际联盟的集体安全政策将责任平等地分摊给每一个成员，并让各成员各自夺取一部分权力。譬如，每个成员拥有平等的投票权——无论其经济或军事实力。许多人觉得，这种平等性造成了体制上的缺陷，因为强大的国家很容易被弱小的国家否决。

此外，国际联盟缺少世界上某些最强大的国家的支持。由于美国和苏联（先前是苏俄）缺席，国际联盟缺乏足够的政治声誉。一种国际制度如何能够在两个最强大的国家不加入的情况下遏制战争呢？答案当然是“不可能”。在其创建的 20 多年里，全球政治气候对国际联盟来说是极端残酷的。当 1939 年 9 月 1 日纳粹德国入侵波兰、1941 年 12 月 7 日日本偷袭美国在珍珠港的军事基地时，世界见证了另一场更大规模的战争的开启和对国际事务的一种新的理解的开端，其结果是改写了权力本身的定义。

改造国际联盟以面对一个新世界：联合国和二战的结束

1945 年，世界见证了关于国际关系的一种新的理解的兴起，国际社会出现了两大相互竞争的超级大国（美国和苏联）、两种经济意识形态（资本主义与共产主义）以及种种具有大规模杀伤性的武器。一个已被一战动摇的世界又惨遭二战的破坏。一战后的时代被对均势的否弃、同时也对集体安全毫无保留的信赖所塑造，这个时代被二战彻底破坏了。如果说第一次世界大战终结于各参战国损耗殆尽，第二次世界大战则以大规模杀伤性的破坏而告终。纳粹对犹太人的大屠杀营造了一种环境，使人权观念被推到前台，成为众人瞩目的焦点。在广岛和长崎投掷并爆炸的原子弹提醒全球的人们，人类已经进入一个不可思议的破坏性的新时代。

自 1945 年 10 月 24 日成立以来，联合国一直建立在一种均衡性的行动之上。其组织构架建立在对权力政治与代议制民主的实用性评估的基础之上。国际联盟没能恰当地代表世界各国的军事和经济差异，与之相对，联合国的建立则旨在把权力分配得更为合理。譬如，在联合国的 6 个组织机构中，联合国安全理事会（简称“安理会”）是权力政治的一种证明。由 5 个常任理事国（美国、法国、苏联/俄罗斯、中国和英国）和 10 个非常任理事国（其成员身份建立在两年一任的轮换制之上，它遵循地缘代表原则）组成的安理会，通过 1945 年的一致确认，其成员身份建立在“实力”（real power）之上，负责维护国际和平与安全。

二战后，联合国的创建者确定美国、法国、苏联/俄罗斯、中国和英国为世界上最强大的国家，因而，它们在整个构架内被赋予一种特殊地位。这 5 个常任理事国是具有否决权的国家。虽然由整个安理会做出的决定只需 15 个成员中的 9 个国家同意即可，但对于军事行动或经济制裁，则需要得到 5 个常任理事国全体一致的支持。

除了安理会，联合国是由大会（由所有 192 个联合国成员构成，旨在为即便是最小的国家提供一个平台）、托管理事会（由五个常任理事国构成，旨在为被置于联合国保护之下而力图获得承认的国家提供指导）、秘书处（由秘书长领导，旨在履行联合国的大量行政和研究职责）、经济及社会理事会［旨在就同经济发展、健康、气候变化等相关的重大议题提供研究和协作，还有同**非政府组织**（NGO，独立于国家而行事的组织机构，它们通常有特定的目标或利益。譬如，无国界医生可以被看作是一个致力于预防和处置世界各地疾病的非政府组织，它由私人资助，为缺乏基本医疗保健的众多人提供救助）及联合国儿童基金会和世界卫生组织等专门机构的协作］和国际法院（由 15 名法官构成，这些法官由联合国大会和安理会共同选举产生，致力于裁定国与国之间的争端）组成。横跨美国纽约市曼哈顿区东河两岸（所在地块由洛克菲勒家族捐助）的联合国旨在促进世界和平和抗击各种压迫。

但遗憾的是，由于国际关系被当时的冷战体系所支配，寄托在联合国身上的许多希望及其夺得的权力被削减和破坏了。当美国和苏联开始对整个世界发号施令时，学者也开始质疑联合国作为提供安全和制止战争的机构的价值。联合国的创立是为了保护国家主权和个人人权，但却时常做不到预防战争和维护和平。譬如，为了把**维和部队**（peacekeepers，为联合国的一项使命被派驻在某个动乱地区以维护区域和平的一群军人）部署到特定地区，安理会常任理事国需要全体一致的支持。尽管任何一个常任理事国都被赋予否决权，但动用武力的协议往往被证明是很难通过的。假如有人观看了电影《卢旺达饭店》（*Hotel Rwanda*）或读到有关非洲国家苏丹的达尔富尔地区的局势的重大新闻，你就能理解为何联合国没法制止大规模悲剧的发生。然而，这是否要归因于联合国的体制或别的什么呢？

这些问题使得联合国存在的意义成为国际社会中一个持续关注的论题。虽然显而易见的是，国际体系极大地受益于各种不同的、涉及发展中国家消除贫困、教育及妇女健康和安全的联合国机构，但时间也证明了联合国在制止大规模种族清洗和灭绝行动时多少显得无能为力。或许联合国机构制度的改变会赋予它更大的能力推进世界的更多变化。

小结

在阅读本章前，你也许从未思考过国际关系会随时间演变的方式。从多方面看，毫不夸张地说，我们仍旧遵循着近 400 年前就业已确立起来的某些原则而生存和发展。像主权原则、领土完整原则、国家理性原则、均势和集体安全原则迄今仍是有关国际干预和国家安全等诸多辩论的核心所在。

虽然处在 21 世纪的世界从多方面看都要比以往的世纪更为复杂，但它依然是同过去的许多制度和做法相关联的。政府、国家元首、外交官、军人以及众多其他的公职人员继续支配和实施外交政策。对国家行为方式的讨论继续反映和体现着先前时代的相关议题，作为冲突根源的权力仍然是国际社会中主权国家的首要目标。

注释

[1] Henry Kissinger, *Diplomacy* (New York: Simon & Schuster, 1994), 59.

[2] Stephen Krasner, "Globalization and Sovereignty," in David A. Smith, Dorothy J. Solinger, and Stephen C. Topik (eds.), *States and Sovereignty in the Global Economy* (New York: Routledge Press, 1999), 44.

[3] Gordon A. Craig and Alexander L. George, *Force and Statecraft*, 3rd ed. (New York: Oxford University Press, 1995), 7.

[4] From Kissinger, *Diplomacy*, 67.

[5] Craig and George, *Force ancl Statecraft*, 2nd ed. (New York: Oxford University Press, 1990), 22.

[6] Ibid, 22.

[7] Ibid, 23.

[8] 克雷格和乔治提及的那些行动以这两个例子为代表。

[9] Gordon A. Craig, Alexander L. George, and Paul Gordon Lauren, *Force and Statecraft*, 4th ed. (Oxford: Oxford University Press, 2007), 25.

[10] Ibid, 26.

［11］Craig，George，and Lauren，*Force and Statecraft*，25. 这段引文出自真实的条约。

［12］Ibid，28.

［13］Ibid，29.

［14］Ibid，33.

［15］Ibid，33.

［16］Paul Kennedy，*The Rise and Fall of the Great Powers*（New York：Random House，1987），209−10.

［17］Craig and George，*Force and Statecraft*，38.

［18］Ibid，38.

［19］Kennedy，*The Rise and Fall of the Great Powers*，254.

第十章
美国的崛起和全球秩序的出现

图为位于印度班加罗尔的一个麦当劳餐厅，它是经济全球化及其渗透力的一个缩影（© DAVID WELLS/ALAMY）

引言：当代国际关系

本章试图解释当代国际关系，尤其是自冷战开始到今天的后“9·11”时代整个国际关系的发展历程。由此，它将考察从两极体系（一种由两个超级大国所界定的国际体系）到一种由众多相互竞争的非国家行为体和国家行为体所界定的国际体系（这是世界政治的现状）的过渡。如果说冷战是由核武器、国际稳定、对抗的经济意识形态（资本主义与共产主义）和代理国（苏联或美国支持的国家）所界定的，那么当今时代便是被非国家行为体和国家行为体、国际动荡、全球化（表述为前所未有的信息传播技术的来临）、新自由主义、核扩散和恐怖主义所界定的。

由于本章同时考察冷战体系和当代国际关系体系，因此，重要的是在往下讨论之前就先厘清某些主题。首先，在关于冷战的讨论中考察了该时代几个主要的概念即遏制和威慑以及该体系造就约翰·刘易斯·加迪斯（John Lewis Gaddis）所谓的“长和平”（Long Peace）的方式[1]。此外，本章还观照了维护美国统治世界方式的各种外交政策（譬如马歇尔计划和杜鲁门主义）。

在用简短的篇幅描述了苏联解体后，我们把注意力转向当代国际政治，着重观照全球化概念及新的行为体、意识形态、经济和政治实力挑战国家统治能力的方式。这种讨论首要是聚焦于跨国公司（MNCs）、恐怖组织和非政府组织（NGOs）是如何改变政治运作方式的。

核安全与冷战政治：遏制和威慑

广岛和长崎的原子弹爆炸改写了整个国际事务。在 1945 年 8 月的 3 天内，美国显示出了行使全球权威的能力。到 1949 年，苏联也拥有了这种实力。后来被称为“冷战”的时代就是由这种“核紧张”界定的。事实上，冷战造成了对权力政治的两种新的理解：核威慑和遏制。为了更好地理解这些政策，最好是把它们放在 1945—1991 年的时间框架内来考察。

威慑

威慑一直是国际关系的一种策略，它建立在一国成功地威胁、恐吓他国，使对方不采取某种行为的能力之上。正如阿特（Art）和华尔兹所指出的：

> 威慑，从字面上来讲，是指通过吓唬的方式阻止某人做某事……靠威慑来劝阻之所以能使一个国家吓得不敢攻击，不是因为实施攻击会招致失败，而是因为对手的预期反应会使自身遭受残酷的惩罚。[2]

如果国家担心攻击性的报复行动会削弱自身的国际地位，那么它们就不太可能参与这类行动。不过，在冷战期间，威慑的分量发生了变化。国家不单单是担心传统行为如经济制裁、军事攻击等后果，它们还担心核战争可能引发的后果。

由此，超级大国所采用的核威慑造就了对威慑的一种全新的理解。理解核威慑的最好的方式是把它放到一个假设的情境之下。如同戴维·克里格（David Krieger）所解释的：

> A 国告知 B 国，如果 B 国这么做，那么 A 国会用核武器来攻击它。从理论上说，B 国会因为受到威慑即担心受到 A 国的核攻击而不去这么做。但就威慑发挥的作用而言，B 国的领导人必须同时认为，A 国拥有核武器且会动用核武器。核威慑理论认为，此时即便 A 国可能不拥有核武器，而只要 B 国领导人认为它拥有，他们就会受到威慑。
>
> 威慑理论进一步认为，A 国通常会倚赖核威慑来对付任何一个国家——除非那个国家也拥有核武器或受到另一个拥有核武器的国家的保护。如果 B 国也拥有核武器，A 国的领导者也知道这一点，那么按照威慑理论，A 国就会受到威慑，进而不对 B 国发动核攻击。这种局势会造成一种僵持状态。同样，如果 C 国不拥有核武器，但它又处在确实拥有核武器的 B 国的核“保护伞”下，那么 A 国就会因担心自身遭到 B 国的报复而不去攻击 C 国。[3]

正是上述情境最恰当地解释了冷战期间存在于两个超级大国之间的紧张关系。无论是美国还是苏联都在储备核武器，以制止对方在彼此的势力范围之外奉行侵略政策。

遏制

自二战结束到20世纪80年代末，两个超级大国基于各自的经济和政治意识形态，几乎将世界划分成两个相互竞争的势力范围。通过**马歇尔计划**（Marshall Plan，因美国国务卿乔治·马歇尔而得名，它在二战结束后向欧洲提供经济援助。当时的美国意识到，为了维护其在贸易领域的统治地位，它需要拥有强大而可靠的欧洲贸易伙伴）和**北大西洋公约组织**（North Atlantic Treaty Organization，成立于1949年，它首先是作为一个涵盖美国和欧洲大国的军事组织而设立的，旨在防止西欧遭受苏联的进攻），美国为其在西欧和日本的资本主义民主制伙伴国提供保护，而与此同时，苏联则通过创立**华沙条约组织**（Warsaw Pact，冷战期间，处在苏联控制之下或作为苏联一部分的东欧国家的集合体）维持遍及东欧的共产主义意识形态。由于意识到彼此的军事和经济实力都达到了前所未有的水平，美国和苏联都奉行要么支持要么摧毁世界上亲美或亲苏政权的对抗政策。

伴随着杜鲁门主义（1947）的确立，美国奉行了后来所谓的“**遏制**”（containment，旨在阻止或抑制苏联和共产主义意识形态在全世界蔓延的冷战理论）政策。基于乔治·凯南（George Kennan）的论断，遏制政策旨在阻止既是作为一种帝国主义势力的苏联又是作为一种意识形态的共产主义的威胁[4]。在凯南看来，“美国任何一种对苏政策的核心要素必须是，对俄的扩张趋势保持长期、耐心但却坚定并且时刻保持警惕的遏制”[5]。为达此目的，他呼吁，“苏联对西方世界自由制度的压力可以通过在一系列不断变化着的地理和政治点上，灵活、警觉地使用抵抗力量进行遏制”，“以应对苏联政策的多变”。凯南预言，这种遏制政策将“推进最终必然表现为或瓦解或逐步软化苏联政权的趋势”[6]。

虽然杜鲁门主义是为保护美国在希腊的民主利益而特别制定的，但它针对的目标对象其实是没有界限的。杜鲁门主义旨在允许后继的美国政府有能力介入美国传统外交政策边界以外的世界中，换言之，就是扩展到西半球以外。

苏联解体

到20世纪80年代，苏联开始解体。其高度集中的中央计划经济体制、在阿富汗遭遇的军事困难，致使苏联领导人戈尔巴乔夫想寻求其他的解决方案。虽然戈尔巴乔夫（和许多国际观察员）启动了**公开**（glasnost，是指戈尔巴乔夫的政体“开放”政策）和**改革**（perestroika，表示“重构”的一个俄文单词。在此它指的是戈尔巴乔夫通过减少政府控制重组苏联经济的政策）的双重政策，作为重振社会主义制度的一种方式，但它们的效果并不佳。

1989年，当柏林墙倒塌、德国统一时，整个世界才开始意识到苏联是如何遭受如此严重破坏的。这个在一战末期就被引领到权力中心的大国正在急剧衰落。到1991年末，苏联终结了，世界面临着一个新的、学者们迄今一直在尝试界定的国际体系。

后冷战的不稳定性：全球化与非国家行为体的兴起

1991年12月25日，苏联正式解体，结束了一个全球超级大国近70年的历史。虽然读者中的许多人都不明了这一事件的重要意义所在，但它确实很容易被认为是现代国际关系中最重大的事件之一。要是试图去想象苏联的强大，自然会做如下思考：在作为世界上两个超级大国之一期间，苏联自西向东从中欧延伸到日本海，拥有核武器，覆盖11个时区，（到1991年）直接控制着近2.93亿人口的生命。它的崩溃不仅动摇了整个政治世界（终结了一种稳定的两极格局），而且还改变了学者对国际关系中某些最基本的术语的理解。

如同我们在第八章所看到的，自17世纪中期以来，国际关系一直被界定成一套“统治”规则。伴随着苏联的解体，有些学者宣称，“威斯特伐利亚时代似乎转向……一个后国际的世界”——一个其决策者既有国家又有非国家行为体的世界[7]。他们声称，世界上最重要也最具合理性的行为体“国家”正处于丧失其在全球政治中提供安全之能力的险境。虽然这些学者承认，数年来世界一直在偏离传统的政治，但苏联的解体（由于其在冷战期间的规模、实力以及稳定世界的能力）还是大大加速了这一进程。

到2001年（尤其是2001年的9月11日）学者们开始按照一种新的被称为“复合相互依存理论”（pluralist-interdependence theory）的双层法来考察国际关系。“复合相互依存理论”的支持者断言，传统的主权和领土完整概念不再能解释世界是怎样运转的。相反，他们声称，在传统上被忽视的非国家行为体（私人企业、私人组织或单个人）的力量已经强大起来，足以制定和实施某些政策，从而催生出一个相互关联度更大的世界。这一变化的结果是，他们还阐发出了一个表征新时代的术语：全球化。

全球化（globalization，是商品、服务、信息和人员因在全球范围内自由流动而使相互关联度不断加强的一种进程，这一进程是以牺牲民族国家为代价来实现的）在当今已适用于各个方面：从先进的信息传播技术（ICT）在全球的渗透到麦当劳餐厅在沙特阿拉伯利雅得的出现。这个词最初是作为一种试图解释各种新出现的国际现象之原因的方式而“发明”出来的，它旨在赋予这个已变得越来越“动荡不安”的世界某种秩序感（至少从术语上讲）[8]。由于全球化已经成为当代国际关系的一个时尚语或口号，我们将用这个概念来考察国际体系内的某些变化。

理解全球化

自从冷战结束以来，学者们就不得不寻找一种新的方式来解释国际政治。在他们中的许多人看来，全球化就是这样一个综合性的术语，它试图让学者对国际事务性质的改变获得一种深入的理解。在过去十多年里，有关全球化的定义非常之多，但鉴于我们自身的目的，最好把它理解成一个动荡的过程，在全球化过程中出现了新的信息传播方式、新的经济政策和传统国家主权的总体衰落。国际关系委员会委员理查德·哈斯（Richard Haass）为我们的研究提供了一个绝佳的出发点：“就其本质而言，全球化包含在国境之内和跨国境人员、观念、温室气体、商品、美元、毒品、病毒、电子邮件、武器及其他种种的流动规模、速度和重要性不断加大。”[9]从这个扎实的定义出发，我们看到全球化同三大基本概念相关联。

首先，全球化似乎同物品从一地到另一地的“自由流动”——有些是合法的，有些是非法的——相关。其次，全球化似乎同速度有关。这并不仅仅是说，跨国公司或恐怖组织能更为便捷地将货币和人员从一个地方转移到另一个地方，它还表明这样一个事实，即由于信息传播技术和大众交通的改进，它们转移货币和人员的速度要快得多。最后，从刚才给定的定义中我们还看到，全球化同国家主权的衰落和非传统的权力的出现有关。

在一个全球化的时代，许多学者都断言，国家，这一国际关系的传统权威，正在日益丧失其调控商品、人员和服务并使其在国境范围内流动的能力。由于跨国公司（如耐克、沃尔玛、麦当劳、星巴克）、非政府组织（譬如绿色和平组织、无国界医生、红十字会、大赦国际）、全球恐怖组织（比如“基地”组织、“伊斯兰圣战”组织）和其他一系列的个体（包括你、我）各司其职，国家很难再调控它们了。为何？在一个后“9·11”的世界，这其中的许多非传统政治行为体相比于政府拥有更多的吸引力、更多的资产而更少的限制。

对此，有一个很有意思的比喻，来看看社会学家乔治·里茨尔（George Ritzer）怎样来解释这一进程的。里茨尔将全球化描述成一个见证世界从国家的“重型”过程转向非国家的“轻型”过程的变化过程。他所举的“基地”组织的例子反映的就是这样一种隐喻。人一想到“基地”组织及其力量的来源，就总能关注到它的“轻型”官僚体系及其“轻型”军备。这种“轻型”使得“基地”组织很难被摧毁。正如里茨尔所言：“不同于美国的武装部队，‘基地’组织并不是一种笨重的官僚机构，而是一个全球化的微型结构。正是‘基地’组织的轻型化赋予它相对于极其笨重的美国军力的众多优势，美国庞大的官僚体系恰好有助于解释美国为何无法制服‘基地’组织。”[10]在一个全球化的时代，速度成为成功之所必需，那些能够极其敏捷灵活地从一国转移到另一国的“轻型”机构，总会比那些做不到这种敏捷灵活的机构更为成功。目前，国家在许多方面仍然以350多年以来的方式在运行，因而，它是一个极其冗杂、笨重的机构。在接下来的部分，我们将深入了解非国家行为体，并准确把握它们是如何对国家主权形成制约的。

新自由主义与跨国公司的威力

苏联解体后，世界见证了全球市场——成为“向商业开放”的场所——的兴起。

由于市场数量的增多，跨国公司的实力和财富也在增长。简言之，跨国公司是具备遍及全球潜力的公司。也就是说，它们有财富、技术和人力资源等方面的能力为世界各地提供由它们生产和销售的产品。虽然像耐克、沃尔玛、麦当劳、星巴克之类的大型跨国公司及其他不计其数的跨国公司一直在国际领域运营了数十年，但它们如今的运营能力则要比之前大得多。

譬如，如果某个跨国公司预判到它的一些最大规模工厂的所在国允许其工人获得最低工资或使之有能力组织工会，那么，它就会（或最有可能会）以最快的速度将其资产（和管理人员）从这个国家撤离出来。当你想到这个过程并把它同传统的国际政治联系起来，你就会看到，在世界上的某些地方，这些跨国公司实际上会拥有比其所在国还要大的“权力”。

但这种在国家与跨国公司权力结构上的变化是如何发生的呢？一些学者提到了在全球范围内出现的对**新自由主义**（neoliberalism，一种将古典自由主义与新古典经济学的政治原则结合起来的意识形态，它尤其强调经济必须保持不受政府制约的政治原则）的广泛接受。按戴维·哈维（David Harvey）所言，新自由主义是一种将古典自由主义（一种认为个人自由是人生体验之核心所在的观点）与新古典经济学的思想观点相结合的观念[11]。其首要的看法是，市场如同个人，必须免受政府的干预。如果说税收是对私人领域个体自由的失望之源，那么关税则是对国际领域贸易受挫之源。正是这种意识形态盛行于这个全球化的时代，也正是这种意识形态见证了全球化范围内跨国公司的蓬勃兴起及其“权力”的不断增长。

我们知晓政府的主要力量之一是有能力维护其国境之内的和平与安全。然而，我们必须也意识到，经济稳定对维护这些目标来说是必要的。如果一个政府，比方说，不能够向其国民提供经济安全（工作岗位、服务设施），那它很可能会崩溃。因此，政府的存续有赖于它吸引工商企业的能力。为何如此？因为富有的跨国公司不仅能为社会提供工作岗位，而且还能上缴税收来支付旨在改善国民生活的各个项目的支出。

由此，当耐克寻找建厂的地址时，你想它会选择哪里呢？它会选择什么样的国家呢？最有可能的是，它会选择一个具备低税率、廉价劳动力和工人权利受限的国家。唯其如此，这些工厂才能确保获得最高的投资回报率。耐克的决策层选择在印度尼西亚建厂，是因为那里的政府向耐克承诺了最优惠的奖励性刺激。于是，你可以断定，耐克拥有比政府还要大的“权力”——至少在关乎工人权利等议题上。

但是，跨国公司并不是给国家制造难题的唯一的非国家行为体。另一类对国家构成众多、更大挑战的组织，或许你还要更熟悉，那就是：全球恐怖主义组织。接下来的部分就来考察恐怖主义组织造成的某些问题。

跨国恐怖主义

在苏联解体后的数十年里，世界见证了恐怖主义组织在数量、范围和能量上的扩张。恐怖主义组织最初是由其对抗境内社会状况（如美国的“三 K 党”）及实施**低烈度暴力**（low-level violence，传统上恐怖主义组织运用的暴力形式有绞死、暗杀、恐吓和针对政府或军用设施的爆炸等）的能力来界定的，而如今，它们所反对的对象似乎具有了全球性的维度，而其能力则是难以估量的。2001 年 9 月 11 日，全世界的目光都聚焦到一种新型恐怖主义上，学者把它归为**跨国恐怖主义**（transnational terrorism，一种由私人资助、带有政治企图的暴力行为，其目标指向世界各地）。

除了跨国恐怖主义（由私人实施的针对国外目标的恐怖行为），国际关系学者还明确了三种其他形式的恐怖主义。重要的是，要向你表明三者之间的区别，因为这有助于阐明全球化何以使得恐怖主义的预防变得如此困难。首先是国家恐怖主义。简言之，国家恐怖主义就是一个国家针对其国境之内的民众采取恐怖行为（譬如纳粹德国）。其次是国内恐怖主义，它是人类历史上最普遍的一种恐怖主义形式。当一国的某一群人将施暴的目标对准某一民族、种族、宗教群体或政府自身，这时所发生的就是国内恐怖主义（譬如“三 K 党”“泰米尔猛虎”组织）。最后是学者所谓的国际恐怖主义。**国际恐怖主义**（international terrorism，由一国政府资助、以另一个国家为目标的恐怖行为）是指一国政府资助针对另一个国家（政府或群体）的恐怖行为（“伊斯兰圣战”组织、“爱尔兰共和军”）。所有这些恐怖行为都具有相似的特征。

就本性而言，恐怖主义使用暴力手段实施心理和生理上的双重打击。来回顾一下“9·11”恐怖袭击事件。这次恐怖袭击行为本身只持续了数秒，但它所制造的恐怖氛围却持续了很长时间。这就是恐怖主义的要义所在。它旨在打破的，不止现存状态，而且还波及未来。它企图通过制造恐怖袭击使人从心理上产生一种迫在眉睫的恐惧感并以此达到恐吓的目的。

然而，上述恐怖主义的定义缺乏一个关键的要素。一个暴力行为之所以被认定为恐怖行为（犯罪就不是），它必须是政治性的。换言之，它的意图必须针对那些被认为是他们政敌的人。由此，将一个罪犯同恐怖分子最终区别开来的，是他（她）的意图。罪犯的意图是基于个人，恐怖分子的意图则是基于政治意识形态。

在美国，“三K党”一直对受害者采用恐怖行为，数个世纪以来，它通常对准美国南部的少数群体。它总是通过暴力手段——诸如焚烧十字架、公开绞死——威吓少数族裔、种族及宗教上的少数派。那么，你是怎样来归类“三K党”的呢？由于“三K党”是在美国本土活动，又不受美国政府（或任何其他政府）支持，它被认为是国内恐怖组织的一个典型。

那么，“基地”组织是一个怎样的恐怖组织呢？“基地”组织被认为是一个跨国恐怖主义组织（而非国际恐怖主义组织）。为什么呢？因为它是在毫无政府指导且不受政府资助的情况下执行对外使命的。自20世纪80年代末以来，本·拉登实施了一系列的恐怖行动（或至少声称对它们负责）。苏（联）阿（富汗）战争后，本·拉登在阿富汗成立了“基地”组织，以此来继续对他所认为的不具合法性的国家即中东和西方的国家采取暴力行动。

但仇恨并不必然转化为对外行动。促使“基地”组织如此独特的是它的年度预算。据“9·11”委员会的报告，“基地”组织要求每年动用3 000万美元来实施其恐怖行动。这就意味着“基地”组织的年度运作预算超过了许多发展中国家，这同时也表明，它有足够多的金钱去获取和使用各种新型的信息技术。

本·拉登能非常娴熟地利用有线电视新闻。据美国有线电视新闻网（CNN）的一则报道，“在与苏联人作战时”，本·拉登“在阿富汗随身配有一个电影制作者”。自20世纪80年代以来，“基地”组织不仅有“媒体委员会”，还有一个“媒体发言人”[12]。这就意味着，从多方面看，“基地”组织已经从一个传统的跨国恐怖主义组织转变成一个通晓全球化特征的跨国恐怖主义组织。

至此，跨国恐怖主义组织到底是如何同全球化，更为重要的是同我们对全球化影响国家主权的整个讨论关联的呢？当今世界，恐怖分子有能力利用信息传播技术，使之不仅能传播政治意识形态，而且能撒播财富。“赛博”空间（网络空间）使得人们在生活中更为简便地进行买卖交易（想象一下亚马逊或电子海湾），几乎完全以同样的方式助力了那些发动恐怖行动的人。就此而言，一个跨国恐怖主义组织（像“基地”组织）可以成功地利用全球化的某些特性去袭击传统的统治形式，从而把自身的优势发挥出来。

非政府组织：私人间的合作

虽然近年来跨国恐怖主义组织和跨国公司一直占据着我们媒体报道的显要位置，但它们并不是受益于全球化力量的唯一行为体。另一个范畴类别是由独立的行为体所组成，这些行为体力求促进一切，包括从公民社会、民主、经济发展和医疗保健到人权、教育、技术和环境等。这些非国家行为体，更为通常地被称为非政府组织（non-governmental organizations，NGOs，致力于以私人或非官方的方式增进对某些特殊事业的认识并筹措资金助力于这一事业发展的群体。在当今发展中国家的许多地方，非政府组织配合政府工作去关切或呼吁关切因疾病使生命受到威胁的人、因自然灾难和环境因素等受苦难的人），通过提供各种服务以改善人们的生活状况。

在我们简略地考察“无国界医生”（它清晰地揭示出非政府组织运作的一些基本方式）之前，重要的是，我们要对有关非政府组织的某些事情以及它们是如何发展起来的历程做出解释。首先，非政府组织的数量在过去50年里急剧增加。自第二次世界大战结束和欧洲帝国体系解体以来，许多新近成立的发展中国家获得了独立，但它们无力应对国家治理中的挑战，譬如，提供安全保障、保护个人自由等等。在此期间，这些国家面临越来越多的挑战，同时也出现了越来越多的非政府组织。

其次，伴随着非政府组织在数量上的增多，非政府组织同政府和国际组织如联合国等合作的能力也在增长。虽然有一些政府（尤其是那些制造了太多要由非政府组织去解决的问题的政府）对致力于人道主义的非政府组织不太友好，但大多数政府已学会了同非政府组织合作共事。事实上，世界卫生组织（WHO，联合国关涉健康的一个主要的国际组织）要花费很大一部分时间同非政府组织共事，共同制定同健康相关的政策。这就为非政府组织提供了在基层设立医疗服务机构和向联合国送达有关潜在健康危机的第一手报告的能力。

最后，通过与国际组织和国家之间的互动，非政府组织已经成为促进我们所谓的

全球公民社会（global civil society，私人个体和非政府组织在传统政治领域之外合作共事以促进人权和民主事业的发展，由此所形成的一个跨国性的公共社会领域）形成的积极参与者。全球公民社会是指“公民和非政府关系网络在我们对复杂世界的治理中的不断制度化”[13]。从本质上讲，“全球公民社会观念是同人们广泛追求一个更为民主的全球性政治结构密切相关”[14]。致力于促进全球公民社会发展的非政府组织有助于推动诸如言论和出版自由等观念在这些自由尚未得到保护的地方普及开来。

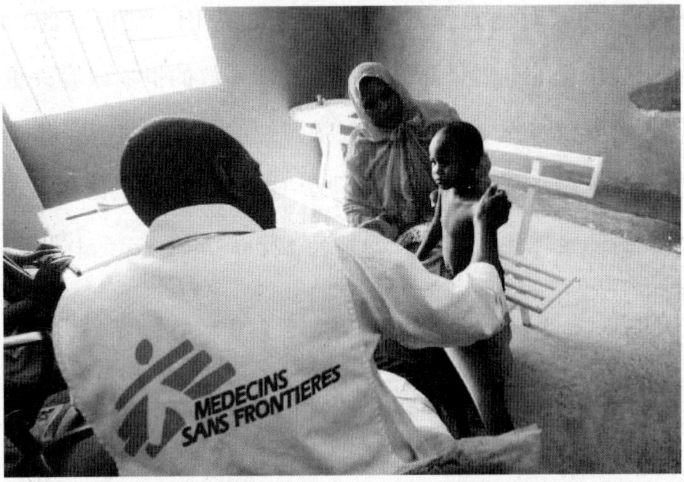

非政府组织（如无国界医生）致力于帮助各国管理各项事务，从医疗保健到教育及环境保护。在此，我们看到一个由无国界医生的救护工所设立的诊所，该诊所为个人提供原本得不到的医疗救治（© SIA KAMBOU/AFP/GETTY IMAGES）

由于全球公民社会这一概念看起来很复杂，在此来提供当今世界上一个关于尤为显著的非政府组织的案例，那就是无国界医生。虽然，无国界医生被认为首先是一个非政府的医疗组织，但它同时也对全球公民社会的发展做出了贡献，因为它提供了增进贫困国家社会稳定的各项服务。它之所以是非政府组织中的一个突出案例，还因为它代表了非政府组织的某些基本准则。

由此可见，非政府组织，如无国界医生，是已经证明自身能够挑战传统国家主权的另一套行为体。想想看，非政府组织像绿色和平组织、红十字会、红新月会或无国界医生，实际上承担了许多传统上由国家所承担的任务。虽然这些非政府组织没有能力发动战争，但它们确实具备国家的许多基本特征。非政府组织在某些方面（如环境、医疗、人权）享有优先权，能够研究和提升对某些特别议题的觉悟、意识，为特定领域的民众提供服务。非政府组织甚至还可能对侵犯其某些原则的国家直接提出挑战。

评判全球化：利与弊

至此，我们已经讨论了全球化挑战国家主权的某些方式。我们也看到了跨国公司、跨国恐怖主义者和非政府组织充分利用新的技术资源的各种方式。我们还考察了核扩散的新性质以及国家对此何以无法加以制止的原因。然而在此，我们必须做的是，要尽力去判定全球化的进程是赢来了一个更加开放的世界（容许更多的自由和民主）还是招致了一个人权被扼杀而经济发展被忽视的封闭的世界。基于以新自由主义为题展开论述的某些著名的思想家和新闻记者（托马斯·弗里德曼、法里德·扎卡里亚——代表一种积极的全球化经济观；约瑟夫·施蒂格利茨——代表一种消极的全球化经济观）的评价，得出本章的结论。

弗里德曼和扎卡里亚：世界是平的，也将变得越来越平

在《世界是平的》（*The World is Flat*）一书中，《纽约时报》最畅销的作家托马斯·弗里德曼（Thomas Friedman）描绘了一幅美好的全球化图景，并揭示出信息技术已经为地球上数计百万计的人创造出了一个正在抹平竞技场的世界，从而赋予绝望者以希望[15]。弗里德曼生动形象地指出，由于外购（outsourcing，外部采购，一个国家——通常是富有的国家，如美国——的某些职业、工作岗位转移到劳动法不太严厉和薪资水平较低的国家的做法）的出现、信息技术的改进，中国、印度和发展中世界的其他地方的人们找到了当会计、医师和在其他职业岗位上成就人生的希望，他们在缓慢地提升自身的财富水平，这是他们曾经想都不敢想的。在弗里德曼看来，全球经济的自由化为历代受困于贫苦中的人们带来了无穷无尽的致富的可能性。

这幅图景似乎还描绘了中国和印度（连同巴西和俄罗斯）正崛起成为 21 世纪的主导性角逐者。如果“金砖四国”（巴西、俄罗斯、印度和中国）保持持续增长的态势并达到前所未有的财富和工业发展水平，那么美国就不得不意识到其作为唯一超级大国的角色正岌岌可危。但如果美国的决策者力图加强贸易，激发金砖国家发展它们的中产阶级，并为它们的民众提供更多的自由，那么美国就仍然会是一个主要的角逐

者。在弗里德曼看来，这其中的逻辑其实很简单：更好的贸易关系、平等的经济增长权利和对美国子孙后代而言更好的生活。而在法里德·扎卡里亚看来，这不仅对美国来说是重要的，对世界其他国家和地区也同等重要。

法里德·扎卡里亚是《新闻周刊》的时事评论家和国际观察家，论及全球化进程，他是另一位乐观主义者。在扎卡里亚看来，由于不断有新的势力加入国际舞台，世界会变得越来越安全。此外，随着国家开始意识到全球化进程会不可避免地带来个人自由的增长，当前非国家行为体的处境和国际政治动荡的局势必然会得到改善。

在《后美国的世界》（*The Post-American World*）一书中，扎卡里亚观察到发展中世界的某些国家（尤其是中国和印度）正在成为21世纪的领导者，由此它们得寻找到保护其国民自由的更好的方式。他对中国及其发展的描述非常有力度。在扎卡里亚看来，中国有一种选择。中国的领袖会持续让中国的财富增长到一个不可思议的水平。当然，中国也可以选择允许其民众充分享受财富和体验个人权利的保护——如同在当今世界上的民主制国家所看到的。和弗里德曼一样，扎卡里亚对经济发展进程充满信心，把它视为世界积极改变的一种动力。

施蒂格利茨：全球化及其不满

在《全球化及其不满》（*Globalization and Its Discontents*）一书中，就全球化如何通过**国际货币基金组织**（IMF，给遭受自然/人为灾难或战争破坏的国家提供短期援助的一个国际机构）、**世界银行**（WB，一个向各国提供长期援助的国际机构）和**世界贸易组织**（WTO，为使各国经济更具竞争力而寻求降低贸易壁垒的一个国际机构）的政治政策制造了加剧富有公司和工业化国家腐败和贪婪的国际秩序，施蒂格利茨展开了最为全面、深入的论述。这些组织机构被统称为“布雷顿森林体系”（名称取自美国新罕布什尔州布雷顿森林这个地方，二战结束时这些机构在此成立），它们是由借救济款给发展中国家的成员组成的国际机构。施蒂格利茨声称，这些机构都利用了发展中国家的弱点，从而获取了惊人的财富和权力。

布雷顿森林体系与施蒂格利茨的批判

在二战快要结束的最后时期，一些国家（美国及其欧洲盟国）在新罕布什尔州布雷顿森林召开会议，创建了三个国际机构以帮助欧洲从战争的废墟中重建。它们创建了国际货币基金组织，旨在提供用于重建和维持当下稳定的短期贷款，并监管汇率；创建了世界银行，旨在为获得长期的稳定做准备；创设关税贸易总协定（GATT），即现在的世界贸易组织，旨在减少贸易壁垒。不过，随着时间的推移，这些机构的聚焦点从重建欧洲转向重建发展中世界有困难的国家。

最初，布雷顿森林体系包含五大关键性要素。按照鲍顿（Boughton，2007）的说法（里茨尔在2011年引用过），是这样一些要素：

1. 自1944年7月始，每个参与国都需要为各自的货币创立一个用美元的价值来计量的“平价”[16]。正如里茨尔所指出的：“美国将它的货币定为35美元等于一盎司的黄金……而在尼加拉瓜这一数字是175科多巴换一盎司黄金。这就意味着，这两种货币之间的汇率是5科多巴对1美元。”[17]

2. “每个国家官方的金融管理机构一致允许本国货币与其他国家的货币按照业已确定的汇率（可在法定汇率上下各1%的幅度内）进行兑换。”[18]

3. 国际货币基金组织创设起来后，它要求40个会员国缴纳一定的黄金作为其基金储备[19]。

4. “会员国一致同意取消（至少最终会）‘对用于国际贸易的货币使用量的所有限制’。”[20]

5. “整个体系建立在美元基础之上。美国允许美元可按照固定的平价兑换成其他货币或黄金。美元实际上成为一种全球性货币。”[21]

抗议者以WTO的政策损害当地工人的利益而让富有的国家和公司受益为理由，批评WTO（© ISLEMOUNT IMAGES/ALAMY）

然而，自1944年以来，这一体系已经发生了巨大的改变。美元不再铆定在黄金上，当今的发展中世界存在经济增长的障碍，这些障碍是二战结束后需要资金援助的欧洲大国所未曾体验过的。许多学者（包括施蒂格利茨，其理论我们接下来会去考察）都指出，国际货币基金组织、世界银行和世界贸易组织所采取的政策对它们试图帮助的国家都不太现实，甚至经常是独断、独裁的。

当代对布雷顿森林体系（及新自由主义全球化）的最强烈的一种批判来自著名的经济学家施蒂格利茨。施蒂格利茨声称，布雷顿森林体系实际上使发展中世界的人们的生活更为艰难。由于国际货币基金组织和世界银行的运作是以提供贷款和一揽子援助计划的方式来提供援助的，它们强迫那些受援的发展中国家接受某些苛刻的条件，即要求这些国家必须尽力去承受随之而来的附带更少量资金的一揽子援助计划所产生的后果。在施蒂格利茨看来，国际货币基金组织和世界贸易组织强加给援助国家的某些要求是不合理的。譬如，国际货币基金组织有一条最普适的要求，那就是接受援助的国家只能把受援资金花在经济基础设施项目上，但结果是，政府的资金不花在诊所、医院或学校的建设上，以致人们的健康状况越来越恶化，教育水平越来越低——而这恰恰是通常被引用为发展所必需的两项基本指标。

按塞巴斯蒂安·爱德华（Sebastian Edwards）的理解，三个相互关联的政策议题是施蒂格利茨批判全球化的核心所在：

1. 在20世纪90年代一揽子改革计划设计过程中，改革的顺序和步骤等关键性方面被忽略了。结果是，在许多国家，改革实施得太快了。

2. 倡导（和强制）资本交易自由化（允许数以吨计的私人资金注入贫困国家而不采取长期投资的机制）。

3. 国际货币基金组织对经济危机（尤其是东亚经济危机）的反应使事态恶化而非改善。特别是在提高利率的同时又强制实施财政紧缩政策（限制开支）。[22]

在施蒂格利茨看来，寻求投资的国家被指令进行改革的步速迈得太快，以至于在许多方面比接受资金前的处境还要糟糕。接受援助的国家似乎饱受双刃剑之苦：资金以高利率的形式涌入，而且，开放的贸易政策伤及国内的发展。换言之，国际货币基金组织的援助在东亚或加勒比地区一旦到位，世界贸易组织降低贸易壁垒的要求也随之而来了，它把国外的竞争者引入国内市场，从而抑制了当地产业和农户的竞争力，使资金借贷变得不可能。在施蒂格利茨看来，这成为一种附带不合理要求的援助的恶性循环。

小结

至此，我们完成了对自17世纪到21世纪国际关系发展历程的阐释。我们希望为读者提供一幅国际政治演变的完整图景，即它如何从少数几个欧洲大国统治的体系转变为今天由美国、一系列非国家行为体（跨国公司、跨国恐怖主义组织及国际非政府组织）和众多新兴的发展中国家共同支配的体系。

明天的世界还要继续书写。但你既已获得了一种强烈的历史感，那么就更能应对未来未知的挑战。权力仍将被限定而同时又被扩充以适应新时代的需求。未来世界几个大国是诉诸暴力的还是力求和平的外交解决途径，尚不明朗。不过，只要鼓励新一代学生在未来全球事务中发挥重要作用，希望就总还在。不管你信不信，你其实已经在发挥这样的作用了。

注释

[1] John Lewis Gaddis, *We Know Now: Rethinking Cold War History* (New York: Oxford University Press, 1998).

[2] Ibid., 177.

[3] David Krieger, "Nuclear Deterrence, Missile Defenses and Global Instability," April 2001, http://www.wagingpeace.org/articles/2001/04/00_krieger_nuclear_deterrence.htm.

[4] George Kennan, "The Sources of Soviet Conduct," *Foreign Affairs*, vol. 25 (July 1947), 566-582.

[5] George Kennan, "The Sources of Soviet Conduct," 1947, http://www, historyguide.org/europe/kennan.html

[6] From the U.S. Department of State's web page, http://www.state.gov/r/pa/ho/time/cwr/17601.htm.

[7] R. W. Mansbach and Y. H. Ferguson, *World of Polities: Essays in Global Politics* (London: Routledge Press, 2008).

[8] James Rosenau, *Along the Domestic-Foreign Frontier: Exploring Governance in Turbulent World* (New York: Cambridge University Press, 1997).

[9] Richard Haas, "Sovereignty and Globalization," February 17, 2006, http://www.cfr.org/publication/9903/sovereignty-and-globalisation.html.

[10] George Ritzer, *Globalization: The Essentials* (Hoboken, NJ: Wiley-Blackwell Publishers, 2011), 9.

[11] David Harvey, *A Brief History of Neoliberalism* (London: Oxford University Press, 2005).

[12] Henry Schuster, "AI Qaeda's Media Strategy," CNN.com, January 30, 2006.

[13] Richard Langhorne, *The Essentials of Global Politics* (London: Hodder Arnold Press, 2006), 112.

[14] Ibid., 112.

[15] Thomas L. Friedman, *The World Is Flat: A Brief History of the Twentieth Century* (New York: Farrer, Strauss, and Giroux, 2005).

[16] 引自 Ritzer, *Globalization*, 58. 引文的原出处为 James Boughton, "Bretton-Woods System," in Jan Aart Scholte and Roland Robertson (eds.), *Encyclopedia of Globalization* (New York: MTM Publishing, 2007).

[17] Ritzer, *Globalization*, 58.

[18] Boughton, "Bretton Woods System," in Scholte and Robertson (eds.), *Encyclopedia of Globalization*; Ritzer, *Globalization*, 58.

[19] Ritzer, *Globalization*, 58.

[20] Ibid., and Boughton, 107.

[21] Ritzer, *Globalization*, 59.

[22] Sebastian Edwards, *Review of Joseph E. Stiglitz's* Globalization and Its Discontents (Cambridge: National Bureau of Economic Research, September 9, 2002), 253.

Why Politics Matters: An Introduction to Political Science, 2e

Kevin L. Dooley, Joseph N. Patten

Cengage Learning Asia Pte. Ltd.

151 Lorong Chuan, #02-08 New Tech Park, Singapore 556741

北京市版权局著作权合同登记号 图字：01－2015－5839

图书在版编目（CIP）数据

政治为什么重要：第二版/(美)凯文·杜利（Kevin Dooley），（美）约瑟夫·帕滕（Joseph Patten）著；李智译. --北京：中国人民大学出版社，2020.4
（人文社科悦读坊）
ISBN 978-7-300-26393-9

Ⅰ.①政… Ⅱ.①凯…②约…③李… Ⅲ.①政治学 Ⅳ.①D0

中国版本图书馆 CIP 数据核字（2018）第 247336 号

人文社科悦读坊
政治为什么重要（第二版）
［美］凯文·杜利　约瑟夫·帕滕　著
李智　译
Zhengzhi Weishenme Zhongyao

出版发行	中国人民大学出版社		
社　　址	北京中关村大街 31 号	**邮政编码**	100080
电　　话	010－62511242（总编室）		010－62511770（质管部）
	010－82501766（邮购部）		010－62514148（门市部）
	010－62515195（发行公司）		010－62515275（盗版举报）
网　　址	http://www.crup.com.cn		
经　　销	新华书店		
印　　刷	涿州市星河印刷有限公司		
规　　格	185 mm×260 mm　16 开本	**版　　次**	2020 年 4 月第 1 版
印　　张	16.25 插页 1	**印　　次**	2022 年 10 月第 2 次印刷
字　　数	267 000	**定　　价**	68.00 元

CENGAGE Learning

Supplements Request Form（教辅材料申请表）

Lecturer's Details（教师信息）			
Name：（姓名）		Title：（职务）	
Department：（系科）		School/University：（学院/大学）	
Official E-mail：（学校邮箱）		Lecturer's Address/Post Code：（教师通讯地址/邮编）	
Tel：（电话）			
Mobile：（手机）			

Adoption Details（教材信息）　原版□　翻译版□　影印版 □			
Title：（英文书名） Edition：（版次） Author：（作者）			
Local Publisher：（中国出版社）			
Enrolment：（学生人数）		Semester：（学期起止日期时间）	

Contact Person & Phone/E-Mail/Subject：
（系科/学院教学负责人电话/邮件/研究方向）
（我公司要求在此处标明系科/学院教学负责人电话/传真及电话和传真号码并在此加盖公章.）

教材购买由我□　我作为委员会的一部份□　其他人□[姓名：　　　　]决定。

Please fax or post the complete form to（请将此表格传真至）：

CENGAGE LEARNING BEIJING
ATTN ：Higher Education Division
TEL：(86) 10－82862096/ 95 / 97
FAX：(86) 10 82862089
EMAIL：asia. infochina@cengage. com
www. cengageasia. com
ADD：北京市海淀区科学院南路 2 号
融科资讯中心 C 座南楼 12 层 1201 室　100190

Note：Thomson Learning has changed its name to CENGAGE Learning

VERIFICATION FORM / CENGAGE LEARNING